中国农业大学现代远程教育系列教材

公共关系学

王朝文　王晓晖　主编

中国农业大学出版社

中国农业大学现代远程教育教材
编写委员会

内 容 提 要

本书介绍了公共关系的定义、基本含义、分支概念和范畴、公共关系学科的研究对象和内容;讲述了公共关系起源和发展的历史,以及在中国的发展历程;概括了公共关系的基本原则和思想;阐述了公共关系的理论基础;介绍了公共关系的构成要素、职能和作用;讲述了公共关系管理过程的4个步骤——调查、策划、实施和评估;介绍了公共关系传播模式、传播媒介和传播活动;介绍了有关公共关系专题活动和危机管理的相关知识,以及公共关系在不同类型组织中的实践情况。

序　言

党的十七大提出了发展远程教育和继续教育，构建全民学习、终身学习的学习型社会的指导思想，为我国教育教学的改革带来了新的活力。现代远程教育因其独特的优势，使得越来越多的在职人员选择了远程教育方式接受继续教育。现代远程教育在高等教育中的重要作用日益彰显。

中国农业大学是2001年经教育部批准开展现代远程教育的试点高校。几年来，我们对网络教育的办学理念、教学模式、管理模式和运行机制等进行了积极探索，基础设施不断完善、管理制度逐步健全、教学质量日益提高、办学规模稳步发展。

网络教学中学生的主要学习方式是基于资源的自主学习。为学生提供内容丰富、形式多样、使用便捷的学习资源是网络教学学习环境的基础，也是提高网络教学质量的基本保证。在网络教学中，学生常用的学习资源有课程教材、学习资料、网络课件等，其中课程教材是最基本也是最常用的学习资源。因此，加强现代远程教育教材建设，编写适合网络教育人才培养需要的、具有网络教学特点的教材至关重要。

我们组织编写网络课程教材的宗旨是：积极探索，建设高质量的与网络教育相适应的精品教材，以提高网络教学质量。具体要求是：在编写理念上以当代教育教学思想为指导、力求符合成人在职学习规律和课程改革的精神，体现以学生为中心的当代网络教学理念；在内容上体现科学性和教学性相结合、理论性和实践性相结合、前瞻性和实用性相结合、创新性和继承性相结合；在篇幅、体系、文字、体例、版式上适应成人学习特点，有利于学生自学，更适合于网络教学。

对于编写适合于网络教育人才培养要求、具有网络教育特点的教材，我们还是初步尝试，在编写中难免有不妥之处，敬请读者指正。

中国农业大学网络教育学院
2008年11月

前　　言

人人都知道公共关系、谈论“公共关系”，但许多人并不了解公共关系确切的内容。

公共关系在现代社会适用面很广，可以这么说：只要有人群存在的地方，不管你是否意识到，都存在着公共关系的问题。在现代社会中，当人们与他人交往，并为了获得相互之间的理解、支持与合作，这便进入了公共关系领域。所以，公共关系的实质是人们用其思想观念、实际行动去影响他人，并期望获得他人的赞同和理解。对一个组织来说，要不断地调整自己以适应环境的变化，求得与环境同步发展。

公共关系是一门实用性很强的综合性学科，它理论的内核小、实用的外延大，理论并不深奥，只要大家用心去学，一定可以学好。

现在公共关系的教材很多，说法不一，公共关系理论和实践发展也很快。为了让大家学好这门课，我们这本教材吸收了美国最具权威和影响的公共关系教材——《有效公共关系》最新的观点和国内其他教材的优点，以便大家能准确了解公共关系的原理、理论基础以及公关实务方面的最新内容。

学习这门课程，除了认真听讲、阅读教材外，还要认真思考、联系实际，努力培养现代公关意识，完善自身公关素质、提高实际公关能力，以便将学到的知识运用到实际工作和社会实践中。

本书在编写过程中，借鉴了许多公共关系的专著和教材，在此向这些作者真诚致谢。尽管我们竭尽所能，但由于水平和时间有限，书中不妥之处在所难免，恳请公关界同仁和广大读者真诚赐教。

王朝文　王晓晖

2009 年 1 月

目　　录

上篇　理　论　篇

下篇　实　务　篇

上篇

理论篇

第一章　公共关系是什么

内容提要

本章包括最具影响的公共关系定义的几种说法、公共关系的基本含义、公共关系的分支概念和范畴、公共关系学科的研究对象和内容。

公共关系是一种独特的管理职能，它是研究一个组织在其所处的社会环境中与其他组织、群体与个人之间的关系。它通过有计划、坚持不懈的努力，建立和保持一个组织、群体与其公众之间的亲情和相互理解。公共关系至关重要的作用是帮助组织调整并且适应它们所处环境的变化。公共关系的本质属性是调整，适应组织、公众以及社会环境的相互依存关系。

学习目标

1. 了解公共关系定义的几种说法，并掌握其中一种说法，了解其真正的含义。

2. 掌握公共关系的基本含义。

3. 了解并掌握公共关系的本质属性。

4. 掌握公共关系学研究对象。

学习提示

1. 对公共关系定义的几种说法，自己要认真思考。选择一种说法，并掌握它。

2. 你认为公共关系的本质是什么？为什么？

3. 公共关系是研究什么的？

公共关系作为一门学科产生于20世纪初的美国，但是作为一种社会固有现象，它的起源可以追溯到人类文明的开端。

社会生产力发展到一定阶段，就出现了社会组织和相应的生产力、生产关系以及一整套的社会制度、习俗和观念形态，也就是说，创造出相应的社会环境。人们在相应的社会环境中、群体之间、群体与个人之间、群体与群体之间，产生了分工、联系与交往，结成了各种相互依赖、相互作用又相互矛盾的关系。为了沟通、协调这些方面的关系，就产生了原始形态的公共关系。

公共关系是人类社会客观存在的固有社会现象。在不同历史发展阶段，有不同的公共关系形态。经过漫长的历史发展，在物质和思想两大社会关系相互交错发展过程中，在20世纪初形成了公共关系的学科框架体系。随着社会及其发展对它在功能方面需求的不断增加，公共关系这门学科仍然处于不断发展完善之中。公共关系是一门实用性很强的综合性学科，它的思想、原理、方法被世界各国广泛地运用于社会的各个部门，尤其是在经营管理、市场营销、社会交往、新闻媒体、政党活动以及国家关系等领域，发挥着越来越重要的作用。因此，这门学科受到了世界各国，特别是发达国家的青睐。

由于公共关系涵盖面很广，涉及社会生活的各个方面；又由于它是一门实践性很强的综合性学科，许多原理是从其他学科借用、演化、发展而来；同时，社会的发展要求公共关系在功能方面适应社会发展的需求，因此，形成了它众说纷纭的定义。如何把握它的基本含义，成为我们学习公共关系首先要弄清楚的问题。

第一节　公共关系的定义及其基本含义

对于公共关系的定义，众说纷纭，国内国外不下几百种。可以这么说，每一本公共关系著作都有自己的定义。现将有代表性的定义介绍如下：

一、管理职能说

“管理职能说”，这类定义突出公共关系的管理职能属性。

美国著名公关学者雷克斯·哈罗博士(Rex L. Harlow)受美国公共关系教育基金会的委托，研究分析了472个不同的公共关系定义后，于1976年提出了自己的公共关系定义：“公共关系是一种独特的管理职能。它帮助一个组织建立并保持与公众之间双向的交流、理解、认可与合作；它参与处理各种问题与事件；它帮助管理部门及时了解民意，并对其做出反应；它明确并强调管理部门为公众利益服务的责任；它作为社会变化趋势的监测系统，帮助管理部门保持与社会变动同步；它把健全、正当的传播技能和研究方法作为主要的工具”。

这个定义被公认为是最全面的。它比较详细地说明了公共关系的主要功能和作用，使人看了后便明白公共关系是做什么的。虽然作为定义显得过于细烦冗长，但不管怎么说，这个定义表达了公关的基本内涵。

二、传播说

“传播说”侧重于公共关系的传播属性。英国著名公关学者弗兰克·杰夫金斯(Frank Jefkins)认为：“公共关系就是一个组织为了达到与它的公众之间相互了解的既定目标，而有计划地采用一切向内和向外的传播沟通方式的总和”。

居延安等编著的《公共关系学》中表述为：“公共关系是一个社会组织为取得与其特定公众的双向沟通和精诚合作而进行的遵循一定行为规范和准则的传播活动”。

三、传播管理说

“传播管理说”将管理职能说和传播说结合起来，强调公共关系是组织一种特定的传播管理行为和职能。美国著名公关学者詹姆斯·格鲁尼格(James E. Grunig)早期认为：“公共关系是一个组织与其相关公众之间的传播管理”。

廖为建主编的《公共关系学》中表述：“传播沟通是贯穿整个公共关系的一条基线，是现代公共关系理论的精髓”。“公共关系是一门以传播学和管理学为主要依托的传播管理学或组织传播学”。

四、关系说

“关系说”强调公共关系的本质属性是“关系”，是关系的处理与协调。《有效公共关系》(2000年第八版)定义如下：“公共关系是这样一种管理功能，它建立并维护一个组织和决定其成败的各类公众之间的互利互惠关系”。

《有效公共关系》第六版(1985年)曾定义如下：“公共关系则是研究一个组织在其所处的社会环境中与其他组织、群体与个人之间的关系”。

五、协调说(或协调关系说)

“协调说”是对“关系说”的深化，认为公共关系主要是协调或调整组织与其公众的行为。这种公共关系的基本职能早在20世纪30年代后期，由耶鲁大学教授、《舆论学季刊》创始人哈尔伍德·L·蔡尔兹(Harwood L. Childs)提出：公共关系的本质“不是某种观点的陈述，不是控制各种思想观点的艺术，也不是发展亲切而有利可图的各种关系”。与此相反，他认为公共关系的基本职能“是按照公共利益来协调和调整我们个人和企业的行为对社会具有重要意义的那些方面”。简而言之，蔡尔兹说：公共关系的功能是帮助组织适应它们所处的环境。这是一种多年以后又作为当代思维的一部分而重新出现的公共关系概念。

蔡尔兹的基本观点是：公共关系的基本作用是协调或调整公共利益中组织和个人的行为。也就是说，公共关系应在协调（或调整）组织与其内外关系方面发挥作用，目的是帮助各种组织适应它们所处的环境。他的这种观点，已构成当代公共关系概念的核心内容。

蔡尔兹的观点表明，公共关系应在管理层发挥政策影响作用。除了传播功能外，公共关系还应发挥纠正组织错误行为的作用和预警功能。1978 年通过的国际公关协会的公共关系定义，就反映了蔡尔兹的观点——定义包含了“向组织领导人提出忠告”以及“预先策划的行动纲领”等这些内容。

蔡尔兹的观点反映了当代公共关系的三大功能：

（1）双向沟通——强调相互交流和相互理解。

（2）组织协调——赋予公关职能有纠正错误行为的任务，能平衡（或化解）组织与公众之间的矛盾。

（3）向管理部门提出忠告的任务，即公关的预警功能，预测、防止并处理危机事件——危机公关。

《公关圣经》主编菲利普·莱斯礼（Philip Lesly）认为：“公关的定义非常多，这不足为奇，因为公关领域牵涉社会各个方面的事务。但为了方便起见，我们将公关定义为‘协助一个组织和公众相互适应’”。

这个定义传达了一项重要事实：公关的本质是相互接纳，而不是一方将其观点强行加于另一方。这个定义也指出一个重点：每个组织要认识到，在现代社会中，每个人对于影响自己生活的组织和机构，都有权利表达意见。

六、咨询说

“咨询说”这类定义侧重公共关系的决策咨询功能，最具代表性的是国际公共关系协会于 1978 年 8 月发表的《墨西哥宣言》：“公共关系是一门艺术和社会科学。它分析趋势、预测发展结果，向机构领导人提出建议，实行有计划的行动方案，以服务本机构和公众的共同利益”。

杰夫金斯认为：“这个定义与以往已有的定义相比，在实际工作中显得最为可行。首先，它指出了必须研究和估计形势以及对新情况进行推断；其次，强调了公共关系服务于管理工作和它的咨询作用，同时说明了公共关系工作的计划性；最后，公共关系为开展活动所采取的措施不仅要有利于资助者和发起人，也必须对社会负责”。

七、形象说

“形象说”，这类定义从塑造形象的角度揭示公共关系的本质属性，强调公共关系的宗旨是为组织塑造良好的形象。

“公共关系是社会组织为了塑造组织形象，通过传播、沟通手段来影响公众的科学与艺术”。

“塑造形象”的观点，在我国公关界影响比较大。一谈起公关人们就认为是“塑造形象”。可是国际公关界并不把“塑造形象”作为公关的核心概念。

美国著名公关理论家卡特李普(Scott M. Cutlip)在1991年的一次演讲《公共关系：过去、现在、将来》中说：“我讨厌‘形象’这个词……我们从事公众关系的人，必须关心的是那个美好而又古色古香的词——信誉，而不是形象”。

英国著名公关学者弗兰克·杰夫金斯(Frank Jefkins)说：“现在，我们来谈一谈对公关的另一种误解。人们往往认为，公关的目标是借助于媒介，获得令人喜欢的形象、良好的舆论气氛或是赞扬。这是一种十分有害的荒谬见解”。

美国公关界元老爱德华·伯内斯(Edward L. Bernays)曾很后悔当初用“形象”一词来指“建立信誉”。

无论是当代西方公关实务界、还是公关理论界的大师们，都不把“形象说”作为公关的核心概念。

一些西方大公司的总经理，由于他们所受狭隘教育和专门化的背景，加上他们生活条件优越、脱离群众和实际、自高自大、自我膨胀、思想僵化，导致他们忽视运用公共关系这个有效的管理工具。当企业出现问题、产生危机时，他们就想到公关，出资雇佣公关公司来为他们修补、塑造“形象”。这样实际上给公共关系的信誉带来了危机。这也是西方发达国家为什么不用“塑造形象”作为公关核心概念的原因。在我国，一些基层干部搞所谓“形象工程”、“政绩工程”，违背了公关原则和精神，受到了批评。

八、多元说

美国著名学者罗恩·哈伯德提出，公共关系的基础原理是3个要素构成的辩证关系，这3个要素是交流(Communication)、真实(Reality)和交情(Affinity)。这3个要素构成了公关基础原理的3个组成部分，处理好这三者之间的辩证关系，就是公共关系的主要目标(详见本章第二节)。

九、公共关系定义的共同要素

为一种复杂的社会现象和社会行为下定义是件困难的事情，难免抓住了某个主要属性而忽略了其他特征。归纳许多公共关系定义的共同要素表明公共关系是：

(1)实施一项有计划的而且持之以恒的方案作为一个组织进行管理的组成部分——组织管理职能。

(2)处理组织与其各类公众之间的相互关系——处理关系。

(3)监测组织内部和外部的意识、意见、态度和行为——监测作用。

(4)分析政策、程序和行动对公众的影响——分析影响。

(5)调整那些被发现与公众利益和组织生存有冲突的政策、程序和行动——调整、协调作用。

(6)在确立组织及其公众互惠互利的新政策、新程序和新行动上向管理层提供咨询——提供咨询。

(7)建立和维护这个组织与其各类公众之间的双向传播——双向传播。

(8)在组织的内部和外部激发起意识、意见、态度和行为的具体变革——激发变革。

(9)在组织与其各类公众之间形成新的相互关系，或者维护相互关系——维护关系。

各种公共关系定义从不同的角度去揭示公共关系的本质属性，都有其合理性。公共关系从理论到实践均是一门正在发展中的学科，而且又涉及不同的学科领域和不同的实践领域，因此对公共关系的定义有不同的表述是正常的。实际上各种定义之间并不矛盾，只是侧重点不同。这些定义都有助于我们去把握公共关系的本质属性。

十、公共关系的基本含义

不管公共关系有多少定义、多少种说法，其研究内容是很清楚的，《有效公共关系》第六版指出“公共关系是研究一个组织在其所处的社会环境中与其他组织、群体及个人之间的关系”。

杰夫金斯认为，公共关系是通过有计划、坚持不懈的努力，以“建立”和保持一个组织、群体与其公众间的亲情和相互理解。

根据上述公共关系的定义以及这些定义的共同要素，我们可以归纳以下几层意思：

(1)公共关系是社会组织与公众之间利益互惠的关系,其中社会组织是主体,公众是客体。

(2)主体与客体之间联系的纽带是传播(Communication)活动,这种传播活动具有一定的行为规范,以保证其正常而有效地开展。

(3)主体和客体之间的传播是双向的信息交流,主体传达信息给客体,并不断地从客体那里得到信息反馈。

(4)主体是一个控制系统,它能够根据信息的反馈,时刻调整自己的行为及其规范,以便同客体进行进一步的交流和合作,所以公共关系具有一定的控制管理职能。

(5)公共关系具有明确的目的性,其目的是使社会组织与公众相互了解和相互合作,以利社会组织在公众中树立良好的信誉和形象,并与公众获得共同利益,所以公共关系是一种自觉的活动。

这五层意思简而言之就是:

①公共关系是一种利益互惠的关系;

②公共关系是一种战略行动和传播活动;

③公共关系是双向信息交流;

④公共关系具有管理功能;

⑤公共关系是有目的的自觉活动。

这就是公共关系的基本含义。

第二节　公共关系基础原理揭示
——公共关系三要素的辩证关系
(即 CRA 三角形原理)

我国公关学术界就公共关系的基本理论提出了几种不同的看法,如"形象说"、"传播说"、"协调说"、"关系说",针对这几种观点,有的学者从另一种视角来研究公关的基本原理,提出了公共关系的实质是几个要素的"互动过程"(Transactional process),即通过双向的传播交流,促进彼此的沟通理解,进而导致互相的协调一致,最终推动共同的发展进步。因此,他们认为公共关系的核心概念不是一两个主题词所能概括的。

美国著名学者罗恩·哈伯德用 CRA 三角形的辩证关系来揭示公共关系的基础原理。三角形的 3 个点(或角)是:C,即交流(Communication);R,即真实(Reality);A,即交情(Affinity)。整个三角形就是理解(Understanding)。

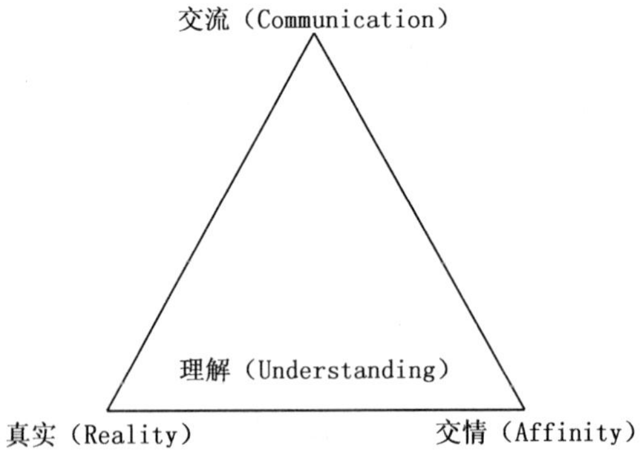

在现代社会中,当人们为了获得相互之间的理解、支持与合作而与他人交往,这便进入了公共关系领域。所以,公共关系的实质是人们用其思想观念去影响他人,并期望获得他人的赞同和理解。也可以说,公共关系是帮助人们使自己的思想被他人所了解的、不可或缺的工具。

在现实生活中,不管是组织与组织、组织与个人,还是个人与个人之间,都存在着3个极为重要的因素以及它们之间的辩证关系。这3个因素构成了CRA三角形。它告诉人们:我们应该怎么和别人相处、交流?我们怎样才能了解、理解别人的思想?怎样才能促进相互理解、合作?

这3个因素构成了公共关系原理的组成部分。处理好这三者之间的辩证关系,就是公共关系的主要目标——理解。现在分别阐述这3个因素(3个角或点)的基本含义以及他们之间的辩证关系:

1.第一个点(角)——交情(Affinity)

这里讲的交情,是指关系密切的程度,或者是因共同利益而表现出的亲近。它的基本定义是对人或对事物保持距离的程度。交情这个词也可比喻爱、喜欢及任何其他的感情态度。交情是个可变量,表示喜欢的程度。

人们很容易观察到个体之间或团体之间的交情程度。例如,两个人谈话,如果有交情,谈话就很融洽、投机;如果他们不具有交情,那就会"话不投机半句多",容易争吵起来。如果他们之间拥有交情,那么一定会存在另外两样东西:他们一定同意所谈的问题是真实的,而且在此真实的基础上他们成功地进行了相互之间的交流。

2.第二个点(角)——真实(Reality)

真实是物质世界客观存在的事实或我们主观对客观事物认识上的一致。客观事物通过各种渠道被我们认识，如用眼睛看、耳朵听、鼻子闻、手触摸等。

我们了解客观事物的唯一途径是我们的感觉器官，而这些感觉器官是人为的渠道，它们会因某种影响而阻塞。如一个失明的人就丧失了对光线、形状、颜色等的感觉，他与一个具有完美视觉的人所感觉的真实是不同的。

我们来看这样一个例子：

两个人同时看到一张桌子并同意这是一张桌子，但是第三个人看到这张桌子时说："这是箱子！"

两个人中的一个人说："看见了吗，这是一张桌子！"

"不，这是一个箱子。"第三个人回答。

试想一下，这两个人与第三人怎么能更进一步交流？很难。他们会有"交情"么？不会。

对人们来说，他们所认为的真实，可能是他们对自己的感觉所接受的观念的解释，而这种解释也可能不完全符合事物的真相，这在现实生活中是普遍存在的现象。比如，对一次汽车交通事故的描述，各个观众的描述存在着令人惊异的差别。这就是说，这种场面的真实，对每个在现场的观察者来说，存在着细节的差异。

在生活中，人们对事物的认识、对真实的解释，存在着广泛的一致，但也存在着对真实的不同解释。在一致与真实之间有一定的协调。这里所讲的真实，既是对客观事物的本质认识，又是人们主观认识的一致。

3. 第三个点(角)——交流(Communication)

交流是 CRA 三角形最重要的一个点(角)。在公共关系中，它比其他两个点更为重要，因为交流是一切事情的"溶化剂"。

人们怎样才能进入相互之间的交流呢？为了使交流顺利进行，必须具备交流内容的真实性和一致性，交流双方之间具有一种紧密的关系。为了使交情存在，必须有真实和交流基础上的一致；为了使真实和一致存在，必须具有交情和交流。如果破坏了交情，交流和真实就会消失；如果破坏了真实，交流和交情也会消失；如果破坏了交流，它们全会消失。

如果一个人(或组织)与你没有交流，你们之间的交情是低下的，他(或它)也不会同意你的意见。如果你能使他获得一致意见，交流将会恢复，交情也会恢复。这是贯穿公共关系领域(也包括人际关系)的最重要的数据。

CRA 三角形的每一个点都相互依存，构成了这 3 个点相互依存、共存共亡的特点。我们从三角形的关系变化可以看出，没有高度的喜欢就没有某些基本的一致，便没有交流；没有交流就没有某些基本的情感响应，便不存在真实；离开了基本的一致和交流，便没有交情。因此，我们称这三样东西为一个三角形。如果没有三角形的两个角，第三个角就不会存在。人们在渴望三角形的任何一个角的同时，都必定包含了其他的两个角。3个角始于交流，它带来了交情与真实的存在。由于这3个方面的每一方面的存在都与其他两方面有关，任何事物影响其中一个方面，必然会带来其他两方面的变化。例如，要提高交情水平，就要提高交流的能力并增加对真实的感觉。

揭示公共关系基础原理秘密的CAR三角形，在实际运用中取得了惊人效果。

第三节 公共关系概念的发展与演变

为了把握众说纷纭的公关定义、了解公关的实质，必须了解公共关系概念形成的历史过程。公共关系的历史，也是公共关系概念演变发展的历史。各种不同的公共关系概念，反映了公共关系在各个历史时期所发挥的不同的功能和作用。一般认为，公共关系概念的演变和发展，基本上可以分为3个历史阶段：

第一阶段：从20世纪初到第一次世界大战。这个时期，公共关系的主要内容是单向说服性(或诱导性)的宣传。

20世纪初，公共关系经常被用来保护工商企业界的特殊利益，以抵御新闻出版界的"揭丑"和政府管制。这个时期公共关系发挥了积极作用。但是，它的重点是"介绍自己的情况"、制定对应政策以及影响公众舆论。

第一次世界大战期间，美国卷入了战争；美国政府成立了"公共信息委员会"，负责组织全国性的广泛宣传，动员并统一公众舆论来支持战争。这期间公共关系概念被说成是一种控制社会舆论和社会局势的单向诱导式宣传。

"诱导式宣传"这一概念，一直被许多人用来解释公共关系的含义(定义)。如在一本字典中把公共关系定义为"为获得公众的理解和好感，而进行的诱导活动"。今天，许多公关从业者仍坚持这一概念，认为"公共关系就是说服他人"。

第二阶段：从第一次世界大战到第二次世界大战后的几十年中，公共关系由最初的单向诱导式宣传，演化为"双向沟通"，由诱导活动逐渐演化为有组织的沟通交往活动，由单向的施加影响到团体间的相互作用。

在韦氏第三版国际大字典中，把公共关系解释为"它已发展成为一种相互理解与依赖的艺术和科学"。

英国公关协会把公关定义表述为："一个组织努力建立和维持与相关公众之间的相互了解"。

《有效公共关系》一书(1982年版)，把公共关系定义表述为："公共关系是通过优良的品德和尽责的行为来影响公共舆论的一种有计划的活动，它是以相互满足的双向沟通为基础的”。

第三阶段：即现在比较成熟的公共关系概念的核心内容。这一概念早在20世纪30年代末就被哈伍德·蔡尔兹（Harwood L. Childs）在其著作中提出，但直到现在才被重新认识。他不赞同当时的公共关系定义与传统的看法，认为：“公共关系的本质不是陈述某一种观点，不是控制各种思想观点的艺术，也不是发展亲切而有利可图的各种关系”。他的基本观点是：公共关系的基本作用是协调或调整公共利益中组织和个人的行为。也就是说，公共关系应在协调组织与其内外关系方面发挥作用，并帮助各种组织适应它们所处的环境。他的这种关于公共关系是用来协调组织内外关系的说法，已构成现在公共关系概念的核心内容。

总之，公共关系的单向宣传导致诱导式传播；双向沟通强调了相互交流和相互理解；而组织协调的概念则赋予公共关系职能有纠正错误行为和向管理部门提出忠告的任务，即公共关系的预警功能。在实践中当代公众关系是所有这3种概念的混合。

第四节　公共关系的分支概念和范畴

“公共关系”一词源于英文 Public Relations，简称 PR，也可译作“公众关系”。在英文原意中 Public Relations 有多种指代，其中最常见的有公共关系状态、公共关系活动和公共关系学科三层意思。

要完整地理解“公共关系”这一概念，还需要进一步分析这一概念延伸出来的一些分支概念和范畴。这些概念和范畴可以帮助我们从不同层次或不同角度去认识同一事物；这些概念和范畴在公共关系中的使用率很高，而且被用来直接注释“公共关系”这一概念，因此必须弄清楚它们的含义以及它们之间的关系。

“公共关系”这一概念，往往可以表示一些不同层次的含义：可以表示一种客观的实在，即“公共关系状态”；又可以表示一种实际的操作实务，即“公共关系活动”；还可以表示一种主观的思想意识，即“公共关系观念”。

下面分别介绍一些主要的概念：

1. 公共关系的本质属性

公共关系基本概念中的本质属性到底是什么？有人把“组织形象”（或“塑造形象”）作为公共关系的本质属性，认为它是公共关系的理论核心；有人认为“传播沟通是贯穿整个公共关系的一条基线，是现代公共关系理论的精髓，是公共关系的本质属性”。

20世纪80年代公共关系在中国兴起之时，就是以“形象说”出现的。“形象说”在我国公关界占据了主导地位，以至于一谈起公关，人们就认为公关是为组织塑造形象。可是西方发达国家公关界以及国际上著名公关专家，如伯内斯、卡特李普、杰夫金斯等都不赞成这种观点。

“传播沟通”在公共关系学中处于非常重要的地位，是联结组织与公众的桥梁，是实现公关目标的重要手段，但它不是公共关系的目的，因而也不是公共关系的本质属性。卡特李普认为，“公共关系主要是处理组织与其环境中其他要素的相互依存关系”。从这个观点来看，公共关系至关重要的作用是帮助组织调整并且适应它们所处环境的变化。

由此可见，公共关系的本质属性是调整和适应组织与公众以及社会环境的相互依存关系。

2. 公共关系与社会关系

人类社会是个关系社会。马克思指出人的本质“在其现实性上，它是一切社会关系的总和”。社会关系是人们在共同社会活动中所结成的以生产关系为基础的相互关系的总合。社会关系分为物质的和思想的两大关系。物质的社会关系主要是指经济关系、生产关系；思想的社会关系主要包括政治的、法律的、宗教的、情感的种种关系。这两大社会关系相互交错形成了多种多样的社会关系，如阶级关系、民族关系、家庭关系、亲属关系以及人际关系和公共关系等。

公共关系是专指社会组织与公众之间的关系，它是人类社会交往中最广泛、最普遍的一种关系；它“渗透”到各个方面，只要有组织机构存在，组织与公众、组织与组织之间都存在着公共关系状态，存在着公共关系问题，都需要通过公关工作，来协调好各自的关系，使组织或个人处于沟通、理解、合作和发展的和谐环境中。这是人类社会生存和发展的基本愿望和要求。

3. 公共关系和人际关系

人际关系与公共关系从理论上可以分得很清楚：人际关系是研究与调整个人与个人之间的关系；而公共关系则是研究组织与组织、组织与个人之间的关系。但是在实际生活中，公共关系有时是通过人际关系来表现的。因为，有时一个“个人”是多种角色的体现者，他既是“个人”，同时也是某一“组织的代表”。因此，公共关系包括了一部分人际关系。

4. 公共关系状态与公共关系活动

公共关系状态是指一个组织所处的社会关系状态和社会舆论状态。

社会关系状态指一个组织与其相关的公众之间沟通交往的程度，表明他们之间关系是紧密还是疏远？是融洽还是紧张？是合作还是对抗？等等。

社会舆论状态指社会公众舆论对这个组织的反应程度：是热烈还是冷淡？是赞成还是反对？是偏见还是接受？是了解还是不了解？等等。

公共关系状态是社会客观存在的现象，不管自觉不自觉、好与坏，任何社会组织或个人都处在一定的公共关系状态中。

公共关系活动是指一个组织为创造良好的社会关系环境、争取公众舆论支持的沟通、协调并以达到理解为目的的活动，从而使组织与组织、组织与公众之间相互理解合作、共同发展。

5. 公共关系实务和公共关系意识

公共关系实务又叫公共关系活动，即运用传播沟通的方法去协调组织的社会关系、影响组织的公众舆论、塑造组织的良好形象、优化组织的运作环境的一系列公共关系工作。公共关系实务活动是组织活动的一部分，是一种特殊的组织职能。

公共关系意识（也称公共关系观念或公共关系思想）是一种影响、制约组织政策和行为的经营观念和管理哲学，它不仅指导公共关系实务工作的健康发展，而且渗透到管理者日常行为的各个方面，成为引导、规范组织行为的一种价值观念和行为准则。

6. 公共关系案例

所谓公共关系案例，是指具有客观性、典型性、有效性，并由特定内容和形式构成的，被描述、总结和分析的公共关系实务。公共关系案例的研究能从独特的角度揭示公共关系活动的内在规律。

第五节　公共关系学的研究对象和内容

公共关系学是研究公共关系活动现象及其内在规律的学科，研究一个组织在它所处的环境中与其他组织、群体或个人之间利益互惠的关系，也就是说它是研究社会组织与其公众（包括群体和个人）矛盾运动的规律的。根据对象的特点和研究的需要，公共关系同其他应用学科一样，一般可分为公共关系理论、公共关系实务（应用）和公共关系史三大部分。从目前的研究状况看，公共关系学三大部分的发展并不平衡。一般说来，理论部分相对薄弱，实务部分比较活跃充实，史的部分还比较落后。

1. 公共关系理论包括宏观和微观两个部分

宏观公共关系是研究社会和社会关系运动中公共关系活动的机制和规律，用来协调社会关系、舆论状态，缓解社会矛盾和冲突，保持社会和谐、协调发展。这是社会发展对公共关系功能方面提出的新要求。

理论的微观部分主要对公共关系的3个构成要素(组织、公众和传播)和3种基本类型进行分别考察和综合研究。

(1)公共关系的3个构成要素

对于社会组织——要研究它的特点、运动方式以及运行中的各类关系因素,组织工作目标和公关工作目标及其关系等。

对于公众——要研究公众的构成和分类,进行公众心理分析和公众行为预测等。

对于传播活动——要研究传播原理、规律、传播的工具和传播机制,以及它们在公共关系中的作用等。

(2)公共关系的3种基本类型

主体或部门型公共关系——要分别研究企业公关、商业服务公关、政府公关、事业团体公关等。

对象型公共关系——要分别研究员工关系、消费者关系、政府关系、媒介关系、社区关系、股东关系和国际公共关系等。

功能型公共关系——要分别研究日常事务型公共关系、宣传型公共关系、征询型公共关系、矫正型公共关系等。

2. 公共关系实务

公共关系实务包含的内容十分广泛,主要有:

(1)确定公共关系目标　社会组织因其性质不同而目标也不相同。政治性组织的目标主要是在社会上扩大自己的政治影响;营利性组织是"销售第一";福利性社会组织则是无偿服务……根据组织的目标来确定公共关系的目标,是公关实务研究的首要内容。

(2)收集和处理信息　为确定目标和达到目标,需要进行信息的收集和处理。信息收集的形式主要是公关调查,包括抽样分析、民意测验、座谈会、公众访问以及咨询服务等。

信息收集的内容主要是公众的需求、愿望和情绪以及产品形象和组织形象等。

对收集来的信息还要进行处理、分析,进行"去粗取精、去伪存真、由此及彼、由表及里"的改造制作,以获得真实而非虚假的、系统而非零碎的事实材料,以便确定组织需要解决的问题。

(3)制定工作程序和工作计划　问题确定后,为解决问题、达到公关目标,就要制定工作程序和工作计划。这包括公众的确定和分类、近期目标的确定、传播渠道的选择、费用的预算、人员的安排和时间的安排等。在这里，公关工作具有咨询建议和参与决策的职能。

(4)实施公共关系行动与传播 工作程序和计划制定后，就进入实施阶段。这阶段主要是采取战略行动和开展传播活动。传播活动往往要借助大众传播工具。在这一阶段，公关工作要制作信息和发布信息，这涉及宣传材料的准备和安排、新闻公报和发言稿的编写、会场的布置、会议议程的安排以至服装穿着的建议等一系列公关技术。

(5)评价活动结果 即总结经验教训、评估活动的实际效果。在这一阶段同样要进行信息的收集和处理，它既是前一段工作的总结，又是下一阶段新的决策的开始。

(6)公关人员的职业培训和公关机构的建设 上述各项工作的成败，都同公关人员的素质有直接的关系。因此，对公关人员的职业培训，本身也就成为公关业务的一个重要组成部分，具体包括公关人员的理论培训、技术培训和公关意识的培养，以及对组织每个成员的公关教育。为了有效地进行公关活动，有的组织还需要设置专门的公关机构。公关机构的建设也是公关业务的一部分。

上述是公关实务的大体轮廓，掌握了这几条，也就基本上掌握了公共关系实务。

3. 公共关系史的研究

公共关系史的研究重点是近现代，特别是现代。如前所述，古代社会只有盲目的、原始的公共关系。这方面的研究主要是说明，公共关系的出现经过了一个极其漫长的历史阶段；公共关系真正的历史始于19世纪的美国，在20世纪初才开始在西方发达国家发展起来。公共关系的历史说明：

(1)公共关系的产生和发展是一个复杂的历史演变过程。

(2)公共关系的发展直接与政治斗争相联系；政治斗争又对公共关系的演变起了很大的促进作用。

(3)企业公共关系最初是为了协调劳资关系、缓和阶级矛盾而产生的。卡特李普指出，“大部分公共关系的历史就是编织在雇主与员工的这种持续的斗争中的”。

本章小结

公共关系是研究组织与其公众之间的利益互惠关系，它涉及的面很广泛：小到个人，中到社会组织群体，大到国家之间的关系，它牵涉到社会各个方面和各个层面的事务；同时，社会的发展和变化，要求公共关系的功能和作用适应社会的变化而变化，这就形成了今天众多的公共关系的定义。本章列举了公关定义最具影响的八种学说。本书侧重“协调关系说”，并对“形象说”做了简单的评说，介绍了罗恩·哈伯德用3个要素的辩证关系来揭示公共关系的基础原理，为大家进一步理解公共关系提供一种新的思路。

对于众多的公共关系定义来说，共同的要素表明公共关系具有：管理、处理关系、监测、分析影响、调整与协调、提供咨询、双向沟通、激发变革、维护关系等职能和作用。

公共关系的基本含义可简单地概括为：

(1)公共关系是一种利益互惠的关系。

(2)公共关系是一种战略行动和传播活动。

(3)公共关系是双向信息交流。

(4)公共关系具有管理职能。

(5)公共关系是有目的的自觉活动。

公共关系的历史，也是公共关系概念演变发展的历史。公共关系概念的演变和发展，一般可分为3个历史阶段：

第一阶段，从20世纪初到第一次世界大战。这个时期，公共关系的主要内容是单向说服性的宣传。

第二阶段，从第一次世界大战到第二次世界大战后的几十年，公共关系由最初的单向诱导式宣传演化为“双向沟通”。

第三阶段，即现在。当前比较成熟的公共关系概念是：公共关系的基本作用是协调或调整公共利益中的组织和个人的行为。也就是说，公共关系应在协调组织与其内外关系方面发挥作用，并帮助各种组织适应它们所处的环境。

不管有多少种公共关系定义，公共关系研究的对象是很清楚的：它研究一个组织在它所处的环境中，与其他组织、群体或个人之间利益互惠的关系。

公共关系学一般包括公关理论、公关实务和公关历史三大部分。

[思考题]

1. 什么是公共关系？

2. 简述公共关系的基本含义。

3. 当代公共关系的核心概念是什么？

4. 公共关系学的研究对象是什么？

[自测题]

一、单项选择题(在每小题备选答案中只有一个是正确答案,将其选出,并将选项前的字母填在括号内)

1. 公共关系也可称为(　　)。

A. 人际关系　B. 团体关系　C. 公众关系

2. 公共关系是这样一种管理功能,它建立并维护一个组织与各类公众之间的(　　)关系。

A. 信息交流　B. 互利互惠　C. 平等协商

3. 公共关系研究一个组织在其所处的社会环境中与其他组织(　　)的关系。

A. 信息交流　B. 相互合作　C. 群体与个人之间

4. 除了传播功能外,公共关系还应发挥纠正组织错误行为的作用和(　　)功能。

A. 公关实务　B. 预警　C. 沟通

5. "协调说"认为公共关系主要是协调或调整公共利益中组织和个人的行为。这种公关的基本职能早在20世纪(　　)就提出来了。

A. 50年代　B. 30年代后期　C. 80年代

二、填空题

1. 蔡尔兹认为,公共关系的基本作用是____公共利益中组织和个人的行为。

2. 菲利普·莱斯礼认为,公共关系就是协助一个组织和公众____。

3. 公共关系是一种____和传播活动。

4. 罗恩·哈伯德用____的辩证关系来揭示公共关系的基础原理。

5. 在现代社会中,当人们为了获得互相之间的____而与他人交往,这便进入了公共关系领域。

第二章　公共关系的起源和发展

内容提要

本章主要讲述公共关系起源和发展的历史。公共关系作为一种客观存在的社会关系和一种思想的活动方式，有着久远的历史；而作为一种专门化的社会职业、形成一门较为系统和完整的学科体系，至今不过近百年的时间。

公共关系是人类社会客观存在的特有现象，在不同历史发展阶段，有不同的形态。

现代公共关系产生于美国，而美国的公共关系则起源于美国独立战争。现代公共关系的发展经历了巴纳姆、艾维·里、伯内斯和当代等几个发展阶段。

现代公共关系在中国的兴起，是中国改革开放政策和市场经济发展的必然选择。

学习目标

我们学习公共关系的起源和发展，了解公共关系概念（公关学科）发展的历史过程，可以使我们对公共关系的内涵有比较深入的了解，以便真正把握这门学科的真谛。

学习本章，要了解和掌握如下要点：

1. 了解公共关系是怎么发展起来的。
2. 了解主要历史人物对公共关系发展的贡献。
3. 公共关系概念和思想演变的过程。
4. 指导当今公共关系研究和实践的原则和技巧的起源。

学习提示

公共关系形成的历史比较复杂，我们需重点了解现代公共关系发展所经历的几个阶段，以及公关概念演变和发展的历史过程。

公共关系(Public Relations)一词最早出现在纽约律师多尔曼·伊顿(D. Eaton)1882年在耶鲁大学给毕业班题为《公共关系与司法职责》的讲演中，但那时该词表示的并非现代意义上的“公共关系”，而是“大众利益”的意思。现代意义上的公共关系这一用语第一次正式使用是在1897年美国铁路协会的《铁路文献年鉴》中。

1923年，伯内斯(Edward L. Bernays)完成了世界上第一部公共关系专著:《公众舆论的结晶》(*Crystallizing Public Opinion*)，并在纽约大学首次讲授公共关系课程。伯内斯的贡献在于把公共关系从新闻出版界分离出来，使之逐渐形成较为系统的理论并为构成一门完整的学科奠定了基础。

公共关系作为一门独立的学科产生于20世纪初期，但它作为一种客观存在的社会关系和一种思想与活动方式却源远流长。与世界上任何事物一样，公共关系也有一个从萌芽到成熟、从低级到高级的发展和演变过程。将其作为一门学科而加以研究，我们有必要对公共关系本身的发展变化做一番考察，弄明其来龙去脉，并在此基础上探求其一般发展规律。

第一节　公共关系产生的一般社会历史条件

人类在自然进化过程中，作为人类出现时，就是一个群居的社会。正如马克思指出的，为了求得生存和发展，“人们在生产中不仅仅同自然界发生关系；他们如果不以一定方式结合起来共同劳动和互相交换其活动，便不能进行生产。为了进行生产，人们便发生一定的联系和关系；只有在这些社会联系和社会关系的范围内，才会有他们对自然界的关系，才会有生产”。

在远古时代，生产力水平十分低下，人们为了生存，必须结成一定规模和形式的社会群体。而为了维持这种社会群体，人们就必须在行为上相互协调，在思想和感情上相互交流。这种原始的协作关系，既是人类各种社会关系赖以发生、发展的社会基础，又是公共关系这种特殊的社会关系得以形成和进一步发展的必要社会条件。

到了奴隶社会，社会生产力有了很大发展，社会生产已从原始的单一形态逐渐变得更为复杂多样，出现了三大社会分工和脑体分离，从而使产品交换成为必要和可能。随着社会分工的不断细化、产品交换的不断发展、商业活动的不断繁荣，人们的交往范围和视野逐步突破了家庭关系、宗族关系和地域关系，人们对社会环境和他人的依赖性也越来越大，人与人之间的相互沟通和相互协调变得更为迫切和必要。与此同时，统治阶级为了达到一定的政治目的，也在实行高压统治的同时，运用各种手段来"安抚"和"取信于"民众，以求民众的"支持"，因此在当时的政治生活中，就出现了某种带有公共关系意识的活动。

由此可见，早期人类社会生产力的发展导致了人们之间经济关系和政治关系的变化；随着经济和政治关系的不断变化、不断发展，公共关系也在一定程度上成为必要，从而为公共关系在古代的萌芽和产生创造了经济和政治上的基本社会条件。

公共关系是人类社会客观存在的特有现象，在不同历史发展阶段有不同的形态。

第二节　人类社会早期的"公共关系"

在古代，特别是奴隶社会和封建社会这一时期，近似于公共关系的社会行为和思想，不仅在当时人们政治生活和经济生活中得到相当程度的发展，而且在人们日常交往中也得到较为集中的体现。

1. 在政治生活方面

当时一些比较开明的帝王、统治者或政治活动家，已经懂得如何运用诱导、劝说、宣传等手段来影响民众的态度和社会舆论，尽可能地在民众当中树立自己的良好形象，以便稳固和延长自己的统治，或者达到某种特定的政治目的。

在古印第安的历史著作中，关于国王特使的记载表明，国王特使的职能是保持国王与公众的联系，鼓励公众支持国王，制造有利于统治的舆论。

亚里士多德在他的经典性著作《修辞学》一书中详细阐述了修辞的艺术，即如何运用动听的语言来影响听众的思想和行为，把修辞学看作是影响听众的艺术，认为语言是架在政治家与公众之间的桥梁。因此，一些西方公共关系学者视亚里士多德的《修辞学》为人类历史上最早的公共关系著作。

西方基督教的流传在很大程度上也是靠了公共关系活动。公元1世纪时，使徒保罗和彼得通过布道演讲、各类函件、策划事件和其他类似公共关系的活动来宣传基督教义。

在古希腊，据说整个社会都很推崇沟通技术，一些精通沟通技术的演说家往往就因此而被推选为首领。据记载，古罗马的独裁统治者裘力斯·恺撒(Julius Caesar)就是一位沟通技术的精通者。面对即将来临的战争，他通过散发各种传单来进行宣传与鼓动，以获得民众的支持。恺撒能登上独裁者的宝座，他的那本记载着他的功绩的纪实著作《高卢战记》帮了大忙。这本书被公关专家亨利·比诺称为"第一流的公共关系著作"。

古罗马人把诗歌巧妙地渗透到公共关系之中。罗马帝国初年有名的宫廷诗人维吉尔(公元前70年至前19年,被誉为罗马一代诗宗),曾经创作了《田园诗》。从表面上看,它只是在赞美乡村生活、新鲜的空气、清澈的流水以及人们在大自然中生活的乐趣;但它的真正目的是希望人们离开已经十分拥挤的罗马城,重新做一个乡村居民,从而减轻罗马城的人口压力,增加农业人口的数量,以便有更多的人为罗马城生产粮食。这首诗是受政府的委托而作的,这正是政府通过诗歌进行公关活动的例证。

劝说至今仍是公关工作的手段。今天公关人员采用的许多劝说方法早在几千年前就有人使用了。

在中国,这样带有公共关系意识的典型事例更是不胜枚举。春秋战国时期,由于领主之间不断发生兼并战争,各个统治集团为了巩固政权、争当霸主,纷纷雇用专职人员四处游说,宣传各自主张。这些专司游说宣传的"士",似乎就是当时的公关专业人员,因为他们的主要任务就是树立各国君主的形象,协调各诸侯国之间的关系,为其主谋求本国军事和政治的发展和壮大。《庄公三十二年》提出了"国将兴,听于民"的观点,即统治者应该重视和听取民众的意见。

2.在经济生活方面

在商业活动中,人们也都自觉不自觉地运用各种传播手段和沟通技巧来宣传自己,树立自己的良好声誉和形象,以便招来顾客或者实现自己的经济目标。

《元曲·后庭花》一书中对中国古时酒店门前的招牌写得入木三分:"酒店门前三尺布,过来过往寻主顾"。

"和气生财"的古代经商准则,更集中地体现了公关基本原则在古代商业交往活动中的运用。

3.在人们日常交往中

孔子在《论语》中说:"有朋自远方来,不亦乐乎?"主要是指从与朋友的交往中获取信息和知识。

孟子说:"天时不如地利,地利不如人和"。这里所说的"人和"是指人与人之间的和谐关系。有人把公共关系称为追求"人和"的艺术。

《论语》中说:"吾日三省吾身:为人谋而不忠乎?(为人办事是否尽心竭力?);与朋友交而不信乎?(同朋友交往是否有不讲信用的地方?);传不习乎?(老师传授的学问是否还没有演习呢?)"这是中国人际关系的优良传统。

从严格的意义上讲,无论古代中国或者外国,都只有类似于现代公共关系的某些思想或活动。

古代公共关系有两个基本特点:

首先，从自觉程度来看，当时人们所开展的各种沟通、协调活动带有明显的自发性和盲目性。

其次，从其发挥作用的社会领域和范围来看，由于当时社会生产力水平相对低下，经济还相当落后，人与人之间的经济关系还比较简单，人类早期的公关活动主要发生在政治领域，带有强烈的政治色彩和伦理色彩。

第三节 现代公共关系的起源与发展

1. 美国公共关系起源于美国独立战争

应该说，现代概念的公共关系起源于美国，而美国的公共关系则起源于美国的独立战争。

美国的独立战争与其说是殖民地人民反对专制君主的自发斗争，不如说是长期进行公共关系活动的结果。从1750年起，约翰逊·亚当斯和他的助手开始组织反对英国人的革命活动，他们利用一些出版物，详细地宣传和揭露英国人对当地人的压迫，1750—1783年共印刷出版了1 500多种攻击英国人的小册子。这些小册子是当时基本的公共关系工具，它们中有很多都是亚当斯写的。他在13个殖民地建立了通讯委员会，以便保持经常的联系，通报英国人胡作非为的情况。1770年波士顿大屠杀，实际上只是一次小规模的冲突（亚当斯及其追随者挑逗英国警察，直到他们发火并首先开枪并打死了5个农民），他却把这次冲突叫做大屠杀来进行宣传。

在美国鼓动革命和建立共和国的过程中，亚当斯的合作者中最著名的人有托马斯·潘恩、本杰明·富兰克林和亚历山大·汉密尔顿。潘恩撰写的小册子《危机文集》为革命提供了理论基础。富兰克林在1776年任第一位驻法大使，他运用公共关系手段从法国取得大量贷款和军事援助，对最终战胜英军、赢得美国独立做出了巨大贡献。

汉密尔顿对公共关系的贡献有两个方面：第一是在革命的黑暗时间塑造了一个殉难者——内森·黑尔的形象。内森·黑尔是个不高明的间谍，在执行第一次任务时就被捕了。也许是汉密尔顿让黑尔说出了那句著名的话："我遗憾的是我只能为我的祖国贡献一次生命"。实际上黑尔从被捕起就没有说过一句话。黑尔的英雄事迹传开后，激发了美国人民在萨拉托加战役中的战斗精神，并取得了这场战役的伟大胜利，成为美国人民革命的转折点，导致了4年后约克郡的最后胜利。

汉密尔顿的第二个贡献是他主编了《联邦制者论文集》，其中的文章为建立联邦政府提供了依据。这些论文自然、坦率并巧妙地引导了公众舆论，促成了美国联邦制的实现。

2.政党竞选和新闻宣传促进了公共关系发展

美利坚合众国成立后，成了西方民主国家最早的代表。人们选举一个与自己观点接近的人作为领导人参与政府工作。在美国的总统选举中，为了赢得选民的支持，总统候选人、各政党以及竞选组织广泛地开展公共关系活动，推动了公共关系活动的发展。

美国公共关系活动发展的另一原因是新闻广告宣传。19世纪30年代以后，各种组织为了宣传自己，在便士报上炮制各种神话和煽动性新闻。但后来人们对始于此时的这种公共关系活动方式进行了批评，因为它没有职业道德准则来约束。

20世纪初，大众传播媒介得到迅速发展，电影、电讯等加入了传播服务的行列。这些传播手段的运用为公共关系注入了新的活力。自此，公共关系开始形成一种有组织的实践活动。到第一次世界大战，公共关系已发展成一种专业。

3.公共关系与美国的发展

公共关系的各种手段很早就在美国的政治生活中得到了广泛的应用。美国宪法起草者为了向美国人民宣传这一文件，发起了一场大规模的宣传活动。他们采取向报界写信的形式进行宣传，对美国的政治舆论起到了很大的影响。

美国《人权法案》的诞生使新闻自由得到了保障，为美国公关的发展开创了良好的局面。

长期以来，公共关系一直是各政党斗争武器的重要组成部分。现代政治运动方法与技术的发展除了采用电视、卫星传送、飞机旅行等科技发展的新成果外，大部分仍然是建立在19世纪末的方法基础之上：成立政党竞选指挥部，掀起出版宣传手册、张贴标语、召开新闻发布会及运用其他宣传方式的热潮。这些宣传活动在今天的政治运动中仍然是重要的组成部分。

美国在开发西部的工作中也积极应用了公关手段。在宣传向西部进军的活动中，运用了多种公关手段，鼓动"年轻人到西部去与我们的国家一同成长"。可以说，人们利用公共关系开发了西部。

在美国娱乐业的发展史上，公共关系的作用是显而易见的。

在教育方面，公共关系的作用人尽皆知。1899年，耶鲁大学把秘书办公室改为公共关系与校友办公室，通过这个新名称，获得了有益于学校的舆论。1900年，哈佛大学开始委托全国第一家公共关系组织——新闻宣传事务所承办公关业务。

随着国家的发展，军事部门也开始运用公关手段。即使在战争最残酷的时候，劝说工作同武力一样都是十分重要的。在美国的南北战争中，银行家库克成功地采用发行债权的方式为北方募集贷款，不仅为军队提供了经费，而且还唤起了舆论来支持北方的奋斗目标。

工业发展所带来的先进科学技术使公关手段日益现代化。比如，蒸汽机的发明和活字排版印刷机的使用，使报纸成为能在全国范围发行的大众媒介。

4. 美国企业公共关系的发展

南北战争以后，美国工业与铁路迅猛发展。1875—1900 年 25 年内，美国人口增长了 1 倍，大量农业人口涌进城市，整个社会进入机械化的社会大生产阶段，铁路和无线电通讯系统遍布全国，作为与公众联系的新闻与杂志事业有了迅速发展。工业巨头代替了庄园主，熟练的手工业为专业化工厂生产所代替。实力雄厚的垄断集团的兴起和财富与权利的集中，以及掠夺财富的残酷政策与手段，使得 20 世纪初美国国内阶级矛盾日益激化，当代公共关系就是在这一时期统治阶级对于反抗情绪的缓解与平抚过程中出现的。

当时的大企业信奉这样的信条："公众对企业的经营情况知道得越少，企业的经营就越有效和越能赢利"。企业对其雇员、顾客和其他社会公众普遍采取敌对态度，劳资矛盾日益激化，虽然劳工们的一些罢工和工会组织被破坏和摧毁，但是雇主与员工的斗争在继续。

各公司逐渐认识到平息员工敌对情绪和赢得公众好感的重要性。

1889 年，乔治・威斯汀豪斯为他新创立的电气公司成立了公共关系部门。此后，公共关系经历了不同的历史阶段并得到长足发展。我们可将公共关系历史划分为几个时期。

第四节 现代公共关系发展的几个阶段

1. 巴纳姆时期(Phines T. Barnum)(1810—1891 年)

巴纳姆时期，是"公众受愚弄"时期——现代公共关系的发端。

19 世纪中叶，风行美国的报刊宣传活动被认为是现代公关业的"前身"。当时最有名的代表人物叫费尼斯・巴纳姆，故将公关发展史的这一段时期称为巴纳姆时期。

"报刊宣传活动"，是指一个组织为了自身的目的和利益，雇用报刊宣传员在报刊上进行宣传活动，以制造舆论、扩大影响。

19 世纪 30 年代，美国报刊史上出现了以大众读者为对象、大量印发的通俗化报刊——"便士报"(便士报售价低廉，1 便士即 1 美分就可以买到一份报纸)。当时，不少公司和财团雇用专门人员炮制煽动性新闻，为自己做夸大和虚假的宣传。

巴纳姆是这一时期最有代表性的报刊代理人。

他是一个马戏团的老板，因制造舆论宣传、推动马戏演出而闻名于世。他利用报纸为自己的马戏团制造过不少神话。诸如：马戏团里有一位黑人女奴，叫海斯，曾在100年前养育过美国第一任总统乔治·华盛顿。报纸发表这一"消息"后，立即引起了轰动，巴纳姆顺势以不同的笔名向报纸寄去"读者来信"，人为地引起了一场讨论。有的信说，巴纳姆的故事是个骗局；有的信说，巴纳姆发现了海斯，是一大功劳。巴纳姆说，只要报纸没有把他的名字拼错，随便怎么说都无妨，他的信条是"凡宣传皆好事"。海斯死后，对她的尸体做了解剖，结果表明海斯不过80岁左右，并非巴纳姆所说已届160岁。巴纳姆是这场骗局的策划者，对他来说，他达到了自己的真正目的：每周可以从那些希望一睹海斯风采的纽约人那里获得1 500元的收入。

这种骗局被揭穿之后，报刊宣传活动就受到人们的批评。只是到后来，人们才逐渐认识到，这种报刊宣传活动在促进公共关系发展成为一种有组织的活动方面具有积极意义。但从总体上看，这一时期的报刊宣传活动具有两个致命的弱点：一是这种宣传不顾公众利益，靠制造新闻来愚弄公众；二是不择手段地为自己制造神话，欺骗公众。这在根本上与公共关系的宗旨背道而驰，因此，巴纳姆时期在公共关系的历史上成为一个不光彩的时期。后来，人们以此为鉴，明确了在公关活动中必须奉行诚实、公正和维护公众利益的原则和精神。

2. 艾维·里时期(Ivy Lee)(1877—1934年)

艾维·里时期，是"说真话"时期——现代公共关系职业化开始。

19世纪以来，美国已进入垄断资本主义时代，垄断财团占有着社会绝大部分财富。他们不择手段地榨取剩余价值，全然不顾广大民众利益和起码的社会道德准则。由于经济危机频频爆发，不仅广大劳动人民的生活极度艰难，一大批中小企业和资本家也在垄断财团的疯狂兼并活动中惶惶不可终日。于是，整个社会的阶级矛盾日益激化，各个阶层和集团之间的利益冲突也日益尖锐，整个社会都充满了对工商寡头的敌意。在此情况下，终于爆发了以揭露工商企业的丑闻和阴暗面为主题的新闻揭丑运动，史称"扒粪运动"。

当时，新闻界的一些作家和记者以笔代枪，掀起了揭丑运动的高潮，使许多大企业和资本家声名狼藉。垄断财团最初想用高压手段来平息舆论，未能奏效；他们又变换手法，以贿赂为武器。一些大财团大公司雇用记者创办自己的报刊，杜撰有利于工商巨子们的耸人听闻的神话和"新闻"，遮掩自己公司和企业中出现的种种问题，结果适得其反，公众对垄断财团的敌意反而与日俱增。

1903年，艾维·里放弃了在《世界报》的低薪工作，开始了自己的公共关系职业生涯。他的一个客户是深受“扒粪运动”之苦的洛克菲勒财团。洛克菲勒当时被人称为“强盗大王”，企业内外的公众都怨恨他，罢工运动更使他一筹莫展。艾维·里劝说洛克菲勒认真调查核实造成罢工的具体原因，将真相公之于众，并建议请工人领袖与资方一道协商解决劳资纠纷。此外，艾维·里还建议洛克菲勒一方面提高工人薪金及福利，另一方面多从事一些社会公益事业（如建学校、医院、公园之类）。其后，洛克菲勒果然摆脱了困境，改变了形象。艾维·里因此名声大噪，美国电话电报公司、铁路公司等企业也纷纷聘请他充任公共关系代理人。

艾维·里审时度势，针对巴纳姆式宣传活动的局限性，提出了“说真话”的宣传思想。他认为，一个企业、一个组织要获得良好的声誉，不是依靠对公众封锁消息或者欺骗愚弄公众，而是必须把真实情况披露于世，把与公众利益相关的所有情况都告诉公众，以此来争取公众对组织的信任。如果披露真情确实对组织不利的话，就应该调整公司或组织的行为，而不是去极力遮盖真实情况。通常情况下，一个企业与员工或其他社会组织处于紧张的摩擦状态，往往是由于这个企业的管理者不注重与公众的沟通所造成的。因此，要想建立良好的公共关系、创造最佳的生存发展环境，其最根本的信条是：说真话！

1906年，艾维·里向新闻界发表了阐述其宗旨的《原则宣言》。他指出：“我们的责任，是代表企业单位及公众组织就公众关心并与公众利益相关的问题，向新闻界和公众提供迅速而真实的消息”。在实际中，他落实了自己的思想，做得很出色。比如，他在处理宾夕法尼亚州铁路公司发生的人员伤亡事故时，果断采取公布事故真相、向死难者家属提供赔偿、为受害者支付治疗费、向社会各方诚恳道歉等措施，取得了良好的效果，从此成为蜚声社会的公关专家，被人们誉为“公共关系之父”。

他的公关咨询工作不足之处是，他凭经验、直觉来进行工作而对公众舆论缺乏科学调查。对此，有人认为他的工作只是艺术。尽管如此，他在公共关系发展史上仍占据重要地位——他使公共关系成为一种独立的社会职业，并让公共关系朝着科学化方向迅速发展。

3. 伯内斯时期（Edward Bernays）（1891—1995年）

伯内斯时期，是“投公众所好”时期——现代公共关系科学化的成熟。

艾维·里是现代公共关系的创始人，但他的公关实践却被认为“只有艺术，无科学”，他虽然有丰富的公关实践经验，但没有提出系统而科学的公关理论。真正为公共关系奠定理论基础、使现代公共关系科学化的是现代公共关系的先驱——美国著名公关学者爱德华·伯内斯。

伯内斯1891年出生于奥地利,次年随父母移居美国。相对艾维·里来说,他更注重公共关系的理论研究,并努力使之形成一个独立的科学体系。第一次世界大战结束后,他在纽约开办了公关公司。1923年,他出版了第一部关于公共关系的著作——《公众舆论的结晶》(*Crystallizing Pubic Opinion*)。同年,他在纽约大学首次讲授公共关系课程。1928年,他写了《舆论》一书,1952年又写了教科书《公共关系学》,使公共关系的基本理论和方法成为一个较为完整的学科体系。伯内斯在他的《公众舆论的结晶》一书中,第一次提出了"公共关系咨询"的概念。这一思想和主张,明确了公共关系的重要职责之一是向组织提供政策咨询。

伯内斯公共关系思想的一个重要组成部分是"投公众所好"。他认为,任何组织开展公共关系活动,都应该是有针对性的,首先要了解公众关注什么、喜欢什么、对组织有什么要求和期望,在确定公众的关注点和态度的基础上,再进行组织的传播沟通和战略行动,这样才能做好公共关系工作。这种思想把艾维·里的单向信息传播发展成双向的信息沟通,为公共关系理论的确定奠定了科学的基础。

伯内斯对现代公共关系的重要贡献主要表现在:推动公共关系活动的职业化;将公共关系从新闻界分离出来,为其成为一门独立的学科奠定了基础;提出了公共关系运作的基本程序;初步建立了现代公共关系学科的理论体系。他对公共关系学科的形成和进一步发展具有重要作用。

4. 当代成熟时期

继伯内斯后,雷克斯·哈罗1939年在斯坦福大学开始讲授公共关系课程,并且创立了美国公共关系理事会(ACPR)。1945年,他创办了《公共关系杂志》月刊。1952年,美国著名公关专家卡特里普(Scott M. Cutlip)和森特(Allen H. Center)合著的《有效公共关系》一书出版。这是这个时期出现的一部集公共关系理论研究成果大成的代表作。这本书到现在已出了第八版,不断的修订完善使它保持永久的生命力和权威性,被称为"公关圣经"。

在《有效公共关系》一书中,首次完整地提出了公共关系工作的"四步工作法",已被广大公共关系理论工作者和实践工作者所接受,这是对公共关系学研究的一大贡献。该书从第六版开始有布鲁姆(Glen M. Broom)加盟,为了满足读者对公共关系理论模式研究的需要,增加了重要的一章,即第八章"调整与适应——公共关系的理论模式"。在这一章里,作者采用"生态学"的概念,从系统论的角度提出了"调整与适应"这一面向开放系统的公共关系理论模式,使人们深入理解组织与其公众在开放的社会环境中的动态变化关系,以及公共关系在协调这种关系时的积极主动作用。该理论模式的提出,解决了公共关系学科的核心问题,使公共关系学科的体系更趋成熟。

美国公关界大师级人物格鲁尼格(James E. Grunig)1984 年出版的《公共关系管理》一书和 1990 年在奥地利举行的一次专业会议上提交的论文《美国公共关系研究的发展》中都提到公共关系实践的 4 种模式:

第一种模式:新闻代理模式(The Press Agentry Model)。这个模式认为公关计划的唯一目的,是在大众传播媒介中为某一组织取得有利的宣传效果。公关历史上巴纳姆时期的"报刊宣传活动"是这种模式最早的实例之一。

第二种模式:公共信息模式(The Public Information Model)。这种模式是利用新闻记者通过大众传播媒介和可控媒介如业务通讯、小册子和直接邮件来传播客观信息。

这两种模式都是单向传播,它们力图通过宣传或散发有利于自己的信息,来塑造组织的良好形象,目的是改变各种公众的行为,但并不改变组织本身的行为,所以这两种模式也可叫做"不对称的"(Asymmetrical)或"不平衡的"(Imbalanced)模式。

第三种模式:双向非对称模式(The Two-way Asymmetrical Model)。这是一个更高级的模式,它通过科学的方法,诱导和劝服公众接受组织宣传的观点,进而支持组织的行为方式。这种模式传播性质虽为双向,但其在组织和公众之间的效果并不平衡,因为这个模式的目的是操纵公众按照组织的要求来行动。

第四种模式:双向对称模式(The Two-way Symmetrical Model)。这种模式是公共关系实践最好的、最高级的模式。它阐明公共关系是建立在调查研究的基础上,它强调对话,通过双向交流来促进相互理解。由于双向对称模式将公众和组织置于平等协商与相互妥协的基础上,组织和公众之间的传播效果是平衡的,因为公众能够像组织改变公众的态度和行为一样,促使组织改变自身的行为。

这 4 种模式在公共关系实践中都不同程度地存在着,但双向对称模式真正体现了公共关系的本质。

20 世纪 50 年代以来,公共关系的实践和理论研究都进入了一个全新的发展时期。1955 年 5 月国际公关协会在伦敦成立,现在其会员已遍布世界各地,标志着公共关系已作为一个世界性的行业而独立存在。

这一时期,以萨姆·布莱克(Sam Black)、卡特利普(Scott M. Cutlip)、艾伦·森特(Allen Center)和杰夫金斯(Frank Jefkins)、格鲁尼格(Grunig)为代表的一大批公关专家和大师,在理论和实践上把公共关系推向一个新的历史发展阶段。

在倡导和推动公共关系职业化发展方面,如果说伯内斯是美国公关界的杰出人物,那么萨姆·布莱克就是英国公关界的杰出代表。他是英国公关协会和国际公关协会的创始人之一,倡议并起草了英国公关界第一份职业道德标准;他创建了自己的公关公司，积极投身于公关实践和公关教育，是英国大学正规公关教育的发起人和规划者。伯内斯曾给予布莱克教授这样的评价："萨姆·布莱克这个名字是对公共关系职业深刻理解的同义词"。萨姆·布莱克曾几次访问中国，同中国公关界交流、探讨公关的问题。

美国著名公关专家卡特利普和森特出版了《公共关系咨询》、《当代公共关系导论》和《有效公共关系》等许多重要著作，其中《有效公共关系》被美国公关协会定为高校公关课程标准基础教材。

英国公关专家弗兰克·杰夫金斯著述甚丰，他的思想丰富和发展了公共关系学的理论，促进了当代公关事业的发展。

资本主义经济的国际化，加速了商品销售、促进了国际贸易的发展，因此国际公关事业得到长足发展，出现了像伟达公关公司(Hill & Knowlton)和博雅公关公司(Burson-Masteller)这样的国际性公关巨型企业。

随着社会和科技的发展，新的科学技术手段也逐渐被公共关系所采用，如大型电子计算机、通讯卫星等，为公共关系提供了现代化的有效手段和方法；同时，公共关系也吸收了诸如传播学、行为科学、管理科学、心理学、新闻学等其他学科的内容，丰富和发展了公共关系学。

20世纪50年代以后，公共关系发生了巨大变化，已发展成为完整、独立的实用性很强的学科。

第五节　现代公共关系产生与发展的基本条件

现代公共关系产生于20世纪初的美国并不是偶然的，它是当时美国及资本主义社会的基本矛盾以及经济、政治、科学技术和文化等社会历史条件发展到一定阶段的必然产物。

现代公共关系产生和发展的基本条件有：

(1)社会组织的高度分化以及在此基础上形成的相互协调、融通和整合的发展趋势，是公共关系产生和发展的社会基础。

(2)商品经济的出现是公共关系产生和发展的社会经济条件。

(3)社会的阶级矛盾、斗争和政治的民主化是公共关系产生和发展的社会政治条件。

(4)传播手段和通讯技术的进步是现代公共关系产生和发展的物质技术条件。

(5)文化心理因素为公共关系的发展奠定了思想基础。

第六节 公共关系在中国的兴起

公共关系作为现代管理思想和方法，早在20世纪60年代就进入我国香港、台湾地区。20世纪70年代后期，中国大陆实行了改革开放政策，公共关系作为一种新的经营管理思想和方法，在东南沿海地区登陆，并由南往北、由东往西，从合资、外资企业到国有企业，从企业到政府组织，逐步发展壮大，形成了一股“公关大潮”，在中华大地上蓬勃发展。

1. 公共关系在中国发展的历程

公共关系在中国的引进和发展，大致经历了3个阶段。

第一阶段：引进时期

随着中国实行改革开放政策，20世纪80年代初在深圳和广州，一些中外合资企业，特别是合资的宾馆、饭店，按照海外现代企业管理模式，设立了公共关系部门，开展企业的公共关系业务。在这些公共关系部门中担任公关部经理的，多数是在海外受过公关专业训练的人。1982年深圳竹园宾馆成立公共关系部，开展吸引顾客、扩大影响的服务性公共关系活动；1983年中外合资的北京长城饭店成立了公共关系部；1984年广州中国大酒店等宾馆、酒家和服务部门设立公共关系部。广东电视台以这批宾馆、酒楼的公共关系活动为背景，拍摄了第一部反映公共关系实践活动的电视连续剧《公关小姐》。《公关小组》在全国放映后，影响了千家万户，使中国亿万人知道了公共关系。

1983年广东省的企业在改革的浪潮中走在全国前列。国有企业作为独立核算、自负盈亏的经济实体和独立的经济法人的改革试点，在广州白云山制药厂等部分企业首先推出。在全省体制改革的新形势下，白云山制药厂传统的管理体制和经济机制不再能够适应新的环境和经济形势。该厂在改革中走出的重要一步就是成立推销企业形象、提高企业知名度和美誉度的公共关系部。其公关部成立后开展了卓有成效的工作，一年就帮助全厂产值翻了一番。这样，公共关系作为工商管理的一种重要职能，在我国国有企业中生根、发芽、开花、结果。

在广东发生的这种公共关系，作为企业管理的新鲜方式、一种新的管理职能，对企业发展所做的卓有成效的工作、对企业效益的提高等，引起了中国新闻界和学术界的高度重视。1984年《经济日报》有关广州白云山制药厂公关工作的报道“如虎添翼”和社论“认真研究社会主义公共关系”，第一次向社会提出了社会主义公共关系的新课题。中国社会科学院新闻所的学者紧接着编写的《塑造形象的艺术》首部公关著作，把公共关系作为一门学科比较全面系统地向我国读者做了介绍，在社会上引起了反响。从此，在中国大地上，公关大潮由南往北、由东往西、从地方到中央蓬勃发展。

第二阶段:迅速发展时期

20 世纪 80 年代中后期，公共关系职业、公共关系协会、公共关系教育培训以及公共关系理论研究等迅速发展起来。

1985 年，世界上最具影响的两家美国公关公司——伟达公关公司和博雅公关公司相继在中国设立办事机构。博雅公司与中国新华社合作，成立了中国大陆第一家本土公关公司——中国环球公共关系公司。1986 年 12 月，全国第一家省级公共关系协会——上海公共关系协会成立。1987 年 5 月，中国公共关系协会在北京成立。1988 年北京市公共关系协会成立。1991 年，中国国际公共关系协会在北京成立。此后，全国各省、直辖市、自治区以及若干大中城市相继成立了地方性的公共关系协会或学会。

1985 年以来，全国各地采取多种形式，开展了丰富多彩的公共关系教育培训工作，培养出不同层次和多种类型的公共关系人才。1985 年 1 月，深圳市总工会最先创办了公共关系培训班，开我国公关培训事业之先河。此后，全国各地的大专院校、企事业单位以及各种社会团体，都相继在不同地区和不同范围内举办了各种形式的公共关系培训班。

为适应我国公共关系迅速发展的形势、提高公共关系的专业水平、培养高水平的公共关系人才，在高等学校开设公共关系课程和创办公共关系专业，成为当时形势发展的要求。1985 年开始，公共关系被正式列入我国大学课程。在以后的几年中，深圳大学、中山大学、杭州大学、复旦大学、国际关系学院、兰州大学等百余所大学相继开设了公共关系课程，有的还创办了专科公共关系专业和本科公共关系专业方向。1994 年，国家教委正式审定批准中山大学创办我国第一个本科公共关系专业，批准国际关系学院正式招收公共关系方向本科生和专科生。从此，公共关系专业正式列入了我国高校的专业目录，为我国公共关系高层次的教育铺平了道路。

与此同时，公共关系的科学研究也进入了一个繁荣发展的时期。1986 年 11 月，中国社会科学院编著的《塑造形象的艺术——公共关系学概论》一书正式出版。同年，王乐夫、廖为建等人的公共关系专著问世。1987 年，居延安的《公共关系学导论》一书出版。同时，国外的著名公关著作，如弗兰克·杰夫金斯的《公共关系学》、卡特利普等人著的《有效公共关系》和其他公共关系著作，在中国大陆陆续翻译出版。1988 年 1 月，中国第一家公共关系专业报纸——《公共关系报》在杭州创刊，面向全国发行。1989 年 1 月，中国第一份全国公开发行的公共关系杂志——《公共关系》在西安创刊。这个时期，公共关系理论研究十分活跃，理论成果十分丰富。据不完全统计，这时公共关系专著、译著、教材等公开出版物达 100 多部。

第三阶段：成熟稳定发展时期

从 20 世纪 90 年代起，中国公共关系的发展又有了新的特点：

(1)中国公共关系得到党和国家领导人的关注　1991 年 5 月，中国公共关系协会在北京召开全国公共关系工作会议，对公共关系事业的发展进行总结并交流经验。党和国家领导人李瑞环、薄一波在贺词中充分肯定了我国公共关系事业取得的成绩，明确指出了公共关系事业的发展方向和根本任务。李瑞环在贺词中说："中国公共关系事业的发展，是中国改革开放的必然趋势，它以新型的管理科学协调社会各方面关系，密切党和广大人民群众的联系，调动各种积极因素，维护安定团结，促进社会主义建设"。这在全国产生了重要影响。

(2)公共关系的教育和理论研究日趋成熟　1994 年，国家教委正式审定批准中山大学创办我国第一个本科公共关系专业，批准国际关系学院正式招收公共关系方向本科生和专科生。从此，公共关系专业正式列入了我国高等教育的专业目录，为我国公共关系的高等教育铺平了道路。目前，中国公关教育已经走向正规化、系统化、多层次化，既有高层次的公共关系学士和公共关系方向的硕士，也有自学考试、夜大、电大等培训方式培养公共关系专业人员，还有短期专业培训、资格证书培训等方式。目前，中国已有 1 000 多所高校开设公共关系课程，数十所高校开设公共关系专业方向。

1989 年 12 月，在深圳大学召开了第一届全国高校公共关系教学研讨会。会上推出了公共关系教学大纲和教学计划，并研究共同编写全国通用的《公共关系学》教材和《公共关系案例》教材。随后，先后在杭州大学、兰州大学、国际关系学院和武汉大学召开了第二届至第五届全国高校公共关系教学理论研讨会，对中国公共关系教育起到了积极的推动作用。

1990 年 7 月，中国公共关系协会在河北新城召开了第一届全国公共关系理论研讨会，议题是"公共关系与社会发展"。1992 年 7 月，中国公共关系协会学术委员会在山东莱芜市召开了"中国公共关系特色初探"专题研讨会。继新城会议之后，中国公共关系协会每年组织一次全国性公共关系理论研讨会。1997 年 8 月在苏州召开了中国公共关系协会学术委员会四届一次(扩大)会议，以研讨中国公共关系基本问题为主题，形成了一次对公共关系基本理论的大辩论。这是中国公共关系理论界和实务界对公关理论基本问题集大成的一次会议，各个学术流派，如形象学派、协调学派、传播学派、管理学派等，充分展开辩论，各抒己见，极大推进了中国公共关系的理论研究。

(3)中国公共关系的实践活动从模仿、照搬走向自觉、自主创新　20多年来，以北京、上海、广州、深圳等地为例，这些地区的许多公关活动，无论从创意、策划到具体的方法、手段都不亚于国际水平。总之，中国公共关系事业已取得长足进步和巨大成效。

2.公共关系在中国兴起的必然性

中国改革开放的时代潮流和市场经济发展的大趋势，为我国现代公共关系的兴起和发展提供了必要的条件。

(1)公共关系是实行改革开放政策的需要

①在经济体制改革方面，企业要转变经营机制、改善管理、增强活力、提高效益，需要公共关系协调企业自身与方方面面的关系。

②企业要多方面掌握和了解经济信息，不失时机地做出科学决策，提高企业的市场竞争能力，需要公共关系发挥耳目、喉舌作用。

③我国的政治体制改革，要求适应社会主义市场经济发展的需要、加强和完善社会主义民主、正确处理和协调各种不同社会组织及社会群体间的矛盾和利益，在新的历史时期实现领导与群众之间、不同社会组织之间、这部分群众和那部分群众之间在根本利益一致基础上的协调关系，并能够化解矛盾、维护社会的安定团结，做到这些需要公共关系发挥作用、协调各种关系。

(2)公共关系是市场经济的必然要求　过去我国长期实行计划经济，企业只是按计划行事，其经营状况的好坏、服务水平的优劣、信誉的高低与其自身的利益没有关系。现在，企业要走向市场、面向市场独立经营、自负盈亏，这就需要处理好自身与消费者、供应商、传播媒介、各种社团以及竞争者等公众间一系列的复杂关系。而公共关系作为一门内求团结、外求发展的现代经营管理艺术，显示了其独特的功能和作用。

(3)公共关系是进行国际交流合作、拓展国际市场的必然选择　随着市场经济的进一步发展，开拓国际市场、与国际市场接轨、参与国际竞争成了中国企业必然面临的任务。借助国际公关，我们可以了解国外在技术、资金、人才、设备方面的趋势和动态，了解金融、贸易等行情变化，以便采取与之相适应的对策，以利于中国企业在国际市场上的竞争。

本章小结

人类社会是个群居的社会，人类在同自然进行斗争的过程中，必须结成一定规模和形式的社会群体；而为了维持这个社会群体，人们必须在思想和感情上进行交流、在行动上进行协调。这种交流、协调是社会发生、发展的基础，也是公共关系形成的必要社会条件。人类社会在不同的发展阶段，存在着不同的“公共关系形态”。

现代公共关系起源于美国，而美国公共关系起源于独立战争，美国建国后的发展也促进了公共关系的发展。

现代公共关系经历了巴纳姆、艾维·里、伯内斯和现代这几个发展阶段，这是现代公共关系从实践到理论发展的关键阶段。

中国公共关系的兴起，是改革开放、市场经济发展和开拓国际市场的必然选择。

[思考题]

1. 简述公共关系发展的几个时期。
2. 为什么说美国公共关系起源于美国独立战争？
3. 美国企业公共关系发展的原因是什么？
4. 现代公共关系产生与发展的基本条件是什么？
5. 公共关系在中国兴起的条件是什么？
6. 简述公共关系实践的“4 种模式”。

[自测题]

一、单项选择题

1. 1923 年首次在纽约大学讲授公共关系课程的是（　　）。

A. 艾维·里　　B. 伯内斯　　C. 格鲁尼格

2. 现代公共关系起源于（　　）。

A. 法国　　B. 英国　　C. 美国

3. 1952 年，美国的卡特利普和森特出版了他们的公共关系著作（　　），这本书在美国被誉为“公共关系的圣经”。

A.《有效公共关系》　　B.《公众舆论的结晶》　　C.《原则宣言》

4.（　　）年，世界第一家“宣传顾问事务所”在纽约创立。

A. 1882　　B. 1900　　C. 1903

5. 公共关系实践模式的理论是(　　)提出的。

A. 伯内斯　　B. 艾维·里　　C. 格鲁尼格

二、填空题

1. 公共关系实践“双向对称”模式的理论是由________创立的。

2. 美国公共关系起源于________。

3.《有效公共关系》一书中说:“大部分公共关系的历史就是编织在________的这种持续的斗争中的”。

4. 真正为公共关系奠定理论基础,使公共关系学科化的是现代公关先驱、美国著名学者________。

5. 1923 年爱德华·伯内斯出版了他的第一部公共关系著作,书名是________。

第三章　公共关系的基本原则

内容提要

面对众说纷纭的公共关系定义、多种公共关系核心概念的表述，我们究竟该如何把握公共关系的基本原则？本章介绍公共关系的主要目标、公共关系必须遵循的原则、公共关系工作的基本方法方针、公共关系工作的方针、公共关系活动的实质以及公共关系意识。

学习目标

本章概括了公共关系工作的一些基本原则和思想。了解和把握了这些原则和思想就初步了解了公共关系，并要在公共关系工作中去具体实施它们。

学习提示

公共关系原理，它的理论“内核”比较小，而“外延”比较大。我们在学习公共关系时要把握它的“内核”。这一章讲的基本原则，就是其“内核”的重要部分。

前面的章节中已经讲述了公共关系的定义及其内涵，现在我们要进一步了解公共关系的基本原理。

第一节　公共关系的主要目标

形象说的观点认为，公共关系的主要目标是“塑造形象”。

传播说的观点认为，公共关系的主要目标是“传播管理”。

英国公关专家杰夫金斯在《最新公共关系技巧》一书中，对于公共关系的主要目标是这样理解的：“现在，我们来谈一谈对公关的另外一种误解。人们往往认为，公关的目的是借助于媒介，获得令人喜欢的形象、良好的舆论气氛或是赞扬。这是一种十分有害的荒谬见解”。他认为“公共关系的主要目标是理解”，因为“大多数公共服务组织——警察局、邮电局，水、电和煤气管理局等，肯定得应付许许多多不利的局面，公共关系又如何为其保持这些有利的方面呢？既然这些组织是为大众服务的，他们就很难使大多数人在多数时候都感到满意。他们所能得到的只能是理解罢了”。

美国公关学者弗雷齐尔·穆尔在他所著的《公共关系学》一书中也说道：“成功地满足公众利益的企业，可以得益于一般公众的理解和好感，这是公共关系的主要目标”。

杰夫金斯提出“公关转变模式”，更加详细地考察了公共关系的这一主要目标——理解。当不利形势通过公共关系工作变为有利形势，其成效正是公共关系的主要目标——理解（图 3-1）。

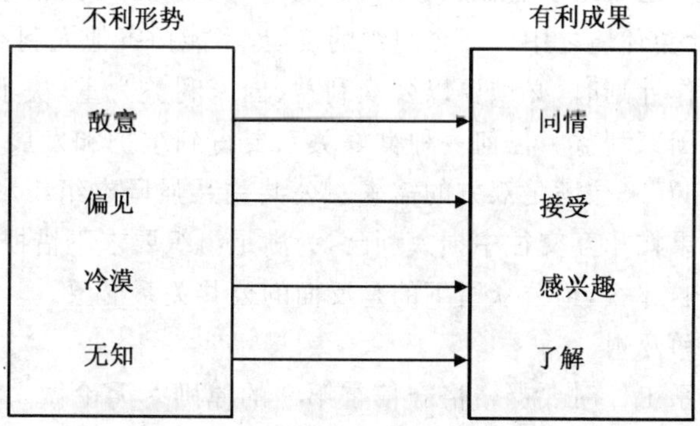

图 3-1　公关转变过程

敌意——在社会生活中，对一个组织、人员、活动、产品或服务，由于不了解、误解或错误的信息，人们对他们会产生不习惯、不喜欢、不理解，这都可视为非理性的敌意。通过公共关系的工作，使人们能对他们产生同情、容忍和理解。

偏见——由于种种原因，对某一事物不了解而产生的偏见，通过公共关系的信息传播和教育，可以成功地被消除。

冷漠——不愿理解、不感兴趣。公共关系想要达到理解，就必须打破这种不愿了解情况的想法，必须将冷漠转化为感兴趣，必须使那些对公关信息取冷漠态度的人提起兴趣来。

无知——人们难免会对许多事物一无所知。如果对人、对事、对物一无所知，就无法正常开展工作；对一个人不了解，就无法使用他；对一种商品一无所知，就无法销售它。宣传、广告、公共关系，都是要解决“无知”问题。

从这些关于敌意、偏见、冷漠和无知 4 种不利情况的评述中，我们清楚地看到，在开展公共关系工作、策划公共关系方案之前，了解清楚这 4 个薄弱环节的范围和程度是至关重要的。

公共关系的“转变模式”，阐明了公共关系如何帮助一个组织取得成功。公共关系工作正是通过转化工作，变不利为有利、化消极因素为积极因素，最终达到互相理解。不管什么部门，如果缺乏理解，所开展的任何活动都不可能成功。

第二节　公共关系工作必须遵循的原则

1. 公众利益为重的原则

公共关系工作是为组织利益服务的，而任何组织都是与其他组织处于紧密相连、休戚相关的社会环境之中。一个组织的发展，不能损害他人利益。一个组织在制定公共关系工作计划时，必须要以公众利益、国家利益为重，决不能为本机构利益而损害公众和国家利益。任何一种良好关系要得到维护和发展，必须对双方都有利，能够通过相互来往满足双方的需求。公共关系强调本组织利益与公众利益的平衡协调。如果在相互交往中损人利己，为满足组织要求不惜损害公众利益、不讲信誉、不顾影响，那么，给公众留下的是反面的公共关系形象。

2. 信誉第一的原则

开展公共关系工作时要严格恪守信誉第一的原则。无论做人、做事、经商，讲信誉是最基本的准则。一个不讲信誉的人(或组织)，没有人(组织)愿意跟他打交道、来往。良好的信誉是一个组织生存和发展的基本条件。

3. 实事求是的原则

公共关系人员必须诚实、讲真话，坚持实事求是的原则。搞公共关系，绝对不能骗人、讲假话。公共关系是一门讲究诚信的艺术，说假话、骗人、掩盖事实真相，最后只能身败名裂，以垮台失败而告终。

现在我们搞市场经济，而市场经济最本质的东西是诚信原则。当前从中央到地方，都在大力倡导诚信原则，这关系到我们国家的经济命脉，关系到国家和民族的存亡。

第三节　公共关系工作的基本方法

搞公共关系工作，要运用许多方法、手段和技术，但是最基本的方法就是组织与公众之间的双向沟通，这也是公共关系实施程序中的重要一环。

公共关系活动的本质就是组织与其公众之间的一种大范围、全方位的信息沟通。这种沟通是双向的。双向沟通有两种模式：

1. 双向不对称模式

双向不对称模式(The Two-way Asymmetrical Model)的目的是诱导、劝服公众接受组织的有关观点，并进而支持组织的行为方式。此模式虽为双向沟通、传播性质是双向的，但其在组织和公众之间的效果并不平衡，有利于组织。公关人员向公众提供信息，也吸收公众的反馈意见，但目的是为了提高诱导、劝服工作的有效性，而不是听取公众的意见去改变组织的行为。

2. 双向对称模式

双向对称模式 (The Two-way Symmetrical Model)，它强调对话，注重坦诚、完整、准确的双向交流，目的是促进相互理解。沟通是双向的，而且在组织和公众之间的传播效果是平衡的，因为公众能够像组织改变公众的态度和行为一样，促使组织改变其行为。

双向对称模式的提出，展示了公关实践发展的方向，真正体现了公共关系的本质。双向对称模式是公共关系双向沟通最好的模式。

第四节　公共关系工作的方针

这里讲的公共关系工作的方针，主要是指公共关系工作要有计划，要着眼于长远利益、追求长期目标。

公关活动的计划性，是指公关活动不是随心所欲、临时采取的行动，而是周密计划后的科学统筹的行动。一方面，公关活动是根据公关计划要求而安排的活动。公关计划致力于公关目标的实现，它必须借助各种公关活动的开展。活动是计划实现的环节。另一方面，公关活动本身也体现了计划性。为了开展公关活动，必须制订周密的计划，其中既包括公关政策、策略决策、目标和战略构思、步骤和行程安排，也包括任务职责落实等。

公关活动的长远性（长期目标），是指公关活动不是急功近利的行为，而是为了改善公共关系状态而实施的经过深思熟虑的行为。公关活动的长远性有两方面含义：一方面，任何一种公关活动都是从关系的建立和长久维系为出发点的，都是经过深思熟虑的活动，都体现公关长远目标；另一方面，一切公关活动都不是散乱的、权宜的，而是公共关系长远建设的必备环节或有机组成部分。可见，公关活动是建立在对现状分析和对未来预见的基础上的深思熟虑的结果，是求得未来效果的行为指向。

公关活动的计划性和长远性，是公关活动区别于其他组织活动的最独特的地方。其他组织活动都不像公关活动那样致力于长时间的未来性思考，因此不必是针对未来的长远计划；而公关活动致力于长远的公关目标，必然是从长计议并制定周密计划来统筹实施。因此，在认识、理解和实施公关活动时，只有深刻把握其计划性和长远性的实质，才能真正站在战略高度上去驾驭公关活动，真正体会到公关活动的实践意义。

第五节 公共关系活动的实质

公共关系活动的形式是多彩多姿和复杂多样的，如日常交往、应酬接待、面对面的交流、媒体传播、调查研究、设计制作、活动策划、专题活动、危机处理等。这些活动形式，不是为活动而采取，而是服务于关系改善的需要。正是由于组织与公众的关系需要不断地改善，才发展了形态各异的公共关系活动。公共关系活动的实质就是从活动形式的背后透析出带有本质规律性的内容。公共关系活动的实质体现在以下几个方面：

1. 公共关系活动的客观性和诚实性

公共关系的要义是真实。旨在推进良好关系的公关活动，在其实质上必然是客观性和诚实性的具体体现。公关活动的客观性，一方面指它建立在关系改进的状态以及对公众利益的客观认识基础上；另一方面指它在实施过程中客观真实地向公众披露情况，而不是遮掩事实、美化组织。

公关活动的诚实性，是指它真诚为公众利益着想，诚实地为公众利益服务，决不哗众取宠、虚情假意、背信弃义、无中生有或蒙骗公众。

公关活动要实现长期改善关系的目的，就只有抓住客观性和诚实性的实质，因为客观和诚实不仅是公关活动与其他活动的区别，也是公关活动能否取得成功的关键。

2. 改善"关系"是"公关活动"的根源和动力

开展公共关系活动，并不是随心所欲的，而是围绕关系改善的目标，并且总是在关系目标推动下不断指向关系改善的结果，这是公关活动的根源。

如果背离公关目标和原则，为达到某种目的而采取急功近利的做法，把开展公关活动作为"装点形象"的工具或"造势影响"的策略，那么这种"公关活动"就会发生性质上的根本改变，它已经不是"公共关系活动"，而是组织的其他性质的活动。美国前总统尼克松，在"水门事件"暴露后，指示他的部下开展所谓"公共关系活动"，目的是欺骗舆论界和美国人民。这种所谓的"公关活动"违背了公共关系客观和诚实的原则，同我们所说的"公关活动"不是一回事。

公共关系实质上是组织与其公众之间关系的矛盾运动。那么这种矛盾运动的内驱力是什么？它的内驱力是利益关系；所谓改善"关系"，核心是改善"利益关系"，"关系"的协调、改善最后都集中在利益上。公共关系是为市场经济服务的。市场经济的特点之一是自由竞争、平等交换。商品拿到市场上去销售，目的是为了获得商品价值；顾客购买商品，目的是获得使用价值。这就产生了一个"价值"与"使用价值"的关系问题。在商品平等交换过程中，它必然是一种互利关系。所以，互利原则是受到商品经济规律制约的，是不可违背的。

在现代市场经济高度发达的社会里，具有管理功能的现代公共关系，必须坚持互利原则。这要求企业既要考虑到公众利益、尽量满足社会需要，又要考虑到自己如何获得相应的利益。

3. 公共关系活动的主动性和创造性

作为公共关系的主体，组织在谋划和组织公关活动过程中，还体现出特有的主动性和创造性。主动性，是指组织所开展的公关活动完全是自觉、主动和能动地改善关系的行为。换言之，公关活动没有明确的组织规定性，不是监督、控制或行政指令的产物。这种主动性，给了公关活动广阔的施展空间，使公关活动在赢得公众及创造良好关系方面产生良好效果。

公关活动还激发了组织的想象力和创造性。组织在谋划和组织实施公关活动时，不是墨守成规，而是创造性地、富于想象力地将它们推向社会和公众，使公关活动具有较强的趣味性和吸引力。因此，公关活动总是令人耳目一新、难以忘怀，并能在改善关系方面产生出奇制胜的效果。

4. 公关活动的道德性和利他性

道德性和利他性是公关活动的另一实质。公关活动是由社会组织发动的，完全取决于主体的自律。这种自律活动起源于组织与公众建立良好关系的迫切期望。为此，社会组织在公关处理中必须有高境界，也就是不为自己而为公众利益着想、服务，以期换取和谐的公关佳境。公关活动从根本上不同于其他相互交换关系的活动，它甚至是一种牺牲组织利益而极大满足公众利益的活动，这正是公关活动所特有的道德性和利他性。

事实上，公关活动之所以富有魅力，正是因为公关活动有厚重的道德底蕴。因此，公关活动总是体现出浓重的道德精神、道德情感。当它一贯地实行毫不利己、专门有利于公众的行为时，其道德性、利他性的高境界不仅带来关系的全面协调，而且使社会组织在道德上日益成熟起来。所以，公关活动是一种最有效的道德自律机制，是构筑现代社会道德的最佳途径，是现代精神文明的发动机。

5. 公关活动的协调性和服务性

公关活动实质上是为了实现组织与公众之间的协调，因而它的运行时刻体现其协调性质。公关活动的协调性，广泛体现在与内外部公众的关系协调上。公关活动正是为了协调这些具体的公众关系而发生，也正是为了服务于这些具体的公众关系而组织起来。所以，公关活动有着明显的协调性和服务性特征。

第六节　公共关系意识

公关活动是一种有意识的活动，它通过信息交流，取得公众的理解，从而来影响公众。

公共关系意识，也称公关观念或公关思想，是一种现代思维方式。公关意识是从经营管理丰富实践中提炼出的现代管理的根本原则和哲学思想，是指导现代组织机构及其成员的行为准则，使现代组织在复杂多变的环境中适应环境变化、保持自身的顺利发展。离开了正确的公关思想，组织机构就会走上邪路；离开了正确的公关思想，靠所谓公关技巧开展公关工作，也是十分危险的。学习公共关系，就是要使正确的公关思想自觉地融合到组织机构的一切活动中去。一位企业家说得好：“经营现代化企业，不仅要有生产观念、经营观念、市场观念、竞争观念，还要有公共关系观念”。

公共关系意识，实际上是一个综合意识。一个组织在它的公关实践活动中，需要有诚信意识、公众意识、沟通意识、协调意识、服务意识、创新意识和信息意识等。

本章小结

公共关系的主要目标是理解。公共关系必须遵循的原则是公众利益为重，信誉第一，诚实、讲真话。公共关系的基本工作方法是双向沟通。公共关系工作的方针是要有计划，着眼于长远、追求长期目标。公共关系活动要坚持客观、诚实的原则，最终达到改善关系的要求。公共关系意识是公关人员和管理人员必备的一种管理意识，必须贯彻管理行为的始终。

［思考题］

1. 公共关系工作必须遵循的原则是什么？

2. 公共关系工作的基本方法是什么？

3. 公共关系工作的方针是什么？

4. 什么是公共关系活动的“双向对称模式”？

［自测题］

一、单向选择题

1. 公共关系工作正是通过（　　），变不利为有利、化消极为积极。

A. 转化工作　　B. 说服工作　　C. 协调工作

2. 公共关系意识，也称（　　），它是从经营管理丰富实践中提出的一整套重要的管理要则和哲学思想。

A. 公关活动　　B. 公关思想　　C. 公关状态

二、填空题

1. 杰夫金斯认为公共关系工作的目标是________。

2. 公共关系的基本方法是________。

第四章　公共关系的理论基础(理论模式)

内容提要

公共关系的理论基础是什么？这是公共关系的一个核心问题。任何一门学科，如果没有一个以理论为基础的知识系统，那么这门学科站不起来。《有效公共关系》一书的作者将系统论的观点引入了公共关系，提出了“调整与适应”是公共关系的理论基础(理论模式)。他们说：“用达尔文的话来说，能够在新千年里存活下来的将不一定是那些强大的组织，而是那些有能力进行调整并且适应不断变化的外部世界的组织”；提出了“公共关系主要是处理组织与其环境中其他要素的相互依存关系”。从这个观点来看，公共关系至关重要的作用是“帮助组织调整并且适应它们所处环境的变化”。

本章主要介绍一般系统论的基本思想，用系统论的观点考察公共关系以及公共关系的开放式的模式，深刻阐述了公共关系的理论基础。

学习目标

1. 要认识到，社会组织和它的公众处于社会、经济和科学技术飞速发展变化的时代，要适应这种发展、变化，就必须不断地调整自己并且适应环境的变化。

2. 如何应用系统理论来解释“调整和适应”，对于公共关系至关重要。

3. 用公共关系概念来解释开放与封闭系统之间的差别。

学习提示

引入系统论来阐述公共关系的基础理论，要比形象说和传播说深刻得多。它揭示了人类社会中组织、政党生存发展的规律。党中央提出的“与时俱进”也是这个道理。

恐龙曾是主宰地球生物的庞然大物，由于没有适应地球的变化而消亡。这揭示了一个真理：生物只有不断地调整并且适应不断变化的外部环境，才能生存和发展。一切社会组织也是这样。

第一节　公共关系的理论基础的提出

任何学科领域的专业化都需要一个以理论为基础的知识系统。那么,公共关系的理论基础到底是什么?我们前面介绍过公共关系的原理和特征(性质),这只是讲了公共关系工作应遵循的原理、公关工作的指导思想和工作方法;如果搞不清楚公共关系的理论基础,那么公共关系作为一门科学,就很难生存和发展。

美国著名的公共关系学者斯各特·卡特里普(Scott M. Cutlip)、艾伦·森特(Alen H. Center)和格伦·布鲁姆(Glen M. Broom)在他们合著的《有效公共关系》(*Effective Public Relations*)一书中,提出了公共关系的理论基础,解决了公共关系学科发展的重要理论问题,是公共关系学学科发展具有里程碑性质的重大跨越。

公共关系学,无非是三大部分:理论部分、实务部分和公共关系史。理论部分相对薄弱,实务部分比较活跃充实,公共关系史的部分比较落后。

公关理论部分包括宏观和微观两个部分。理论宏观部分主要是研究整个社会和社会关系中公共关系活动的机制和规律,用来协调社会关系、缓解社会矛盾和冲突、保持社会和谐及协调发展。理论的微观部分主要对公共关系3个构成要素,公关活动的原则、程序、公关的功能作用和公关基本类型进行分别的考察和综合研究。

但是公共关系的理论基础是什么?国内的公关著作很少谈到这方面的问题,给人的印象是公共关系没有什么理论。《有效公共关系》专设一章谈公共关系的“理论基础”,为公共关系理论的发展提供了强大动力。

美国公共关系学者布鲁姆(Glen M. Broom)从系统论的角度提出了“调整与适应”这一面向开放系统的公共关系的理论模式,从而使人们更深刻地理解组织与公众在开放的社会环境中的动态关系,以及公共关系在协调这种关系时的积极主动作用。

那么,我们先要了解什么是系统论,系统论的基本思想是什么。

第二节　一般系统论的基本思想

一般系统论的基本思想是20世纪20年代初由奥地利生物学家贝塔朗菲(Ludwig Von Bertalanffg)提出的,当时他称之为“机体生物学”,有时也称“机体系统理论”,是生物学中的有机论概念,强调生命现象是不能用机械论观点来揭示其规律的，而只能把它看作一个整体或系统来加以考察。

从20世纪20年代以来，从生物学、心理学到哲学领域，兴起了一股有机主义思潮。这股思潮主要发源于理论生物学领域，同时也在哲学上得到反映。在理论生物学中称为生物机体论，其理论观点与方法反映在哲学上往往称为“有机主义”。到了20世纪40～50年代，这一思潮受到其他领域里学者们的赞许，他们或是个别地、或是以集体方式从事于系统的研究。1937年贝塔朗菲首次明确提出了一般系统论的原理；1968年发表了专著《一般系统论——基本、发展与应用》，是一般系统论的代表性著作。此后，陆续出现了大量的论著，形成一股重要思潮，涉及很多不同的分支学科，日益发挥出重大而深远的影响。

一般系统论虽导源于理论生物学中的生物机体论，但它本身与哲学、方法论密切相关。就学科性质来说“一般系统论”并不是理论生物学体系中的一个分支，而主要是与其相关的一种基本理论、基本方法的体系，但它本身也不等于哲学。可以说，它介乎具体科学(生物学)与哲学之间，具有一般的科学方法论特点。

一、系统的整体性

什么是系统？系统是指为达到共同目的，具有特定功能的、相互间具有有机联系的许多要素所构成的一个整体。

例如，一切有机体都是整体系统。生物机体是具有复杂结构的一种自然体，各个部分离开整体是不能存在的，如人身体上的眼睛，离开人体其功能就不存在了。

贝塔朗菲给系统下的定义“系统的定义可以确定为：处于一定的相互关系中并与环境发生关系的各组成部分(要素)的总体”。

《有效公共关系》(第八版)给系统下的定义为：“一个系统是一套相互作用的单元，它在一个现存的边界范围内，通过对于来自环境的变革压力做出反应和调整而长时间发挥作用，从而获得和维持目标状态”。

贝塔朗菲认为：首先“系统”概念有其客观性，它广泛地存在于自然、社会各个领域中，并且越来越被人们所深刻认识，以系统概念为核心的“系统思想，在工业企业、军备，一直到纯科学的深奥论题等广泛领域中，正起着支配作用”。

其次，系统思想之所以能够发挥这样大的作用，关键在于它本身的性质，即系统的整体性。所谓整体性，就是系统是由其组成部分(因素或子系统)构成的；整体大于各孤立部分之和，这是一般系统论关于系统的一个基本观点。例如：

(1)造船厂在造船，每个部件制造出来之后，将这些“部件”装配成一个“整体”——船，那么这个“整体”不是各个部件的简单的总和。

(2)胚胎学家杜里舒(H. Driesch)做了海胆的实验，一种实验：海胆受精卵经过胚胎发育的原肠胚阶段,正常地发育为幼虫;另一种实验:在海胆原肠胚的阶段,将之切成两半,本来以为它只能形成半个幼虫,其实不然,切得的半个原肠胚竟形成为一个较小而完整的胚胎,最后发育成完整而较小的幼虫。

该实验表明:系统不是部分的简单总和这一整体的特性。

贝塔朗菲在他的专著中,列举了大量的事实和例证来论证系统的这种"整体"性。从自然、社会到人类思维的种种系统都是如此。所以他着重指出:"为了解一个整体或系统,不仅需要了解其各个部分,而且同样还需要了解它们之间的关系(比如,细胞中酶的相互作用,个性中有意识与无意识过程的各种各样的相互影响,社会制度的结构和运动等)"。他主张从事物的关系中、相互作用中发现系统的规律性,这就是整体性观点的具体表述。整体论是一般系统论的核心。

二、系统的有机关联性

系统的整体性作为一般系统论的核心,是由系统的有机性,即系统内部诸因素之间以及系统与环境之间的有机联系来保证的。任何具有整体性的系统,它内部的诸因素之间的联系都是有机的,各部分之间相互关联、相互作用,共同地构成系统的整体。各个因素在系统中不仅是各自独立的子系统,而且是组成母系统的有机成员;同时,系统与环境也处于有机联系之中。

有机关联性原则包括两方面的内容:一方面是系统内部诸因素的有机关联;另一方面是系统同外部环境的有机关联。系统与其外部环境之间的有机关联,使得系统具有开放的性质,或简称开放系统。

一般系统论所研究或处理的系统基本都是开放系统。开放系统是指它同外界有物质的、能量的、信息的交换,有相应的输出和输入以及量的增加或减少。这种性质对于我们理解一般系统论的系统概念是很关键的。系统内部诸因素之间必须具有有机的关联,才能与系统的"开放"性质一起,保证系统的整体性。

三、系统的动态性

系统的有机关联性不是静态的,而是动态的。所谓动态是指任何系统都随时间不断地变化,如生命有机体保持体内平衡的基本条件之一是新陈代谢的存在。

普通系统论的动态性,同有机关联性有着密切联系。有机关联性强调的是各要素之间空间的分布;而动态性强调的是时间上的变化。另外,在系统的开放性方面,有机关联强调的是系统同外界物质、能量、信息的关联交换;而动态性则强调这种物质、能量、信息的存在状态处于运动之中,是物质流、能量流、信息流,强调的是连续不断性。任何系统都是开放系统;开放系统每时每刻都处于物质、能量、信息的交换、流动之中,动态是开放系统的必然表现。

第三节 用系统论的观点考察公共关系

社会组织应是一个生机勃勃的系统,它处于竞争、不断变动的环境中。有的组织能在激烈的环境斗争中生存发展下来,而有的组织就在现实中消亡。为什么?用达尔文的话来说,“能够在新千年里存活下来的将不一定是那些强大的组织,而是那些有能力进行调整并且适应不断变化的外部世界的组织”。恐龙为什么会灭亡?因为适应不了环境的变化。有些动物适应了环境的变化,所以生存下来了。解剖我国大熊猫发现,它原来是食肉动物,为了生存和适应,改成吃竹子,适应了环境的变化。这些都生动地说明,只有调整与适应社会的变化,生物才能生存下来。

[示例]

恐龙的灭绝

恐龙可以说是曾经在地球上生活的最成功的物种之一。在 16 000 万年的漫长岁月里,恐龙家族繁衍生息在我们地球上,是地球生物的主宰。据今 6 700 万年前,恐龙家族神秘地从地球上消失了。对于恐龙的消失,考古学家们有各种各样的解释,例如,地球与小行星相撞以及地球表面气候的变化等。

在 45 亿年前,我们赖以生存的地球形成了。过了 20 亿年后,地球上最原始的生命形式出现了。由于地球历史是如此的漫长,科学家们把地球的历史分为不同的时期和阶段。恐龙生活的年代跨越了中生代的三叠纪、侏罗纪和白垩纪。

三叠纪——距今 2.3 亿～1.95 亿年前,以恐龙和飞行动物的出现为特征。

侏罗纪——距今 1.95 亿～1.37 亿年前,以恐龙的存在和最早的哺乳动物及鸟类的出现为特征。

白垩纪——距今 1.37 亿～6700 万年前,已有花植物的进化和恐龙的灭绝为特征。

恐龙灭绝的原因:

在 6700 万年前,由于小行星撞击地球这个突发性的事件,引起了全球生物的大灭绝。陨石撞击后的地方,流出了炽热的岩浆,引起了森林大火。森林以及生活在其中的生物就这样全部化为灰烬,美洲的大部分动物灭绝了。(科学家们发现了一颗巨大的陨石撞在墨西哥的尤卡坦半岛,在海岸上或浅海中形成宽 150～200 km 的陨石坑)大片的灰烬布满地球的上空,它们落下来就像一床厚厚的棉毯,几乎将地球上的生命窒息。细细的灰尘在高空中几乎飘浮了 1 年,隔离了地球上的植物所需的阳光,引起世界气温大幅度下降,这样,地球上的植物几乎全部死亡了。

大多数植物留下的种子等到再见阳光时可以生根发芽,但是这时食草类动物因饥饿而大都死亡了,随之,捕食食草动物的肉食动物也大都死亡了。

陨石撞击地球对海洋中的生物也产生了巨大的影响。据估计,所有海洋生物的60%被灭绝了。但海龟却幸存下来了。

陆地生物的灭绝比海洋生物的灭绝更富有戏剧性。所有超过25 kg以及一些更小的动物都灭绝了。所有的恐龙和会飞行的爬行动物都灭绝了。尽管许多哺乳动物灭绝了,但还剩下足够多的哺乳动物可以繁衍生息。大量的鳄鱼也活下来了。所有体型较大的食草或食肉动物死亡了;但许多比较小的动物通过睡眠,即使在食物最短缺的情况下也能生存下来。像鱼和两栖动物也活了下来;几种爬行动物像蜥蜴和蛇也幸免于难;许多小的动物像昆虫和蜘蛛也都生存下来了。幸存的动物渐渐进化为其他种类,并迅速适应了地球的变化。

生物只有不断地调整并且适应不断变化的外部环境,才能生存和发展。

《有效公共关系》1952年第一版时,就引入了生态学的概念,借用生命科学的术语,帮助学生和公共关系从业人员理解公共关系的基本理论:"公共关系主要是处理组织与环境中其他要素的相互依存关系。从这个观点来看,公共关系至关重要的作用是帮助组织调整并且适应它们所处的环境的变化"。

"各个组织在很多事情上有赖于它们所处的环境。为使组织能兴旺发达并保持其活力,所有组织都必须:①在这个越来越互相依存的社会里,承担公共责任;②尽管有重重障碍,也要与往往是关系疏远并且是多种多样的各类公众交流;③争取与社区融为一体(同社区建立关系,为社区服务)。

第一个要点代表了在管理中公共关系意识的来源。

第二个要点说明了公共关系作为一种专业化参谋职能的发展。

第三个要点陈述了管理和专业化实践两者的目标"。

"总之,公共关系的工作是要帮助组织进行调整并且适应它们的环境。公共关系顾问监测舆论、社会变化、政治运动、文化变迁、技术开发乃至自然环境。然后,他们解释这些环境的因素,并且与管理层一道工作,制订组织变革和反应的战略计划"。

"公共关系专家必须预测和监测一个组织在环境中的变化,并将这种变化向管理层做出解释";要预测和监测组织现在和将来的发展前景;同时,制定对这些变化、发展前景应主动采取的反应措施。

一、子系统、母系统与超系统

我们把组织与公众确定为一个系统。其实,组织本身是由一整套相互作用的单元组成的。从这个观点来看，组织也可以被看作是一个系统。因为组织生存在动态的社会环境之中，它们必须不断地改变自己的内部程序、调整自己，以适应不断变化的外界环境。如果没有这样的调整和适应，各种组织——就像任何别的社会系统那样——就会变得与它们周围的世界极不协调。作为组织的公关人员，其责任是保持组织对于环境变化的敏感，对于变化的压力进行预测并且做出反应。

系统是有层次（等级的）。如一部机器，是由许多零散件所组成的系统；一项工程，是由多种技术门类所构成的系统；一个城市、一个工厂、一个学校、一个机关，都可以分别把它看成是一个系统。总之，小到一个原子、分子，大到一个国家、地球、太阳系、银河系，都可以分别作为一个系统来看待。

系统的层次及范围的确定必须与其内容及特定的条件相联系。因此，一个系统中的一个组成部分（即子系统），对于另外一个部分（或内容）来说，则可能成为系统的本身。例如，在“教育系统”中，各个学校是它的“子系统”；而就一个学校来说，它也可成为“母系统”。我们周围的环境是一个包含子系统的母系统，全部环境又是这一母系统加上其他更高层次系统的总和——超系统。

例如，前些年，为了减轻中、小学生在寒假中的负担，教育部发了个紧急通知，不许学校在寒假中办各种补习班、不准布置各种作业等。这已经是教育部发的第49个通知了，年年发通知，可是不起什么作用，为什么？要解决小学生负担过重问题，必须要解决教育系统中其他子系统（如中学、大学等）的问题。小学生负担重，是由进中学（尤其是重点中学）的“分数指挥棒”造成的；而中学生负担重是由于入大学难造成的；而“入大学难”是由我国教育体制决定的。

所以，我们在探索组织、公众系统的问题时，要对周围的环境，即对该系统所在母系统的其他部分做出反应和调整。

二、系统与环境

系统理论形象地把环境确定为产生变化压力的一种东西。在组织——公众系统所处的环境中，环境会不断地给该系统产生压力。这种压力，一般来说，是对系统投入“物质、能源和信息”，这种“投入”包括输入、输出和反馈。

例如，教育部在中、小学放假前，发了一个紧急通知，要求减轻中、小学生的课外负担；北京市教委规定不准寒假给学生办各种补习班等。这实际上是对中、小学生系统的一种压力（也可以说是一种“投入”，以限制中、小学生的“产出”——增加作业，办补习班等）。

例如，生物吸收营养、排出废物，适应环境并反馈。

在组织——公众这个系统内部，关系的变化也是外界环境压力的反映。对于外界压力,如果系统内部的关系不发生变化,那么这一系统会成为无效系统,因为这一组织活动及反应活动已经不适应新的环境。如果不是有组织、有目的地去适应环境的变化,系统内部就会产生极大的混乱。在社会系统中,这意味着相互联系被打破,为达到互利目的而协调的行动成为不可能,最终导致系统破裂。公共关系活动的组织与管理,就是要负责保持组织的关系功能,以达到期望目标。

例如,美国安利公司是销售洗涤剂的国际著名公司,在全世界直销自己的产品。由于“传销”在中国被禁止,它的“直销”在中国也行不通了。怎么办?它只有适应中国的环境,开“专营店”销售它的产品,不然,它就丧失了中国这个大市场。

为适应环境的变化,系统内部必须改变关系,有组织、有目的地去适应环境。

三、公共关系在组织系统中的职能和作用

一般系统论里提到系统第三个特点是“系统的动态性”,也可以说“系统是活的”,系统在不断地与它所在的环境发生变换关系,从而使无论系统本身还是它所在的环境都发生变化。

组织与环境交换的不可预见性以及组织结构的变化与适应,是各种组织公共关系职能的精髓。在一个大企业里,有生产子系统、供销子系统、维持子系统(如劳动人事部门,后勤保障部门等)、管理子系统(对其他子系统起“指导,裁决和控制”作用)等子系统;而公共关系被系统理论家称为“适应子系统”,其功能是:了解环境的变化,根据环境的变化来调整自己的行为。一个组织(通过公关工作)对外界环境的调整适应能力,很大程度上取决于它对环境变化的感应能力。也就是说,一个组织集中用于监测其环境所要花费的人力、时间和资金取决于:①组织与外界环境的冲突与竞争程度——这通常关系到政府的参与和对政府依赖的程度;②对于内部支持与团结的依赖程度;③内部运作和外部环境合理化的可靠程度;④组织的规模和结构,其成员的异质性和目标的多样性,其权威的集中化。

组织对外界环境感应能力和交换能力的差异,对于公共关系功能的进一步系统分析,提供了一个有用的基础。

四、开放系统与封闭系统

不同类型的系统存在于从“封闭系统”的一端到“开放系统”一端的系列之中。一个封闭系统具有不可逾越的范围界限,所以它不能与其环境发生物质、能量或信息方面的交流。一个开放系统通过可以渗透的边界进行输入和输出的交换。当然,社会系统不可能完全封闭或是彻底开放,所以,它们要么比较开放,要么相对封闭。这种区别是很重要的。

一个封闭系统不接收新的物质、能量和信息。总之,封闭系统不适应外部的变化,实际上与外界环境是相互隔离的。这样的系统最终将会崩溃。

另外,开放系统则不停地对外界环境变化做出反应,通过与外界环境的交换而得到生存与发展。最成功的组织“尤其擅长于对于其环境中发生的任何变化不断地做出回应”。那些具有创新能力的企业,都能非常灵活地不断对环境的各种变化进行调整与适应,以便反作用于或者适应环境的变化。

在开放系统中,反馈可以使系统在结构与运行两个方面得以调整。环境不断在变化,开放系统必须持续地进行调整,以保持自己处于均衡或平衡状态。

第四节 公共关系的开放系统模式

在公共关系历史上的早期公共关系模式——“新闻代理模式”(The press agentry model)认为:公关计划的唯一目的是在大众传播媒介上为某一组织取得有利的宣传效果;或公关活动的目的仅仅是对外界环境做出反应,这种单向传播模式,代表着“封闭系统”的思想方法。

“封闭系统”的公共关系工作,只注重将有关组织的信息扩散到组织环境之中,而忽略将有关环境的信息传递给组织。因为这种公关工作没有发挥信息反馈的作用,所以在组织决策过程中不能施加自己的影响,甚至在与环境关系的问题上不能担任参谋或顾问的角色。有的学者把这种“封闭系统”的公共关系工作模式称为“职能性”的工作。

“开放系统”的公共关系工作(模式),是运用组织的输入与输出去改变组织和它的环境。组织与其公众关系的维持与改变是建立在产出—反馈—调整等各个环节相互作用的基础上的。在这种方法中,公共关系具有潜在的、能够发挥参谋或顾问作用的能力,所以可以对决策过程施加影响。这种潜在能力能够在危急时期产生控制局势的作用;而且,作为对外界环境的感应系统,公共关系还可以阻止潜在危机的发生。正确的管理始终是组织运动的“大轮”,但是作为“小轮”的公共关系有时则会对大轮产生影响。有的学者把这种“开放系统”的公共关系工作模式称为“功能性”的工作。

事实上,公共关系一面针对环境努力进行改变,一面试图在组织内部维持现状的时候,就是在实践封闭系统(职能性)模式。当公共关系成为组织战略的组成部分,试图调整和适应它们的动态环境的时候,这样的实践就反映了开放式系统(功能性)的模式。

开放式系统模式运用“双向对称”的方法——这意味着传播是双向的,而且信息交换引起组织—公众相互关系的双方改变。单向和双向传播之间的差别导致格鲁尼格建议，用另一个方式来描述封闭式和开放式系统的公共关系——技艺公共关系与专业公共关系：

“技艺公共关系的从业人员似乎相信，他们工作的唯一构成就是应用传播技巧，而且其本身就是目的。对于他们来说，公共关系的目的仅仅是就是通过媒体或者其他传播渠道进行新闻宣传或者发布信息”。

而“专业公共关系的从业人员依靠知识主体和技巧，而且把公共关系看作是实施一个组织的战略目标：管理冲突和建立与战略公众的相互关系”。

“把开放式系统的方法应用于公共关系，首先和首要的就是要有目的地感知环境，预测和探测影响组织与公众相互关系的变化。遵循开放式系统的方法，公共关系必须对于经过选择、具体界定的公众保持敏感，因为他们是受到组织政策、程序和行动的相互影响或者牵扯的。公共关系的开放式系统模式要求具有研究技能，以便监测公众和其他环境力量以及组织内部的各种力量”。

“开放式系统的公共关系也有这个能力在组织内部发起矫正性的行动，并且指导影响内部和外部两方面公众的知识素质和行为的活动项目。追寻的结果是维护或者实现反映组织及其公众相互利益的目标。那些与相互利益有冲突的目标，在它们成为事情或者问题之前，就得到改变或者被消除掉了。主动反应的校正作用也许是公共关系开放式模式的最主要和最有用的方面”。

“因此，运用开放式系统公共关系的组织，使它们自己和它们的公众调整和适应不断变化的社会、政治与经济上的环境，以便维持它们之间的相互关系”。

早在1923年，爱德华·伯内斯在最早的公关著作《公众舆论的结晶》中就写到了社会中的“公共关系顾问”的角色，他在表述了一个与我们的开放式系统近似的公共关系模式以后说，公共关系顾问承认组织在社会环境中的变化，并且建议客户或者雇主组织应该如何改变自己和做出反应，以便建立一个“共同聚会的基础”。

仅仅几年以后，哈伍德·蔡尔兹说，公共关系的功能就是在公共利益中调解或者调整组织对社会有影响的那些方面。

在开放系统理论上形成的公共关系概念，成为公关人员行动的基础，并使公关职能在组织中的作用具体化。同时，它不仅界定了这一职能，而且对公共关系形成的背景以及对公共关系程序提供了使其整体化的框架。

爱德华·罗伯逊（Edward. J. Robinson）在《沟通与公共关系》一书中指出：公关人员是社会与行为学家，他们是组织和公众利益的代表，是组织内部和外部两方面催化剂和变化的管理者，他们的任务是促进组织与社会的调整与适应。

本章小结

公共关系的理论基础是什么？这是公共关系学科的一个核心问题。美国公共关系学者卡特里普等将生态学中系统论的概念引入了公共关系，提出了“公共关系主要是处理组织与其环境中的其他要素的相互依赖关系。从这个观点来看，公共关系至关重要的作用是帮助组织调整并且适应它们所处环境的变化”。

“调整与适应”，是从系统论借用来的概念和命题。“一个系统是一套相互作用的单元，它在一个现存的边界范围内通过对来自环境的变革压力做出反应和调整而长时间发挥作用，从而获得和维持目标状态”。

公共关系的系统观点，就是研究组织和它的各类公众之间建立并维持相互依存的关系。

一般系统论的基本思想认为系统具有整体性、有机关联性和动态性。

“系统是相互依赖的各组成部分的总体”。恐龙为什么会灭亡？因为没有适应环境的变化。生物只有不断地调整并且适应不断变化的外部环境，才能生存和发展。公共关系工作就是帮助组织进行调整并且适应它们的环境。

我们把组织与公众确定为一个系统。其实，组织也可以被看作是一个系统。在组织—公众系统所处的环境中，环境会不断地给这一系统产生压力；这种压力一般来说是对系统投入“物质、能量和信息”。

公共关系系统也被称为“适应子系统”（如在一个大企业中），其功能是：了解环境的变化，并根据这个变化来调整自己的行为。系统存在着“封闭系统”和“开放系统”。“封闭系统”不能与其环境发生物质、能量或信息方面的交流，不适应外部的变化，实际上与外界环境是相互隔离的；而“开放系统”则不停地对外界环境变化做出反应，通过与外界环境的交换而得到生存与发展。

公共关系“开放系统”的工作模式，是运用组织的输入与输出去改变组织和它的环境。组织与其公众关系的维持与改变是建立在产出—反馈—调整等各个环节相互作用的基础上的。运用这种方法，公共关系具有潜在的、能够发挥参谋或顾问作用的能力，所以可以对决策过程施加影响。这种潜在能力，能够在危急时期产生控制局势的作用，而且作为对外界环境的感应系统，公共关系还可以阻止潜在危机的发展。

[思考题]

1. 什么是公共关系的“封闭系统”?
2. 什么是公共关系的“开放系统”?
3. 什么是系统的整体性?
4. 什么是系统的有机关联性?
5. 什么是系统的动态性?
6. 从生态学的角度来看,公共关系的基本理论是什么?

[自测题]

一、单项选择题

1. 宏观公共关系是研究社会关系运动中公共关系的(　　)。

A. 活动机制和规律　　B. 活动的类型　　C. 活动的要素

2. 系统有机关联性强调的是各要素之间空间的分布,而系统的动态性强调的是(　　)变化。

A. 结构上的　　B. 时间上的　　C. 空间上的

3. 贝塔朗菲主张从事物的关系、相互作用中发现系统的规律性,这就是(　　)观点的具体表述。

A. 有机关联性　　B. 动态性　　C. 整体性

4. 公共关系主要是处理组织与其环境中其他要素的相互依存关系,从这个观点来看,公共关系至关重要的作用是(　　)。

A. 帮助组织调整并且适应它们所处环境的变化

B. 树立组织形象

C. 传播沟通资源的管理

5. 一个组织通过公共关系工作对外界环境的调整适应能力,很大程度上取决于它对环境变化的(　　)。

A. 控制能力　　B. 感应能力　　C. 调整能力

二、填空题

1. 卡特里普等将生态学系统论的观点引入了公共关系,提出了________是公共关系理论模式。

2. 系统的整体性就是系统是由其________构成的。

3. ________大于各孤立部分之和,这是一般系统论关于系统的一个基本观点。

4. 一般系统论的核心是________。

5. 系统的有机关联性是动态的,所谓动态是指任何系统都随时间________。

第五章　公共关系的构成要素

内容提要

本章主要介绍构成公共关系的三大要素——组织、公众和传播，这是公共关系的主体、客体和手段。公共关系主体是执行公共关系任务、实现公共关系功能的载体和行为者；“公众”是公共关系的工作对象；传播是联结公共关系主体和客体的桥梁，也是组织成功开展公共关系工作的关键。

学习目标

1. 掌握组织的概念和类型，了解组织的特征。
2. 掌握公众的概念和分类，了解公众的特征。
3. 掌握传播的概念。

学习提示

“公众”是公共关系学中的重要概念，需要重点掌握公众的定义和分类。

公共关系学术界一般都认同，公共关系由三大要素构成，即作为公共关系主体的组织、作为公共关系客体的公众和连接公共关系主客体的传播。

第一节　公共关系的主体——组织

组织是人类社会生活中最常见、最普遍的社会现象，它的产生源于人类的生产斗争和社会斗争。由于个人有所期望，而单凭一己之力又无力实现这种期望，往往需要和他人相互合作、共同行动。在长期的实践中，人们开展合作、相互依存、提高群体效能的要求和倾向不断增强。组织就是人们对于这种要求、倾向的认识和行动的结果。在当代世界，人类社会的组织空前发展，其影响已深入到政治生活、经济生活、文化生活和家庭生活等各主要的社会生活领域之中。可以说组织对人类生活的渗透已经无所不在。在公共关系实践活动中，公共关系工作的实施主体就是一个个形形色色的社会组织。

一、组织的概念及特征

对于“组织”的定义，理论界尚无统一认识：有的学者从组织结构方面、有的学者从组织形态方面、有的学者从组织行为方面、有的学者又从组织控制等方面去理解组织。从广义上说，组织是指由诸多要素按照一定方式相互联系起来的系统。这个定义包含了生物学中有机体的组织。从这个角度来看，组织和系统是同等程度的概念。而狭义的组织专门指人群而言，运用于社会管理之中。

古典组织理论的研究者詹姆斯·D·穆尼（James D Mooney）认为，组织是每一种人群联合为了达到某种共同目标的形式。美国著名组织管理学家哈罗德·孔茨（Harold Koontz）认为，组织是“正式的有意识形成的职务结构或职位结构”。詹姆斯·G·马奇（James G March）和赫伯特·A·西蒙认为，组织是“相互关联的活动的系统，这种系统至少包含几个主要的群体，而且通常具有这样的特点——按照参与者的自觉程度，其行为高度理智地朝向人们一致认识的目标”。尤迪认为，组织是指那些具有明确的、有限的并且是公开宣告了其目标的“正式”组织，它们的形式是具有共同的、正式的目的，并要求人们与它建立一种正式的、带有契约性质的关系。

综合学术界的各种说法，我们可以将组织理解为：组织是人们为实现特定目标而有计划建立起来的有机统一体，具备有序的结构，并通过有意识协调的活动并同外部环境保持密切联系。这一定义包含 4 个方面的主要内容：①组织是一个有明确目标导向的实体;②组织是一个有精心设计的结构和有意识协调的活动系统;③组织是由人组成的社会实体;④不仅组织内部的子系统相互联系,而且组织与外部环境也必须成为有机结合的统一体。

一般来说,一个正式的组织具有以下基本特征:

(1)有明确的目标　没有目标就不能构成组织,而仅是一个人群。目标是组织的愿望和外部环境结合的产物,所以组织的目的性不是无限的,而是受环境影响和制约的。

(2)拥有资源　这种资源主要包括五大类:人、财、物、信息和时间。

(3)保持一定的权责结构　具体表现为:层次清晰;任务有明确的承担者,具有专业化分工,分成若干岗位及与之相应的职责;权力和责任是对等的。

(4)保持相对的稳定性　存在稳定的秩序,人员流动性小。

(5)具有立体的协调层次　由于进行了专业化分工并且分成一定结构和层次,所以在同级上要协调相互关系、在上下级工作链上也要协调关系。

(6)拥有法定的领导权威。

(7)有相对稳定的规章制度体系　把很多的岗位分工、行为规范、奖惩措施、运营机制、产品范围、行动范围等,都以明确的条文确定下来并公布给每个成员,要求他们去遵守。

(8)职位的可取代性　组织的职位和职责要求都是脱离个人的,某个人离开,其他人可以在这个岗位继续工作,而不会影响组织的正常运转。

二、组织的类型

组织数量众多、情态各异,要深入了解组织的规律,有效地对组织进行科学分类是十分必要的;众多的组织可以分为不同的类型,标准不同,分类也就不一样。可以用来划分组织类型的标准是很多的,我们既需要了解多种划分的标准,又应重点认识由标准划分出来的主要类型。

1.按组织的规模程度分类

按组织的规模程度,可将组织分为小型组织、中型组织和大型组织。比如,同是企业组织,就有小型企业、中型企业和大型企业;同是医院组织,就有个人诊所、小型医院和大型医院;同是行政组织,就有小单位、中等单位和大单位。按这个标准进行分类具有普遍性,无论什么组织都可以做这种划分;但以组织规模划分组织类型,只是对组织现象的表面认识。

2.按组织内部是否有正式分工关系分类

根据组织内部是否有正式分工关系，可将组织分为正式组织和非正式组织。如果一个组织内部存在着正式的组织任务分工、组织人员分工和正式的组织制度，那么它就属于正式组织。政府机关、军队、学校、工商企业等都属于正式组织。正式组织是社会中主要的组织形式，是人们研究和关注的重点；而如果一个组织的内部没有确定的机构分工和任务分工、没有固定的成员、没有正式的组织制度等，这种组织就属于非正式组织。非正式组织可以是一个独立的团体，如学术沙龙、文化沙龙、业余俱乐部等，也可以是一种存在于正式组织之中的无名而有实的团体。非正式组织是一种事实上存在的社会组织，这种组织正日益受到重视。

3.按组织的社会职能分类

根据组织的社会职能，可将组织分为文化性组织、经济性组织和政治性组织。文化性组织是一种人们相互沟通思想、联络感情、传递知识和文化的社会组织，包括各类学校、研究机关、艺术团体、图书馆、艺术馆、博物馆、展览馆、纪念馆、报刊出版单位、影视电台机关等。文化性组织一般不追求经济效益，属于非营利组织。而经济性组织是一种专门追求物质财富的社会组织，存在于生产、交换、分配、消费等不同领域，包括工厂、工商企业、银行、财团、保险公司等。政治性组织是一种服务于某个阶级的政治利益的社会组织，包括国家的立法机关、司法机关、行政机关、政党、监狱、军队等。

4.按组织的受惠者分类

从组织的受惠者出发，可将组织分为公益组织、企业组织、服务组织和相互利益组织。公益组织的受惠者是整个社会、全体民众，如政府的行政组织及军事组织等。企业组织的受惠者为其所有者，其总目标为以最小成本去谋求最大利润，如工厂、商店、银行等。服务组织的目标在于谋求某特定部分民众的利益，如学校、医院等。相互利益组织是指受惠者多限于组织内的成员，组织外的民众难以享受到其利益，如工会、学会、俱乐部等。

5.公共关系研究中对组织的分类

有效地对组织进行科学分类，有助于我们深入了解组织运行的规律。在公共关系研究中，对组织进行分类，主要是为了便于考察各类组织在公共关系工作和状态方面的特征和规律。事实表明，一个组织的公共关系工作和状态，与该组织是否具有营利性及在本行业中的垄断程度有密切关系。因此，从营利性-非营利性和竞争性-独占性 2 个尺度对组织进行分类，有助于我们更好地把握公共关系的行为方式。

按照这种方法，可以将组织分为四类：竞争性的营利组织、竞争性的非营利组织、独占性的非营利组织和独占性的营利组织。公共关系与营利性的商业活动和竞争性的社会活动联系比较密切：竞争性的营利组织为了实现自己盈利的目标，为了在市场竞争中争取消费者及其他公众的支持与合作，一般会有比较自觉的公共关系行为，来树立良好的组织形象、赢得公众的支持；竞争性的非营利组织虽然没有盈利的动机，但由于在竞争中需要争取有限的资源、公众的支持以及舆论的理解，也非常重视公共关系。与竞争性的组织相比，独占性的非营利组织由于缺乏利益的驱动同时也没有竞争的压力，往往容易忽略甚至脱离自己的公众，其公共关系工作一般比较薄弱甚至缺失；而独占性的营利组织，由于对自己提供的产品或服务具有垄断性，即使声誉欠佳也能盈利，同时由于管理机制等方面的原因，因此不太关心公众的利益，而在利益最大化的驱动下，甚至容易产生违背公众利益的行为。

第二节　公共关系的客体——公众

所谓公共关系的客体，是指公共关系工作的对象，因此“公众”的界定对于公共关系的研究和实践有着重要的意义。

一、公众的概念及特征

在公共关系学中，“公众”的概念不同于“社会上大多数人”的一般理解，而是有自己特定的定义。熊源伟主编的《公共关系学》一书中对“公众”的定义是：与特定的公共关系主体相互联系及相互作用的个人、群体或组织的总和。居延安主著的《公共关系学》一书中的定义是：任何与社会组织发生直接或间接联系的、正在或将会影响到它的形象塑造和组织目标实现的特定社会群体。《有效公共关系》认为哲学家、教育家约翰·杜威对公众的定义可以为公共关系所用：公众是由所有那些受到影响的人们构成的、积极的社会单元，这些人认识到了他们可以寻求到共同解决办法的共同问题。确实，只要加上几个字，这一定义就完全可以成为公共关系学对公众的定义：公众是由所有那些受到某个组织影响的人们构成的、积极的社会单元，这些人认识到了他们可以寻求到共同解决办法的共同问题。

国内外各派学者对“公众”的定义差别不大，都揭示了公众的一些基本特征。

1. 广泛性

公众之所以成为公众，是因为其成员面临着共同的问题。这种问题可大可小，只要有充分数量的人所共同遇见，这些人就可以形成公众。“公众”的内涵较浅，它的本质属性仅仅是“面临共同问题”，但正因为如此，它的外延就很大，具有明显的广泛性。

2. 共同性

一个特定的“社会群体”之所以成为某个组织的公众，是因为他们因为某种共同性而发生内在联系。这种共同性可以是面临相同或相似的问题、对问题有相同或相似的看法，或者在行为上有相同或相似的倾向，也可以是共同的利益、共同的需求、共同的目的、共同的兴趣、共同的背景，等等。

3. 相关性

公众不是抽象的、各组织通用的，而是具体的、与某个特定组织相关的，与某个组织存在相互影响、相互制约的关系。公众总是相对于组织而存在的。公众之所以成为公众，是因为他们与某个特定组织具有相关性，即他们的意见、态度和行为受到该组织实际或潜在的影响，同时也对该组织的目标和运营构成实际或潜在的影响。相关性是组织与公众形成公共关系的关键。

4. 变化性

公众不是一成不变的，而是处在不断的发展变化之中，是一个开放的系统。任何组织面临的公众，其性质、形式、数量、范围等都会随着主体条件、客观环境的变化而变化。组织解决了公众原来面临的共同问题，原来的公众自然就消失了；随着新问题的产生，新的公众也会形成；随着组织对问题解决程度的变化，公众的构成、范围等也会发生变化。

5. 层次性

公共关系研究和实践活动中的公众和其他社会群体一样，也具有层次性，可以是特定的社会群体，也可以是人群的临时组合，还可以是一些特殊个人，它包括3个层次，即个人、群体和组织。

二、公众的分类

从不同的角度出发对公众进行分类，会得出不同的结果：

1. 根据组织—公众关系的重要程度，可分为重要公众和次要公众

重要公众是指对组织的生存和发展起到至关重要作用的公众；次要公众是指对组织的生存和发展具有一定的影响，但并不具备决定性意义的公众。当然，重要和次要是相对而言的，而且重要公众和次要公众也可以相互转化。从数量上看，重要公众虽然对组织影响重大，但其数量往往远比不上次要公众，不可因为其人数相对较少而忽略他们；而次要公众虽然对组织不具决定性意义，但由于人数众多，也

不能放弃。对公众进行“重要”和“次要”的划分，正是从投入产出的效果来考虑，以此来指导公共关系工作，做到“保证重要公众，兼顾次要公众”。

2. 根据公众对组织的态度，可分为顺意公众、逆意公众和中立公众

顺意公众是指对组织的政策和行为持赞成和支持态度的公众；逆意公众是指对组织的政策和行为持不赞成、不支持甚至反对态度的公众；中立公众是指对组织的政策和行为持中立态度、不表态或态度不明确的公众。组织开展公共关系工作时，应当把顺意公众作为同舟共济的伙伴，维持和加强与他们的关系；同时要注意做好逆意公众的转化工作，即便不能将其转化为顺意公众，至少也要使他们变成中立公众。但无论顺意公众还是逆意公众，在人数上往往都是少数，占大多数的通常都是中立公众，因此公共关系工作需要花费大量精力做好“争取大多数”的工作。

3. 根据组织对公众的价值判断，可分为受欢迎公众、不受欢迎公众和被追求公众

受欢迎公众是指能迎合组织需要，并主动对组织表示兴趣和交往意向的公众；不受欢迎公众是指违背组织的利益和意愿，对组织构成潜在或现实威胁的公众；被追求公众是指符合组织的利益和需要，但对组织不感兴趣或缺乏交往意向的公众；受欢迎公众往往能配合组织开展的公关工作，使得公关工作能顺利进行，取得良好的效果；被追求公众由于对组织没有交往意向，与之建立密切而良好的关系是一项艰巨的任务，但由于其符合组织的利益和意愿，又是组织的公关工作不可忽视的人群；而不受欢迎公众则是组织主动回避，避免接触的公众。

4. 根据公众构成的稳定程度，可分为临时公众、周期公众和稳定公众

临时公众是因某一临时因素、偶发事件或专题活动而形成的公众，如因为航班延误而滞留机场的旅客；周期公众是指按一定规律和周期出现的公众，如节假日的游客；稳定公众是指具有稳定结构和稳定关系的公众，如老主顾、社区人士等。临时公众、周期公众和稳定公众的划分，是制定公共关系临时对策、周期性政策和稳定策略的依据。临时公众的出现难以准确预测，这就要求组织的公关部门平时有完善的预案，一旦状况发生能够较好地应付临时公众；周期公众的出现是有规律、可预测的，这就要求公关部门事先有周密的计划和充分的准备；稳定公众是组织的基本公众，其多寡可以作为考查组织公共关系效果的标志。

5. 公众的横向分类

公众的横向分类实际上是问题导向分类。对因不同问题而形成的不同公众进行横向分类，有助于更好地理解各类公众在其与组织的关系中的角色和作用。根据这种分类标准，可将公众分为：

(1)内部公众——组织内部的所有成员　他们是组织的构成部分，是组织赖以

生存和发展的细胞，因此是公共关系工作的重要对象。

(2)政府公众——对组织行使管理、监督职能的所有职能部门及其官员　在我国现行的社会制度和经济体制下，政府部门对各类组织均有较大的控制和影响，因此组织与政府部门建立并维护良好的关系具有特别重要的意义。

(3)消费者公众——组织产品的消费群体，是与组织目标直接相关的公众　这里的“产品”是个广义的概念，既包括物质产品，也包括精神产品。因而“消费者”不仅指工商企业或服务行业的顾客，还泛指一切社会组织的服务对象，既包括物质产品的购买者，也包括精神产品的接受者；既包括有形产品的购买者，也包括无形物品(劳动力)的承受者。

(4)与组织目标一般相关的公众——组织正常运营过程中要涉及的各类组织和群体　例如，原料供应、水电供应单位及交通、消防部门等。这类公众虽然对组织目标没有直接影响，但对组织产品的生产和流通却影响重大，因此也是公共关系工作的重要对象之一。

(5)社区公众——组织活动一定区域范围内的居民和各种社会群体　虽然社区公众中的许多人平时不一定与组织有直接交往，但由于都在同一区域内活动，难免发生间接关系。俗话说“远亲不如近邻”，组织与社区公众的“邻里关系”也会在一定程度上影响组织的生存和发展，因此社区公众也是组织的重要基本公众。

(6)媒介公众——大众传播机构和新闻界人士的总称　媒介公众既是公共关系工作的对象，又是组织与其他公众沟通的桥梁。这种公众与中介二合一的性质，决定了媒介公众的特殊地位和重要性。

(7)同行公众——从事相同事业的组织　这类公众同组织既是竞争对手又有合作关系。如何与同行公众在竞争的同时搞好合作，是公共关系的一个重要课题。

(8)事件性公众——组织运营过程中的偶然事件涉及的公众　例如，工厂泄漏有害气体而危害到的居民和行人。这类公众的重要性取决于事件的影响程度。

6.公众的纵向分类

公众的纵向分类就是把公众的发展过程按阶段划分，可分为非公众、潜在公众、知晓公众和行动公众。

(1)非公众——组织还未与之发生关系的公众　根据前文对公众的定义，“非公众”严格来说并不能算作一种公众，因为它既不影响组织也不受组织的影响；但是甄别出“非公众”对于公共关系工作还是有意义的，因为这样可以把他们排除出公共关系工作范围，有助于减少公关工作的盲目性、减少不必要的浪费，把力量集中到需要的地方去。

(2)潜在公众——实际上已与组织发生联系但自身并未意识到这一点的公众 在组织运营过程中常有这样的情况发生:某些社会成员面临着组织政策或行为引起的某个潜在问题,但由于问题还没有充分显露,这些人本身还未意识到问题的存在。这部分公众就是潜在的公众,他们与组织的关系还处在潜伏状态。对于这部分公众,公关人员要未雨绸缪,密切监视事态的发展,预测各种可能的后果,制定相应的方案,力求把问题解决在萌芽状态。

(3)知晓公众——意识到问题的存在并将其与组织的运营联系到一起的公众 知晓公众是潜在公众发展的结果,潜在的公众已经发展成现实的公众,成为组织不可回避的工作对象。这时,组织应采取积极主动的公共关系姿态,主动传播、及时沟通,满足这部分公众获取信息的要求,主动控制舆论局势。

(4)行动公众——不但意识到问题的存在,而且已经采取行动的公众 行动公众是知晓公众发展的结果,他们采取实际行动向组织施压,以期早日解决问题。面对行动公众,组织必须有解决问题的实际行为,而不能将反应仅仅停留在语言、文字的层面上,否则只能导致公众采取更激烈的行动,使得事态进一步恶化。

科学地对公众加以分类,有助于为公共关系的调查研究圈定范围,为制定公共关系策略、方案明确方向,为公共关系活动的组织和运行打下基础,并为评估公共关系工作的效果提供依据,因此准确地对公众加以分类,是公共关系人员不可回避的重要课题。

第三节 公共关系的手段——传播

在公共关系中,传播是组织利用各种媒介手段,将自身的信息或观点有计划地与公众进行交流的沟通活动。

传播在公共关系实务中充当组织联系公众的桥梁,是组织实现其公共关系目标的保证。

对于组织来说,公共关系的传播活动包括信息的收集、信息的处理和信息的发布 3 个方面,其主要方式是利用大众传播媒介,但也重视其他传播媒介的利用。

有关公共关系传播的具体内容,将在本书后面的章节中阐述(见第十一章),在此不再赘述。

本章小结

公共关系由三大要素构成，即作为公共关系主体的组织、作为公共关系客体的公众和联结公共关系主客体的传播。

组织是人们为实现特定目标而有计划建立起来的有机统一体，具备有序的结构，通过有意识协调的活动并同外部环境保持密切联系。按组织的规模程度，可将组织分为小型组织、中型组织和大型组织。根据组织内部是否有正式分工关系，可将组织分为正式组织和非正式组织。根据组织的社会职能，可将组织分为文化性组织、经济性组织和政治性组织。从组织的受惠者出发，可将组织分为公益组织、企业组织、服务组织和相互利益组织。为了便于考察各类组织在公共关系工作和状态方面的特征和规律，公共关系研究将组织分为竞争性的营利组织、竞争性的非营利组织、独占性的非营利组织和独占性的营利组织。

公众是由所有那些受到某个组织影响的人们构成的、积极的社会单元，这些人认识到了他们可以寻求到共同解决办法的共同问题。公众具有广泛性、共同性、相关性、变化性和层次性的特性。根据组织—公众关系的重要程度，可分为重要公众和次要公众；根据公众对组织的态度，可分为顺意公众、逆意公众和中立公众；根据组织对公众的价值判断，可分为受欢迎公众、不受欢迎公众和被追求公众；根据公众构成的稳定程度，可分为临时公众、周期公众和稳定公众；对因不同问题而形成的不同公众进行横向分类，可分为内部公众、政府公众、消费者公众、与组织目标一般相关的公众、社区公众、媒介公众、同行公众和事件性公众；把公众的发展过程按阶段划分，可分为非公众、潜在公众、知晓公众和行动公众。

在公共关系中，传播是组织利用各种媒介手段，将自身的信息或观点有计划地与公众进行交流的沟通活动。

[思考题]

1. 简述组织的概念及特征。
2. 组织的类型有哪些？
3. 简述公众的概念及特征。
4. 请根据不同的分类标准对公众进行分类。

[自测题]

一、单项选择题

1. 公共关系的主体是(　　)。

A. 组织　　B. 公众　　C. 传播　　D. 形象

2. 公共关系的客体是(　　)。

A. 组织　　B. 公众　　C. 传播　　D. 形象

3. 公共关系的手段是(　　)。

A. 组织　　B. 公众　　C. 传播　　D. 形象

4. 根据公众对组织的态度,可将公众分为顺意公众、逆意公众和(　　)。

A. 不受欢迎公众　　B. 中立公众　　C. 次要公众　　D. 被追求公众

5. 根据组织对公众的价值判断,可将公众分为受欢迎公众、不受欢迎公众和(　　)。

A. 中立公众　　B. 次要公众　　C. 被追求公众　　D. 临时公众

二、填空题

1. 组织是人们________而有计划建立起来的有机统一体,具备有序的结构,并通过有意识协调的活动并同外部环境保持密切联系。

2. 为了便于考察各类组织在公共关系工作和状态方面的特征和规律,公共关系研究中将组织分为:________。

3. 公众是________相互联系及相互作用的个人、群体或组织的总和。

4. 公众具有________的基本特征。

5. 在公共关系中,传播是组织利用各种________,将自身的信息或观点有计划地与公众进行交流的沟通活动。

第六章　公共关系的职能和作用

内容提要

本章主要介绍公共关系的职能、作用和原则。组织为了适应所处的环境并根据环境因素的变化而做出相应的调整，围绕既定目标所开展的一系列具体工作和活动，就构成了公共关系的职能范围；公共关系的作用是指公共关系职能发挥过程中所显示出来的客观效用，表现为对组织自身的作用和对社会的作用；公共关系工作复杂而繁琐，在具体工作实践中遵循一些基本原则，有助于工作的顺利开展、避免走入误区。

学习目标

1. 掌握公共关系的职能。
2. 了解公共关系的作用。
3. 掌握公共关系工作的基本原则。

学习提示

了解公共关系的职能和原则，对有效开展公共关系工作是十分重要的，需要重点掌握。

组织为了适应所处的环境并根据环境因素的变化而做出相应的调整，围绕既定目标所开展的一系列具体工作和活动，就构成了公共关系的职能范围。了解公共关系的职能和作用，对有效开展公共关系工作是十分重要的。

第一节　公共关系的职能

公共关系的职能广泛而复杂，国内外的学者对此看法不一，而且不同类型组织的公关职能部门以及专业公关机构的职责也不尽相同。一般来说，公共关系具备以下基本职能。

1.收集信息，监测环境

组织的生存和发展离不开其所处的环境，而环境又是处在不断的变化之中；组织要适应环境，就必须严密监测环境，对其变化和发展趋势做出准确的判断和科学的预测。为了完成这一任务，组织必须监测、收集、整理和分析相关信息。需要收集的信息内容包括：

（1）有关本组织的信息　具体包括组织形象信息，即公众对组织在运行中所显示的行为特征和精神面貌的印象和评价；组织产品（服务）形象信息，即消费者公众对产品（或服务）的各项主要指标的反映；以及组织运行状态及其发展趋势信息，主要是指组织自身运行情况及可能发展的趋势，以及这种情况与组织预定总目标的要求之间的距离。

（2）有关公众的信息　具体包括组织所面对的各类公众的构成、数量、结构、共同特征、需求、对本组织及其产品（服务）的意见和态度以及变化趋势等。

（3）有关本行业的信息　具体包括组织所在行业的基本状况及其发展趋势、行业组织的现状和作用以及合作伙伴和竞争对手的基本情况等。

（4）有关社会环境的信息　具体包括影响组织生存和发展的政治、经济、法律、文化、科技、教育、舆论以及社会时尚潮流和大众心理趋势等方面的现状和发展趋势的信息。

对环境的监测重点应在政府决策趋势、社会环境变化趋势和竞争对手的发展动态方面。

2.沟通交往，协调关系

现代社会中，组织要想生存下去，就必须是一个开放的系统，和周围的环境建立起广泛的联系并与之不断进行输入、输出的互动。这就要求组织积极发展横向联系、广交朋友，同时减少摩擦、缓和矛盾，与各类内、外公众建立并维护良好的合作关系。

在组织内部，公关人员应当做好上情下达、下情上达的工作并努力协调各同级部门之间的合作；对于外部的协调工作，应把与组织目标直接相关的公众作为沟通协调的重点，通过开展各项活动与他们进行有效的沟通，培养他们对组织的感情，赢得他们对组织的理解和支持。

3.管理舆论，传播推广

公共关系在组织管理中的一个重要职能，就是有效地制造舆论、引导舆论和强化舆论，及时传播与组织有关的信息，以赢得公众对组织的信任与好感，从而为组织创造有利于生存和发展的舆论环境。

在这方面具体需要开展的工作包括：制定组织的传播计划，设计、制作和发行组织的各种宣传材料，以及负责组织的新闻发布和形象传播工作等。

4.咨询建议，参与决策

公共关系在组织的决策过程中以提供咨询建议的方式，发挥参谋作用。公共关系主要在以下几方面向组织的决策层提供咨询建议：①组织环境的现状；②组织面临的各类公众的基本状况，包括公众的构成、态度、行为以及发展动向的分析；③组织的公共关系现状；④对组织制定的各项方针政策、计划方案、发展规划等做出公共关系方面的评价，即分析它们对相关公众可能造成的影响以及相关公众对它们可能的反应；⑤提出适应本组织现状的、符合组织目标要求的公共关系工作计划或建议。

公共关系在决策过程中发挥的作用体现在：①能够站在公众立场上发现问题，使决策层在决策过程中充分考虑公众的利益，避免违背和侵犯公众利益的决策和行为。②帮助组织确定决策目标。在现代企业中，决策越来越专业化，整体决策目标往往被分割成各职能部门的专门目标。这些目标往往局限于本部门的职能，而不能从全局和社会的角度加以考虑。公共关系能够站在公众和社会的立场上，对各职能部门的决策目标进行综合评价，敦促决策层根据公众需求和社会状况及时修正可能导致不良后果的决策目标，使决策目标既能反映组织发展的要求又能兼顾公众的利益。③促使公共关系目标在组织的决策方案中得到落实，以充分保障公众利益。

5.化解矛盾，处理危机

现代组织处在一个资讯高度发达的时代，其一举一动都处在公众的视线范围内。由于组织与公众存在着具体利益的差别，随着公众对组织社会责任的期望以及对自身权益的关注程度越来越高，加上组织在运行过程中也难免犯些错误，因此组织难以避免与公众产生矛盾，从而导致危机的发生。公共关系能够通过帮助组织建立良好的机制，加强组织与公众之间的沟通，增进组织与公众之间的相互了解,避免由于误解或沟通不畅造成的危机;同时,公共关系有一套从预警到处置到善后的、完整的危机管理机制,能够在危机不可避免时将各种损失降到最低限度,因势利导、转危为安,甚至变危机为契机。

第二节 公共关系的作用

所谓"作用",就是具体行为过程中产生的效用。公共关系的作用是指公共关系职能发挥过程中所显示出来的客观效用,表现为对组织自身的作用和对社会的作用。

1. 公共关系对组织的作用

(1)保障作用 从公共关系的职能来看,公共关系帮助组织了解自身所处的环境、协调组织与各类公众的关系、管理舆论、推广自我、为决策提供咨询建议以及化解矛盾和危机,为组织的运行"保驾护航",是现代组织生存和发展所不可缺少的。

(2)凝聚作用 公共关系要求组织建立一套完善的内部沟通机制,重视信息共享,通过信息交流来沟通组织成员的心理情感,关心职工的物质精神需要,塑造企业文化,还能帮助正确处理与组织内部非正式组织的关系,从而使组织内部上下一心、团结一致,增强组织的凝聚力。因为更加注重人文关怀,公共关系的凝聚作用与行政命令和经济激励相比,更具有持久性和牢固性。

(3)教育员工的作用 公共关系贯穿组织管理的各个环节,在发挥其职能的过程中,必然对上至最高领导下至普通职工产生潜移默化的影响,培养并逐步强化组织全体成员的公共关系意识,使他们养成自觉珍惜组织声誉、重视沟通、尊重公众等良好的职业素质。

2. 公共关系对社会的作用

(1)对社会环境的优化作用 公共关系对社会的积极作用表现在,他强调组织的社会责任并敦促组织履行这种社会责任,帮助组织适应社会的发展,从而促进了社会环境的整体优化。

①优化社会互动环境。公共关系对社会互动环境的优化通过沟通社会信息、协调社会行为、净化社会风气来实现。

②优化社会心理环境。公共关系强调组织与公众交往的真诚、平等和互利,带给人们一种良好的关系氛围,有助于人们摆脱不良心态,从而使社会心理环境得到优化。

③优化社会经济环境。公共关系有助于营利组织争取最好的经济效益,促使整个社会经济繁荣;同时,它沟通社会各部门之间的联系,促使它们齐心协力承担

各种社会义务，有助于改善整体经济条件，清除经济环境中薄弱、落后的部分。

④优化社会政治环境。公共关系是民主政治的产物，反过来又推进民主政治的建设。公共关系树立“民本位”的思想，增强社会管理者的公仆意识，使他们自觉深入群众，关心群众的需求、倾听群众的呼声，并努力帮助群众解决实际问题；公共关系满足人民群众参与社会公共事务决策和管理的愿望，激发了群众强烈的主人翁意识，有利于政治环境的优化。

(2)对大众的教育作用　公共关系对大众的教育主要体现在2个方面：一是公共关系通过各种活动，传播、推广、普及有关本组织产品、品牌和企业文化等方面的知识。一种新产品，甚至一种新的生活方式为广大群众所认识、了解到掌握，公共关系在其中起到十分重要的教育作用；二是出于公共关系方面的需要，组织会亲自开展或赞助一些公益教育项目，客观上为社会大众的知识拓展和学习带来益处。

(3)对大众的娱乐作用　公关活动注重对人的思想观念潜移默化的影响，强调使观念教育寓于轻松愉悦的活动之中。这样的特点使得公关活动带有明显的文化特征和娱乐作用，如组织举办的联谊活动、开放日活动等都带有明显的娱乐作用，更不用说赞助文艺表演、体育竞赛和拍摄影视作品这样的活动。当然，不能把娱乐作为公共关系的一个目标，为了娱乐而开展公共关系活动，但是公共关系的娱乐作用对实现公关目标的重要性却是不应忽视的。

第三节　公共关系工作的基本原则

公共关系工作复杂而繁琐，在具体工作实践中遵循一些基本原则，有助于工作的顺利开展、避免走入误区。

1. 实事求是原则

公共关系的实事求是原则，是指组织的公共关系工作要以事实为基础，以科学为指导，诚实守信，取信于民。

公共关系工作的主旨是建立并维护组织与其公众之间的良好关系。这种良好关系是建立在相互信任、相互尊重、诚实守信的基础上的。谎言必将被戳穿，依靠撒谎和作假是不可能取得他人的信任和支持的。早在公共关系初创阶段，美国公共关系著名先驱艾维·里就旗帜鲜明地提出公共关系就是“说真话”，把公布事实真相作为公共关系的一条重要原则。时至今天，这一原则仍应是指导公共关系工作的首要原则。一个组织无论处在发展的任何阶段，都应该坚持实事求是的原则，切实做到做实事、讲实话、守信用。

2. 平等互利原则

平等互利原则，是指组织与公众平等相处、利益兼顾、共同发展。具体来说，就是组织在开展公共关系工作过程中，既要考虑自身利益又要考虑公众利益，同时兼顾社会利益，摆正各方面的利益关系。

组织与公众是一种相互依存、相互服务的关系。公共关系强调主体和客体的平等权利和义务，尊重双方的共同利益和各自的独立利益，谋求组织利益与公众利益的平衡协调。组织要实现自己的既定目标，必须以一定的道德责任为前提，以“利他”的方式实现“利己”，做到“我为人人，人人为我”；只有在公众受惠的前提下，才有可能得到公众的支持与合作。

平等互利的基点是，在公关工作中把公众利益作为首要因素来考虑，把能否满足公众利益作为衡量公关工作效果的重要标准，组织开展任何公关工作和活动都必须对公众和社会负责。满足公众利益、关注社会问题，有时会影响组织的眼前利益；但从长远来看，这是对组织生存、发展环境的维护，是一种重要的长期战略性投资。

3. 双向传播原则

传播是公共关系工作的手段。这种传播不仅仅是将信息传递给受众，还包括收集目标受众的反馈信息传达给组织的管理决策层；通过双向的传播活动建立组织与相关公众之间双向的信息交流，促进组织与公众之间的相互了解和认同，帮助组织赢得公众的理解、信任和支持。

有效的双向传播是组织“内求团结、外求发展”的必要途径。从组织内部来看，只有建立畅通的双向沟通机制，才能实现上情下达、下情上达以及上下级、各部门之间的协调合作；从组织外部来看，只有保持与各类公众畅通的双向沟通，才能及时、准确地反映和把握舆论状况和趋势，使得组织能够赢得公众的广泛支持。

4. 全员公关原则

一个组织公共关系工作的开展，不可能仅仅依靠专职的公关机构和公关人员，而是要靠组织各部门和全体员工的参与和配合。所谓全员公关，是指培养组织全体员工的公共关系意识，要求他们关注、参与公共关系工作并为公关工作做出贡献。

开展全员公关，首先，要求组织的最高决策层具有较强的公关意识，把公关工作列入领导工作日程，积极支持公关工作的开展；第二，要把公共关系工作渗透到组织运营管理的各个部门和环节，在日常管理中提出公关方面的要求；第三，要在组织中营造浓厚的公共关系氛围，经常对员工有意识地进行公关教育、培训和考核，帮助全体员工树立良好的公关意识并积极参与组织的公关工作。

5. 开拓创新原则

公共关系是协调组织与社会环境关系的动态性社会活动。社会环境是不断发展、变化的，而每个组织都有自身的独特之处，因此每个组织开展公共关系的目标和要求不尽相同，不可能简单照搬其他组织的做法或是以前的做法；从某种意义上，每一项公关工作都是一项全新的工作，需要公关人员富有创新意识。另外，公关工作和活动的效果在一定程度上也取决于其构思和实施过程能否独树一帜、与众不同。

公关人员的创新精神不仅体现在公关计划的制定要富于创造性，还体现在公关计划的实施和执行过程中要因地制宜、灵活应变。

本章小结

公共关系的职能广泛而复杂，不同类型组织的公关职能部门以及专业公关机构的职责也不尽相同。一般来说，公共关系的基本职能包括：收集信息、监测环境，沟通交往、协调关系，管理舆论、传播推广，咨询建议、参与决策，化解矛盾、处理危机。

公共关系的作用是指公共关系职能在发挥过程中所显示出来的客观效用，表现为对组织自身的作用和对社会的作用。公共关系对组织的作用有保障作用、凝聚作用和教育员工的作用；公共关系对社会的作用有：对社会互动、心理、经济、政治环境的优化作用，对大众的教育作用以及对大众的娱乐作用。

公共关系工作复杂而繁琐，在具体工作实践中遵循一些基本原则，有助于工作的顺利开展、避免走入误区。这些原则包括：实事求是原则、平等互利原则、双向传播原则、全员公关原则以及开拓创新原则。

[思考题]

1. 公共关系有哪些基本职能？
2. 公共关系有哪些作用？
3. 公共关系工作的基本原则有哪些？

[自测题]

一、单项选择题

1. 公共关系需要收集的有关本组织的信息不包括（　　）。

A. 组织形象信息　　B. 产品信息　　C. 组织运行状态信息　　D. 公众构成

2. 现代社会中，组织要想生存下去，就必须是一个(　　)的系统。

A. 开放　　B. 封闭　　C. 生态　　D. 静态

3. 公共关系在决策过程中发挥的重要作用体现在它能够站在(　　)的立场上。

A. 组织　　B. 公关部　　C. 公众　　D. 中立

4. 公关活动注重对人的思想观念潜移默化的影响，这样的特点使得公关活动带有明显的(　　)作用。

A. 教育　　B. 说服　　C. 倡导　　D. 娱乐

5. 公共关系工作的首要原则是(　　)原则。

A. 全员公关　　B. 平等互利　　C. 实事求是　　D. 双向传播

二、填空题

1. 公共关系对组织的作用有________。

2. 公共关系对社会环境的优化作用表现在________。

3. 公共关系对大众的教育主要体现在________。

4. 平等互利原则是指组织在开展公共关系工作过程中，________，摆正各方面的利益关系。

5. 平等互利的基点是，在公关工作中把________作为首要因素来考虑。

下 篇

实 务 篇

第七章　公共关系管理过程(一)
——调查研究确定公共关系问题

内容提要

本章主要介绍:公共关系管理的基本过程——界定公共关系问题、制定计划与设计方案、采取行动和传播、评估项目;公共关系调查的目的和意义;公共关系调查所应遵循的实事求是、全面系统、科学性、时效性、尊重公众和讲求效益的原则;公共关系调查的内容;公共关系调查的步骤和文献调查法、观察调查法、实验法、访谈调查法和问卷调查法等主要调查方法;调查问卷的设计;公共关系调查方案的内容和公共关系调查报告的撰写。

学习目标

1. 掌握公共关系管理过程的基本模式,了解公共关系管理的意义。

2. 了解公共关系调查的目的、意义和基本原则,掌握公共关系调查的内容。

3. 掌握公共关系调查的步骤和主要方法。

4. 能够设计调查问卷。

5. 掌握公共关系调查方案的内容,能够撰写公共关系调查报告。

学习提示

本章需要重点掌握公共关系调查的步骤和主要方法,以及如何设计调查问卷。

第一节 公共关系管理过程的基本模式

公共关系是组织解决问题和对变革进行科学管理的组成部分，应该将其看作是一个完整的管理过程，并研究这个过程的内容和特点。

一、公共关系管理过程的基本模式

公共关系人员是依照下面4个步骤，运用科学的理论和有效的方法来处理和解决各种问题的。

1. 界定公共关系问题

界定公共关系问题，包括调查和掌握与组织活动和政策相关联或受其影响的公众的认知、观点、态度和行为，即调查探究事实真相。实质上，当一个组织需要确定“目前所面临的形势”时，这是组织的一种情报功能，它通过判断“现在发生了什么”为问题解决过程中的其他步骤奠定了基础。

2. 制定计划与设计方案

制定计划与设计方案，包括将调研获得的情报运用于组织的政策和计划的制定过程中；确定直接涉及和影响组织各种利益的公众对象、公关战略、程序和目标。在这一步骤中所要回答的是：“我们应当做些什么？为什么？”

3. 采取行动和传播

采取行动和传播，包括通过沟通和其他公关活动，贯彻实施已确定的公关计划和方案，完成和实现与组织总体目标相联系的公共关系目标。这一步骤所要回答的问题是：对于每一类公众，“我们怎么做和怎样说？”

4. 评估项目

评估项目，包括分析和确定公关活动的最终结果，同时还要估计公关计划准备与活动实施的效果。当我们弄清了“我们做得怎样”以后，才有可能对公关活动重新调整和设计。

在公共关系管理过程中，每一步骤都与其他步骤一样重要，但第一步是基础。当然，在实践中，调查、策划、实施和评估不能完全地分割开来，正如图7-1所示，公共关系问题的解决过程，是一个持续的、循环往复的过程，各步骤相互联结、缺一不可，呈现出一个动态的环状结构，形成了公共关系管理过程的基本模式。

二、公共关系管理的意义

公共关系是组织经营管理或行政管理活动的一部分，是管理系统中的一个子

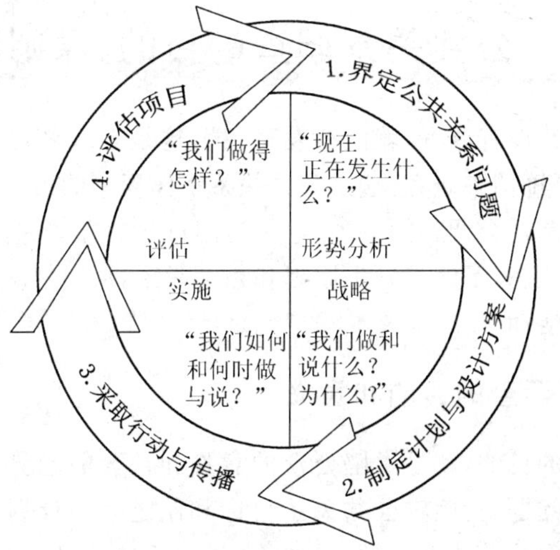

图 7-1　公共关系问题的解决过程

系统。公共关系的管理过程就是根据公共关系工作的内在规律，按照一定的公关工作模式，设计、组织、控制公共关系的活动，使公共关系成为完整的组织职能运行系统。

加强组织公共关系管理的意义主要在于：

1. 增强公共关系工作的系统性

公关工作的对象和业务纷繁复杂，日常公关工作容易出现的一个问题就是缺乏系统性而变得杂乱无章。通过公关管理，将公共关系的各种要素有机地组成一个操作系统，才能配合组织的性质、目标、任务，完整地发挥公共关系的各项功能，综合地体现公关工作的整体效应。

2. 提高公共关系工作的可控性

公关工作的随机性、灵活性比较强，是所有管理项目中弹性最大的一种。通过加强公共关系管理，能够有效地控制组织公关活动的目标、进程、媒介和资源，监控公关工作的质量和效果，从而加强公关工作的科学性和规范性。

3. 加强公关工作的预测性

公关工作的特征之一是对环境信息做出反应，或调整自身以适应环境，或改变环境以适应自身。这就需要加强对环境的预测。通过加强公共关系管理，可以使公关工作建立在研究和计划的基础上，依据大量的公众资料和环境数据，预测趋势、分析后果，充分发挥监测环境和决策参谋的功能。

第二节 公共关系调查的目的、原则和内容

毛泽东同志说："没有调查，就没有发言权"，这是至理名言。要确定公共关系问题，第一步就是要搞调查研究，这是公共关系工作程序的第一阶段。

公共关系调查是社会调查的一种，它是运用科学的方法有计划、有步骤地去考察组织的公共关系状态，了解其发生原因和相关联系，从而解决组织面临的公共关系问题的一种实践活动。

一、公共关系调查的目的和意义

公共关系调研的目的，就是了解公众的意见和社会的趋势，分析公众的需求，发现组织所面临的问题，为确定公共关系目标和制定公关计划打下基础。调研的核心问题就是要确定公共关系问题，要回答"我们所处的是什么样的环境?""现在正在发生什么?"也就是说开展公共关系工作要解决什么问题。

调研的目的一般应根据调研组织者(或委托者)的实际情况并结合环境的变化而定。在确定调研目的时，应注意：①调研目的是调研组织者(或委托者)最需要解决的问题；②应力求避免把目的提得过高过宽，要根据实际情况，提出比较合适的目标要求。

公共关系调查研究的意义在于：为组织运行提供信息保障，实施环境监测，开展议题预警；帮助组织检测公共关系环境，把握公众舆论，为组织决策提供科学、充分的依据；帮助组织了解公众的真实需求和对组织的印象、看法，从而准确地为产品和形象定位；减少公共关系活动中的资源浪费，提高公共关系活动的成功率。

二、公共关系调查的基本原则

1. 实事求是的原则

实事求是的原则包括两层含义：一是反映实际情况，不夸大也不缩小；二是从实际情况出发，找出相关事物的内在联系，探求其发展的规律性。第一层含义主要是从工作态度上讲的，要求从事调查活动的组织和个人有正确的指导思想、端正的工作态度。第二层含义主要是从工作方法上讲的，要求从事调查活动的组织和个人从实际出发，千方百计探寻事物的客观规律性。调查人员在调查过程中，要注意区分公众的客观态度和主观臆想，同时切忌给客观事物加入主观猜测的成分。为了保证调查结果的客观真实，公共关系调查必须有一个统一的标准尺度，并尽量在同等条件下重复测量。

2.全面系统的原则

公共关系调查必须全面反映调查对象的内外特征。全面性要求调查对象广泛全面并具有充分的代表性;调查所得的资料必须全面:既有正面意见、也有反面意见,涵盖各方面公众的意见并注意各种意见之间的联系。系统性要求界定系统的界限应明确清晰;注意系统的内在结构与外在的联系;注意全过程的层次性和顺序性;注意系统的自我调节以及与外部环境的平衡适应功能。

3.科学性原则

为了保证调查结果的准确性,调查人员应掌握科学的思维方式和调查方法。此原则的基本要求:第一,研究成果要用数据、资料说话,观点、意见、建议不能凭空臆造;第二,调查的资料必须有效地说明调查者所要说明的观点;第三,调查结论与调查资料之间要有严密的逻辑性。

4.时效性原则

时效性原则包括三层含义:一是调查活动要讲求时效,因为公共关系调查的主要目的是为了解决组织面临的公共关系问题,而许多问题的解决都要讲求时机,因此为制定解决问题的对策提供依据的公关调查活动,也必须迅速及时、以免贻误战机;二是在调查过程中要收集的许多资料和数据都是有时效性的,调查人员对此要详加甄别,以免收集到“过时”的资料和数据,导致最终结论的偏差;三是要保证调查过程中信息传递的及时与快捷。

5.尊重公众的原则

尊重公众的原则是指调查者在整个调查过程中,要尊重被调查者的人格、隐私、宗教信仰、民族习惯、生活方式和兴趣爱好等;要谦虚礼貌、热情主动、举止文明,要关心被调查者,并积极为之解决困难等。

在一般情况下,被调查者并没有接受调查的义务。要想取得被调查者的配合与支持,顺利开展公共关系调查,尊重公众是先决条件。调查人员在调查过程中,不能欺骗或胁迫被调查对象,也不能为获取资料而不择手段。

6.讲求效益的原则

讲求效益的原则就是要求在公共关系调查中,以较少的人力、物力、财力的投入,来办更多的事,使公共关系调查取得最佳效果。遵循讲求效益的原则,首先,要树立艰苦奋斗、勤俭节约的观念。其次,要科学组织调查活动,较大型的公关调查要有计划、有方案,并要进行可行性论证,以避免由于决策上的失误带来的浪费,整个调查活动要精心组织,尽量减少不必要的过程。

三、公共关系调查的内容

1.组织自身情况

组织自身情况是指组织内部的各种因素。对组织自身情况展开调研，主要是分析组织的政策、活动程序及行为是怎样促成问题的产生和环境的变化的，还包括对组织关键人物的观点和行为的分析、对与问题相关的组织内各部门和单位的活动过程的分析以及组织历史等问题的分析。

(1)组织基本情况　具体包括组织总体情况、组织经营情况、组织产品情况、组织的规章制度、组织荣誉情况、组织文化情况、组织竞争情况、员工队伍情况等。

(2)组织实力情况　具体包括组织的物资基础情况、组织的技术实力情况、组织的财务实力情况、组织成员的待遇情况等。

2.相关公众状况

公众是公共关系活动的客体，直接决定了公共关系活动的效果和公共关系工作的成效，因此组织在运行过程中必须了解和掌握相关公众的基本状况。

(1)公众构成情况　具体包括外部公众构成及其变化情况、内部公众构成及其变化情况。

(2)公众需求情况　具体包括公众的物质需求、公众的精神需求、公众关心的问题以及反映强烈的问题等。

(3)公众对组织的评价情况　具体包括公众对组织产品的评价、对组织服务质量的评价、对组织管理水平的评价、对组织人员素质的评价等。

3.传播媒介状况

公共关系工作必须借助各类传播媒介才能开展，因此对传播媒介状况的调查是公共关系调查中一项基本内容。

(1)大众传播(不可控)媒介情况　具体包括大众传播媒介的分布情况、大众传播媒介的功能作用情况、大众传播媒介所需信息的情况等。

(2)组织自控传播媒介情况　具体包括组织自控传播媒介的分布情况、功能作用情况、传播效果情况等。

4.社会环境状况

组织所处的外部环境对公共关系工作和活动的影响是巨大的，因此，社会环境状况的调查是公共关系调查不可或缺的部分。

(1)基本社会环境状况　具体包括：

人文环境状况，主要是指一个国家和地区的人口结构、家庭状况、文化教育水平、生活习俗、社会规范、民族与宗教状况、社会问题、社会风气和时尚、社会价值观念和文化观念等。

政治法律环境状况，主要是指国家对组织的各项政策、方针、法律、法规等，还包括当前和未来一定时期内国内外的政治态势和走向。

经济环境状况，主要是指一个国家或地区的经济制度、经济结构、物质资源、经济发展水平、消费结构和消费水平，以及未来的发展趋势等状况。

(2)具体市场环境状况　主要是指市场的人口、收入水平、消费水平及结构、国民经济比例关系等方面的环境，具体包括市场需求状况、消费者状况、市场竞争状况等。

(3)所属行业环境　具体包括所属行业基本情况、所属行业特定组织情况、所属行业横向协作情况、所属行业竞争对手情况等。

5.组织与公众关系现状

组织与公众关系的现状，主要通过组织在公众心目中的知名度、美誉度情况以及组织与公众关系的和谐程度3个指标体现。其中，组织的知名度和美誉度的计算公式为：

知名度＝知晓人数/调查人数×100%

美誉度＝赞美人数/知晓人数×100%

反映组织与公众关系和谐度的指标有：公众对组织赞同的情况、公众与组织感情亲和的情况、公众为组织做宣传的情况以及公众与组织合作的情况。

6.组织开展公共关系活动的历史情况

组织目前的公共关系状态与组织以前开展的公共关系活动有着不可分割的联系，因此掌握这方面的情况是必要的，具体包括：组织曾经做过什么、效果如何，有哪些可以借鉴的成功经验、哪些应该吸取的教训，目前公共关系应该改进的方面有哪些、应该向哪个方向努力等。

7.组织目前开展公共关系活动的条件

组织开展公共关系工作，总会受到各种客观条件的限制，只有充分了解客观条件，才能保证公共关系活动的顺利进行。

(1)时机条件　是指目前组织是否具有开展公关活动的机会，以及目前开展公关活动的时机是否成熟。

(2)主观条件　具体包括领导者的主观意志和公众的意见。

(3)客观条件　具体包括目前开展公关活动是否具有充足的人力、物力和财力，以及活动会遇到的障碍等。

第三节 公共关系调查的步骤和方法

一、公共关系调查的步骤

在实践中，虽然各项公关调查的具体步骤和先后次序会因目的、要求、范围等不同而有所差异，但是，一般来说，调查的程序可分为以下几个步骤。

1. 确定调查课题

确定调查课题，也就是确定公共关系调查的主要内容和目标。公共关系调查的内容范围十分广泛，任何一次公共关系调查都不可能包罗万象。因此，公共关系调查应该首先确定调查课题，通过探讨组织面临的现实的公共关系问题，根据组织公共关系工作对公共关系信息的实际需求，确立具体、实在的公共关系调查任务，使公共关系调查真正做到有的放矢。

2. 设计调查方案

调查方案是调查工作的行动纲领，是对调查课题的细化，也是保证调查工作成功的关键。设计调查方案需要考虑以下问题(详见本章第五节)：

(1)调查的目的、意义和研究课题；

(2)调查研究范围和分析单位；

(3)研究类型和调查方法；

(4)调查对象的选择方案或抽样方法；

(5)调查内容、调查指标和调查项目；

(6)调查的场所、时间和进度；

(7)调查所需的经费和物质手段的计划与安排；

(8)调查人员的选择、培训和组织。

3. 收集数据、资料

收集数据、资料，这实际上是调查的实施阶段，其中心任务是遵照调查方案的要求和设计好的调查方法，深入调查现场、接触调查对象，进行资料和数据的收集。

4. 整理，分析数据、资料

对收集到的数据和资料还必须加以整理，即运用科学的方法对收集到的数据和资料进行审核、分类，使之更加条理化和系统化。在此基础上，还要对数据和资料进行全面仔细的分析，以便得出有价值的结论。

5. 形成调查结果

形成调查结果，就是将经过统计的数据列成图表，并进行文字分析，最后形成完整的调查报告(详见本章第五节)。

6.调查结果的评价和应用

调查结果的评价,就是将调查结论与目标加以对照,对整个调查过程和调查结果进行总体评价,对调查的科学性和准确性进行考察,同时总结经验教训为以后的调查活动提供参考和借鉴。调查结果的应用是指把调查结果呈送给有关部门和人员,并努力使之成为决策时的参考依据。

二、公共关系调查的常用方法

1.文献调查法

文献调查法是指调查人员通过查阅各种文献,对相关信息进行调查统计分析的一种间接的调查方法。

文献资料的种类很多,按照文献的载体形式和记录技术,可分为:

(1)书面文献 是指用文字或数字记录的资料,包括各种公开发行或不公开发行的报刊、书籍、档案、报告、会议文献、统计资料等,是最广泛的文献形式。

(2)声像文献 是指运用录音、录像和摄影技术直接记录声音与图像的文献形式,包括电影、电视、录像、录音、唱片、照片等。

(3)电子文献 是指用计算机查找和阅读的文献,包括磁盘文献和网络文献。

文献调查法的主要步骤为资料的收集、检索、保存和分析。要收集、分析的文献资料有:国家和主管部门的文件、统计资料、行业资料、报纸和刊物上的有关资料、组织的各种报表、工作计划、工作总结、各项规章制度、产品的技术标准、服务项目和标准、会议记录,公众意见等。

文献调查法具有可以超越时空条件的限制、实施方便、花费少、客观可靠等优点,但也存在调查结果缺乏直接性、受到一定时代和社会的局限、落后于客观现实、对调查者素质要求较高等局限性。

2.观察调查法

观察法是调查者深入现场或进入一定情境,运用感觉器官或借助科学仪器,直接观察调查对象,获得第一手资料的调查方法。其主要特点是:

(1)是调查者有目的、有计划的自觉认识活动 日常生活中人们时时都在观察,主要是为了获得周围生活的信息,用以安排个人生活或调节个人的行为。这种观察往往是随意的、无计划的。公关调查中的观察,是在特定的研究目的和假设的指导下进行的,是在确定的范围内收集所需要的资料,并需制定周密计划,对观察的内容、手段、步骤和范围做出具体的规定。

(2)必须利用一定的观察工具 观察工具主要有两类:一类是人的感觉器官,

通过眼看、耳听、鼻闻、嘴尝、手摸等感性认识活动直接感知外部事物；另一类是其他观察仪器，如照相机、摄像机、录像机、录音机、显微镜、望远镜、探测器、人造卫星等，这些仪器实质上是人的感觉器官的放大或延长。

按照观察者是否参与被观察者的活动，观察法可分为参与观察和非参与观察2种形式。参与观察法是指观察者直接介入被观察的事物，参与被观察者的活动，身临其境地观察、收集有关资料。非参与观察是指观察者不参与被观察者的活动、不干预事务的发展过程，而置身度外地观察、记录事物发展的自然状况。

观察法的优点有：①调查过程隐蔽、不易被察觉，能够较真实地反映被调查者的情况；②准确性较高；③获取资料较为细致、深入；④简便易行。

观察法的缺点有：①无法观察到内在因素及其变化；②费用开支大；③耗时长；④对观察者的素质有较高的要求。

3. 实验法

实验调查法借鉴于自然科学中的实验室试验法，从调查对象的若干因素中，挑选出一个或几个因素作为实验因素，在其余影响因素不变的条件下，了解实验因素对被调查对象的影响。实验法主要包括：

(1)事前事后对比实验　这种方法十分简单，其调查对象只有一组，调查者对实验前的情况进行测量、记录，事后再测量实验后的情况，把事前事后情况进行对比分析，了解实验的效果。

(2)控制组与实验组对比实验　这种方法同时设立实验组和控制组，进行横向比较。控制组是非实验单位，是用来与实验组作对照比较的，也叫对照组；实验组是实验单位。控制组与实验组对比实验，就是以实验单位的实验结果同非实验单位的情况加以比较而获取信息。

实验法的优点有：①通过因素控制能了解自变量与因变量之间的因果关系；②得到的情况和数据比较客观、误差较小；③可主动控制外界因素变化、根据调查目的自行设计实验方案。

实验法的缺点有：①随机因素、不可控因素太多，完全受控制的实验无法实现；②由于存在外在控制，被调查对象的一些反应无法完全真实；③实施难度较高，费用开支大。

4. 访谈调查法

访谈调查是按所拟调查事项，有计划地通过访谈、询问方式向被调查者提出问题，通过他们的回答来获得有关信息和资料的一种调查形式。

访谈法与其他搜集资料的方法比较，主要特点在于，调查者与被调查者是采用对话、讨论等面对面的交往方式，因而整个访谈过程实际上是访问者与被访问者互动的过程,即双方相互作用、相互影响的过程。一方面,访问者收集的资料、形成的看法等会受到被访问者的回答和态度的影响;另一方面,被访问者的回答也受其对访问者看法的影响,这种相互刺激与互动的效果直接影响资料收集的质量。这一特征使得访谈法较其他调查方法难度更大些。因此,在访问调查过程中,必须注意运用人际交往和访谈的技巧,才能有效地控制访问过程,获得有价值的信息资料。

根据访谈对象的数量,访谈调查法可分为个别访谈和集体访谈。个别访谈是通过个别谈话的方式收集资料的访谈方法。由于调查者和被调查者是个别接触,容易建立起相互信任的关系,有利于排除从众心理的干扰,得到的资料比较生动具体和真实可靠。集体访谈是调查者与多个被调查者(通常数量不会很多)通过座谈、讨论的方式收集资料的访谈方法。运用集体访谈收集资料效率较高,但被调查对象之间容易相互干扰,影响资料的真实性,同时对调查者的素质有很高的要求。

访谈调查法的主要优点是,能够把调查与讨论结合起来,不仅能提出问题,还能探讨、研究解决问题的途径。

访谈调查法的不足之处是,被访人员的素质、被访问的人数限制以及被访问者的代表性不当等因素,均有可能影响调查的结果。

5. 问卷调查法

问卷调查法是调查者运用统一设计的问卷,利用书面回答的方式,向被调查者了解情况、收集信息的调查方法,是社会调查中最常用的资料收集方法。

问卷调查法的主要优点是:调查范围广;其匿名性有利于收集真实的信息;标准化程度高,所获信息便于定量处理和分析;可以较好地避免调查者的主观偏差;可以节省时间、经费和人力,成本低。

问卷调查法的缺点是:对调查对象的文化水平有要求;所取得的资料大多限于常识性的事实、行为或态度;问卷的回收率难以保证。

第四节　调查问卷的设计

调查问卷又称调查表或询问表,是调查者根据一定的调查目的精心设计的一份调查表格,是以问题的形式系统地记载调查内容的一种印件,是完成问卷调查法的必备工具。问卷可以是表格式、卡片式或簿记式。设计调查问卷,是问卷调查法取得成功的关键。

一、调查问卷的种类

按照不同的分类标准,可将调查问卷分成不同的类型:

1. 根据使用问卷方法的不同

根据使用问卷方法的不同，可将调查问卷分成自填式问卷和访问式问卷。

所谓自填式问卷，是指由调查者发给(或以其他方式送达)被调查者，由被调查者自己填写的问卷。而访问式问卷则是由调查者按照事先设计好的问卷或问卷提纲向被调查者提问，然后根据被调查者的口头回答进行填写的问卷。一般而言，访问式问卷要求问题简单，便于提问和回答；而自填式问卷由于填答者可以阅读和揣摩，在问题的制作上相对可以更加详尽、全面。

2. 根据问卷发放方式的不同

根据问卷发放方式的不同，可将调查问卷分为送发式问卷、邮寄式问卷、报刊式问卷、人员访问式问卷、电话访问式问卷和网上访问式问卷。

其中前 3 种大致可以划归自填式问卷范畴，后 3 种则属于访问式问卷。

送发式问卷就是由调查者将调查问卷送发给选定的被调查者，等被调查者填答完毕之后再统一收回。

邮寄式问卷是通过邮政系统将事先设计好的问卷邮寄给选定的被调查者，并要求被调查者按规定的要求填写后回寄给调查者。邮寄式问卷的匿名性较好，缺点是问卷回收率低。

报刊式问卷是随报刊的传递发送问卷，并要求报刊读者对问题如实作答并回寄给报刊编辑部。报刊式问卷有稳定的传递渠道、匿名性好、费用省，因此有很大的适用性，但回收率也不高。

人员访问式问卷是由调查者按照事先设计好的调查提纲或调查问卷对被调查者提问，然后再由调查者根据被调查者的口头回答填写问卷。人员访问式问卷的回收率高，也便于设计一些较为深入的问题，但不便涉及敏感性问题。

电话访问式问卷就是通过电话来对被调查者进行访问调查的问卷类型。这类问卷要求简单明了，在问卷设计上需要考虑：通话时间的限制、听觉功能的局限性、记忆的规律，以及记录的需要。电话访问式问卷一般应用于问题相对简单明确，但需及时得到调查结果的调查项目。

网上访问式问卷是在因特网上制作，并通过因特网来进行调查的问卷类型。这类问卷不受时间、空间限制，便于获得大量信息，特别是对于敏感性问题，相对而言更容易获得令人满意的答案。

二、调查问卷的结构

调查问卷的基本结构，包括问卷的标题、说明信、对被调查者基本背景资料的调查以及主体内容，其中主体内容是问卷的核心部分，是每一份问卷都必不可少的内容,而其他部分则设计者可根据需要取舍。

1.问卷的标题

问卷的标题概括调查的主题,使被调查者明确调查的主要内容和目的。由于问卷标题是被调查者最早接触的内容,给被调查者造成第一印象,因此应避免给被调查者带来不良的印象或心理刺激。

2.说明信

说明信是调查者向被调查者写的一封短信,一般放在问卷的开头,信中一般包括以下内容:①称谓;②此次调研的目的和重要性,引起被调查者的兴趣;③答卷的程序和具体方法;④承诺答题者的隐私或其他秘密不被泄漏、不会因答卷而受任何牵连;⑤预先感谢被调查者的合作;⑥调查方的联系人、联系地址、电话等。说明信要说明的内容虽然不少,但文字一定要简练,切不可冗长而令人生厌。

3.对被调查者基本背景资料的调查

所谓被调查者的基本背景资料,主要是指被调查者的一些主要特征,如性别、年龄、受教育情况、职业、收入和婚姻状况等。设置这些项目,一是为了满足对调查资料进行分组研究的需要;二是便于进一步了解被调查者情况;三是查询的需要。

4.调查问卷的主体内容

所谓调查问卷的主体内容,就是调查者所要调查的内容,是调查问卷中最重要的部分。由于采用问卷的形式,所以调查问卷的主体内容主要是根据调查目的,提出调查的问题和可供选择的答案。

三、问题的类型

(一)从内容上区分

1.事实性问题

事实性问题主要要求应答者回答一些有关事实的问题,又可分为静态客观资料的事实问题和动态实际行为的事实问题。

静态客观资料指的是被调查者的年龄、性别、职业、教育程度、收入、婚姻状况、宗教信仰等方面的事实资料。

有关动态实际行为的事实问题一般包括两类:一类是探测被调查者对某些事物的了解程度,即探测被调查者对某些事物是否知晓以及知晓的状况;另一类是探测被调查者针对某些事物而采取行动的事实。

事实性问题的主要优点:问题简单、便于回答,调查覆盖面广,调查结果便于统计处理;缺点:由于时间间隔长等原因,被调查者对某些事实记忆不清,或由于某些被调查者的心理因素影响,而使答案在一定程度上失真。

2. 态度性问题

态度性问题指的是有关意见、信仰、情感、动机及人格等方面的问题，包括：意见问题，如有关情感、动机等方面的问题；态度问题，如有关观念、人格等方面的问题。一般来说，意见是比较表面的、暂时的，而态度是比较深层的持久的认识。

态度性问题的主要优点是，从这类问题中可以广泛了解被调查者的要求、意见等，为决策者的决策提供参考依据。其缺点：一是只能了解被调查者的意见、看法，而无法了解产生这些意见、看法的真正内在原因；二是这类问题在一定程度上受心理因素影响，被调查者不一定完全说真话。

(二)从形式上区分

1. 开放式问题

开放式问题，又称无结构的问答题，一般包括问题和答题所需的空间。在采用开放式问题时，问卷上没有拟定的答案，因此应答者可以充分、深入地表达自己的看法和理由，有时还可获得研究者始料未及的答案。开放式问题的主要缺点是资料整理与分析的困难——由于应答者的答案不同、措辞各异，在答案分类时难免出现困难，整个过程相当耗费时间，而且免不了夹杂整理者个人的偏见。

2. 封闭式问题

封闭式问题，又称有结构的问答题，与开放式问题相反，它规定了一组可供选择的答案和固定的回答格式。

封闭式问题的优点：答案是标准化的，对答案进行编码和分析都比较容易；答题者易于作答，有利于提高问卷的回收率；因为所提供的答案有助于理解题意，问题的含义比较清楚。封闭式问题的缺点：调查者难以觉察答题者对问题理解的偏差；可能产生“顺序偏差”或“位置偏差”，即被调查者选择答案可能与该答案的排列位置有关。

封闭式问题也就是选择题，还可进一步分为：

(1)两项选择题　也叫是非题，在问题下面列出两项相对的答案，要求答题者二选一。这种问题便于回答、调查结果易于统计归类，但被调查者不能表达意见程度差别，若被调查者还没有考虑好这个问题，即处于“未定”状态，则无从表达意愿。

(2)多项选择题　多项选择题是对一个问题事先列出3个或3个以上可能的答案，让被调查者根据实际情况，从中选出一个或几个最符合自己情况的作为答案。多项选择题保留了两项选择题便于回答、结果易整理的优点，避免了两项选择题的不足，能有效地表达意见的差异程度，是一种应用广泛、灵活的询问形式。使用这种问题有一点值得注意，即在设计选择答案时，应考虑所有可能出现的答案，否则会使得到的信息不够全面、客观。

(3)对比选择题　在问题下面列出两组比较性答案，让答题者根据自己的意愿选择其中的最佳答案。

例如，在下列左边或右边不同类型的饮料中，您更喜欢哪一种？

果汁型(　　)　　　可乐型　(　　)

含酒精(　　)　　　不含酒精(　　)

即饮型(　　)　　　浓缩型　(　　)

液体型(　　)　　　固体型　(　　)

瓶装　(　　)　　　易拉罐装(　　)

(4)排序选择题　为问题提供多项答案，让答题者按照答案的重要程度、优劣程度或对其喜爱程度，对所给答案排出先后顺序。这种询问方式便于回答、易于统计归类，但必须避免可供选择的答案的片面性。

(5)程度选择题　给问题列出程度不同的几个答案，请被调查者选择一个答案。这类问题可以了解被调查者的大致态度。

四、设计调查问卷的原则

1. 合理性

合理性指的是问卷必须紧密与调查主题相关，根据调查主题，从实际出发拟题，问题目的明确、重点突出，没有可有可无的问题，问卷中既不浪费一个问题也不遗漏一个问题。

2. 普遍性

普遍性，即问题的设置是否具有普遍意义。应该说，这是问卷设计的一个基本要求。

3. 逻辑性

问卷的设计要有整体感，即问题与问题之间要具有逻辑性，同时独立的问题本身也不能出现逻辑上的谬误，从而使问卷成为一个相对完善的小系统。因此，逻辑性的要求是与问卷的条理性、程序性分不开的。

4. 明确性

所谓明确性，实际上是问题设置的规范性，问卷应使答题者一目了然，具体是指：命题是否准确；提问是否清晰明确、便于回答；被访问者是否能够对问题做出明确的回答，等等。

5. 非诱导性

非诱导性指的是问题设置要中性、不参与提示或主观臆断，保证被调查者的独立性和客观性。

6. 便于整理和分析

成功的问卷设计除了考虑到紧密结合调查主题与方便信息收集外，还要考虑到调查结果的容易得出和调查结果的说服力。这就需要考虑到问卷在调查后的整理与分析工作。首先，这要求调查指标是能够累加和便于累加的；其次，指标的累计与相对数的计算是有意义的；再次，能够通过数据清楚明了地说明所要调查的问题。

五、设计调查问卷的步骤

1. 确定主题和资料范围

根据调查目的的要求，研究调查内容、所需收集的资料及资料来源、调查范围等，酝酿问卷的整体构思，将所需要的资料一一列出，分析哪些是主要资料，哪些是次要资料，哪些是可要可不要的资料，淘汰哪些不需要的资料，再分析哪些资料需要通过问卷取得、需要向谁调查等。

2. 分析样本特征

了解、分析调查对象的社会阶层、行为规范、观念习俗等社会特征，需求动机、潜在欲望等心理特征，理解能力、文化程序、知识水平等学识特征，以便针对其特征来拟题。

3. 拟定问题

首先，构想每项资料需要用什么样的形式来提问，尽量详尽地列出问题；然后，对问题进行检查、筛选，看看有无多余的问题、有无遗漏的问题、有无不恰当的问题，以便进行删除、增补和替换。

4. 确定问卷的编排

问卷不能任意编排，问卷每一部分的位置安排都具有一定的逻辑性，问题的排列应符合应答者的思维程序，一般是先易后难、先简后繁、先具体后抽象。

5. 评价问卷

问卷草稿设计好后，设计人员应再回过头来做一些批评性评估。在问卷评估过程中，应当考虑：问题是否必要、问卷是否太长、问卷是否回答了调研目标所需的信息、邮寄及自填问卷的外观设计、开放式问题是否留足空间、说明信是否用了明显字体等。

6. 测试和修改

进行试问试答，站在调查者的立场上试行提问，看看问题是否清楚明白，是否便于资料的记录、整理；站在被调查者的立场上试行回答，看看是否能答和愿意答所有的问题，问题的顺序是否符合思维逻辑。在测试完成后，任何需要改进的地方应当切实修改。如果测试导致问卷产生较大的改动，应进行第二次测试。

7. 定稿付印

根据测试情况，进行修改；再测试，再修改。直到完全合格以后才定稿付印，制成正式问卷。

六、设计调查问卷应注意的问题

1. 问卷内容上应注意的问题

(1)避免不易回答的问题　这里可能有2种情况：一种是涉及答卷人的心理、习惯和个人生活隐私而不愿回答的问题，即使将其列入问卷也不易得到真实结果；另一种是时间久、回忆不起来或回忆不准确的问题。

(2)避免答卷人无法正确理解的问题　答卷人无法正确理解问题的原因主要有：缺少必要的定义说明，调查对象是非专业人员时，可能不理解某些专业术语的含义；用词生僻或过于专业，一般调查中，调查对象文化程度分布广泛，生僻、专业的词语会阻碍被调查者对问题的理解；语词过于复杂，也容易使被调查者理解错误。

(3)避免答卷人不能准确回答的问题　答卷人不能准确回答问题的主要原因有：问题和答案选项诱导被调查者的思维；问题给出的答案选项含义模糊或相互交叉，使被调查者无法准确表达自己的意见和看法；问题要求被调查者回忆、估计，而回忆和估计是造成计量误差的主要原因；问题含有假定性，使被调查者无法准确回答；以及问题引发某种不利于答卷人答题的情绪等。

(4)避免抽象的问题　问题或选项抽象、缺少必要说明，都会使答卷人回答的口径不一，引起计量误差，甚至使数据无效。

(5)避免杂糅的问题　问题中包含了两项内容，而只要求做一种回答。对这种问题，答卷人难以作答；即使回答了，也无法正确地加以归类和统计分析。

2. 问卷语言上应注意的问题

(1)清楚准确　避免叙述上的不清晰或不准确；避免时间概念的不清楚或不准确；避免地域范围不清楚或不准确；避免事物概念的范围不清楚或不准确；避免模棱两可，令人产生歧义。

(2)口语化　问卷的语言要口语化、通俗易懂，符合人们交谈的习惯，避免书面化和文人腔调。

(3)措辞婉转　问到涉及答卷人隐私或其他敏感问题时，应当措辞婉转，避免对答卷人产生刺激而不能很好地合作。

(4)避免诱导　问题不要带有倾向性，避免使用引导性、暗示性的语句，避免使用褒义词、贬义词和否定问题，避免把调查者的个人情感流露在语言中。

第五节 公共关系调查方案和调查报告

一、公共关系调查方案

公共关系调查方案是指导公共关系调查工作的纲领性文件。设计调查方案就是根据调查目的和对象，在实施调查之前，对调查工作的各个阶段进行全面的考虑和安排，制定出具体的调查实施计划。公共关系调查方案一般包括以下内容。

1. 调查目的

调查目的，是调查所要解决的问题。只有确定了调查目的，才能确定调查的内容、范围和方法。因此，确定调查目的是设计调查方案的首要工作。在确定调查目的时，应把注意力集中在调查者最急需解决的问题上，同时避免将目的定得过高或过于宽泛。

2. 调查对象

调查对象，是根据调查目的确定的所要调查的总体，是由一个个具有同质性的调查单位组成的。确定调查对象就是解决向谁调查的问题。调查对象的确定取决于调查目的和方法，并不是多多益善，同时一些无法接触的个人或单位也尽量不要列入到调查对象的范围中。

3. 调查项目

调查项目，是指对调查对象所要调查的内容。确定调查项目就是明确要向调查对象了解什么问题。在确定调查项目时，除了考虑调查目的和调查对象的特点外，还要注意以下几个问题：

①调查项目应当既是调查任务所需，又是能够取得答案的。

②调查项目的表达必须明确，要使答案具有确定的表现形式，如数字式、是否式或文字式等。

③尽可能做到调查项目之间相互关联，使取得的资料相互对照，以便了解现象发生变化的原因、条件和后果，便于检查答案的准确性。

④调查项目的含义要明确、肯定，必要时可以附调查项目解释。

4. 调查时间和期限

调查时间，是指调查资料所属的时间。如果所要调查的是时期现象，就要明确规定资料所反映的是调查对象从何时起到何时止的情况；如果所要调查的是时点现象，就要明确规定统一的标准调查时点。

调查期限,是指调查工作的开始时间和结束时间,包括整个工作时间,也包括各个阶段的起始时间,其目的是使调查工作能及时开展、按时完成。

5.调查地点

调查地点,是指调查者到什么地方去实施调查。调查地点通常与调查对象相关联,但也有其特定要求,如对某一对象的调查,既可前往其所在单位,也可邀其在其他地点进行。

6.调查方式和方法

设计调查方案时,还要规定采用什么方式和方法取得调查资料。搜集调查资料的方式、方法有很多,在调查时采用何种方式、方法不是固定和统一的,而是取决于调查目的、调查对象和调查经费等多方面因素。为了准确、及时、全面地取得信息,要注意多种调查方式、方法的综合运用。

7.样本数量和抽样方法

样本数量和抽样方法的确定主要受调查目的对精确度的具体要求、调查对象的特征以及调查经费的情况等因素影响。常用的抽样方法有简单随机抽样、分层随机抽样、整群抽样、等距抽样、多阶段抽样、双重抽样和概率抽样。

8.调查资料整理和分析方法

确定调查资料整理和分析方法,就是对资料的分类、编号、整理、汇总等工作做出明确的规定,并确定对调查所取得的资料如何进行研究分析。调查资料的处理一般有手工和计算机处理2种方法。采取何种方式主要取决于资料的性质、资料量的大小以及计算的复杂程度。

9.调查经费预算

制定调查经费预算的目的是为了保证经费的合理分配和利用。公共关系调查费用一般包括:①制定调查方案、问卷设计、实施访问、统计分析及撰写调查报告等,所需投入的专业技术人员的人工费;②收集调查资料、印刷问卷、进行统计分析所用的工具以及调查过程中的交通、差旅等活动费用;③分发给调查对象的礼品费。

此外,如果调查是委托外部公司代理的,还需加入委托费。

10.调查的组织计划

调查的组织计划,是指为确保调查顺利实施的具体工作计划,主要包括调查的组织领导、调查机构的设置、调查人员的选择和培训等。

二、公共关系调查报告

调查报告就是根据调查研究的成果写出来的正确反映客观事物及其规律的书

面报告。

1.公共关系调查报告的类型

公共关系调查报告的类型主要有3种：

(1)公共关系状况调查报告　公共关系状况调查报告可分为公共关系现状调查报告和公共关系历史调查报告两类。公共关系现状调查报告反映的是组织当前公共关系的一般情况，着重反映组织在某一地区、某一阶段在各方面开展公共关系工作的基本情况，能够为组织制定公关活动计划、实施公关活动提供决策上的依据。公共关系历史调查报告则是对组织历年公共关系活动的追溯，提供组织过去的公共关系状况，能够为组织现在和未来的公关决策提供指导。

(2)公共关系个案调查报告　所谓个案就是公共关系活动中的典型案例；公共关系个案调查报告就是对典型公关案例进行描述、分析、总结的报告，可以是对成功案例的经验分析，也可以是对失败案例的教训总结。由于典型案例的代表性和深刻性，这类报告对组织今后开展公关活动有一定的启发作用，同时可以从中探索公共关系活动的内在规律，对其他组织也有一定的普遍意义。

(3)公共关系学术调查报告　公共关系学术调查报告是对公共关系学科本身的各层面的解剖分析报告，是专业性很强、文字要求比较规范、具有一定研究性质的严格的专题调查报告。这类报告大多由专业技术人员撰写，在研究理论问题的同时，努力把理论化解为公共关系流程中的具体程序和工具。

2.调查报告的结构

调查报告虽然因调查课题和人员的不同而不尽相同，但其基本结构应该是相同的，一般包括：

(1)标题　标题明确而具体地揭示出调查对象和调查内容，要求简明、新颖、合乎规范。如果内容较多、文字过长，可以采用正、副标题的形式。

(2)目录　如果调查报告的内容、页数较多，为了方便读者阅读，应当用目录或索引形式列出报告所分的主要章节和附录，并注明标题、有关章节号码及页码。

(3)概述　概述主要阐述调查课题的基本情况，按照课题的顺序将问题展开，并阐述如何对调查的原始资料进行选择、评价、做出结论、提出建议等。主要包括3个方面的内容：

第一，调查目的，即调查的由来和委托调查的原因。

第二，调查对象和调查内容，包括调查时间、地点、对象、范围、调查要点及所要解答的问题。

第三，调查研究的方法，即所用方法及选用原因。

(4)正文　正文是调查报告的主体部分，对全部有关论据、论证的全部过程，分析研究问题的方法、全部调查结果做详细的分析和阐述，一般要求资料翔实、条理清楚。

(5)结论与建议　结论与建议是撰写调查报告的主要目的，包括对概述和正文部分的总结，提出解决某一具体问题的方案和措施。结论和建议与正文部分的论述要紧密对应，不可提出无证据的结论。这一部分要求叙述有条理、概括性强、表达清楚。

(6)附件　附件是指调查报告正文包含不了或没有提及，但与正文有关必须附加说明的部分，是对正文的补充或更详尽的说明，包括数据汇总表及原始资料背景材料和必要的工作技术报告等。

3.调查报告的内容

公共关系调查报告的主要内容有：①调查目的及所要解决的问题；②有关调查课题的背景资料；③调查对象和范围；④调查的方式、方法；⑤研究采用的主要统计分析方法和研究工具手段等；⑥调查结果，即各项问题的调查结果，以及对这些结果的分析；⑦论点和论证，提出自己的观点和看法并加以论证；⑧解决问题可供选择的建议、方案和步骤；⑨与现有同类研究结果、统计资料的比较；⑩需要进一步研究的问题，指出调查中新发现或仍没有解决的问题，建议今后仍需进一步研究的问题。

本章小结

公共关系是组织解决问题和对变革进行科学管理的组成部分，应该将其看作是一个完整的管理过程。公共关系人员依照界定公共关系问题、制定计划与设计方案、采取行动和传播、评估项目 4 个步骤，来处理和解决各种问题的。公共关系是组织经营管理或行政管理活动的一部分，是管理系统中的一个子系统。加强组织公共关系管理的意义：增强公共关系工作的系统性；提高公共关系工作的可控性；加强公关工作的预测性。

公共关系调查是社会调查的一种，它是运用科学的方法有计划、有步骤地去考察组织的公共关系状态，了解其发生原因和相关联系，从而解决组织面临的公共关系问题的一种实践活动。公共关系调研的目的，就是了解公众的意见和社会的趋势，分析公众的需求，发现组织所面临的问题，为确定公共关系目标和制定公关计划打下基础。公共关系调查应遵循的基本原则有：实事求是的原则、全面系统的原则、科学性原则、时效性原则、尊重公众的原则和讲求效益的原则。公共关系调查的内容主要包括：组织自身情况、相关公众状况、传播媒介状况、社会环境状况、组织与公众关系现状、组织开展公共关系活动的历史情况以及组织目前开展公共关系活动的条件。

公共关系调查的程序可分为以下几个步骤：确定调查课题、设计调查方案、收集数据和资料、整理和分析数据资料、形成调查结果、评价和应用调查结果。公共关系调查的常用方法有：文献调查法、观察调查法、实验法、访谈调查法和问卷调查法。

调查问卷又称调查表或询问表，是调查者根据一定的调查目的精心设计的一份调查表格，是以问题的形式系统地记载调查内容的一种印件，是完成问卷调查法的必备工具。根据使用问卷方法的不同，可将调查问卷分成自填式问卷和访问式问卷；根据问卷发放方式的不同，可将调查问卷分为送发式问卷、邮寄式问卷、报刊式问卷、人员访问式问卷、电话访问式问卷和网上访问式问卷。调查问卷的基本结构包括问卷的标题、说明信、对被调查者基本背景资料的调查以及主体内容，其中主体内容是问卷的核心部分，是每一份问卷都必不可少的内容，而其他部分则设计者可根据需要取舍。调查问卷的问题，从内容上区分，有事实性问题和态度性问题；从形式上区分，有开放式问题和封闭式问题。设计调查问卷时，要注意合理性、普遍性、逻辑性、明确性、非诱导性和便于整理和分析的原则。设计调查问卷的步骤为：确定主题和资料范围、分析样本特征、拟定问题、确定问卷的编排、评价问卷、测试和修改、定稿付印。

公共关系调查方案是指导公共关系调查工作的纲领性文件，其内容包括：调查目的、调查对象、调查项目、调查时间和期限、调查地点、调查方式和方法、样本数量和抽样方法、调查资料整理和分析方法、调查经费预算、调查的组织计划。调查报告就是根据调查研究的成果写出来的正确反映客观事物及其规律的书面报告，包括公共关系状况调查报告、公共关系个案调查报告和公共关系学术调查报告，其结构包括：标题、目录、概述、正文、结论与建议和附件；其内容包括：调查目的及所要解决的问题；有关调查课题的背景资料；调查对象和范围；调查的方式、方法；研究采用的主要统计分析方法和研究工具手段等；调查结果；论点和论证；建议和方案；与现有同类研究结果、统计资料的比较；需要进一步研究的问题。

[思考题]

1. 公共关系管理过程的基本模式是什么?
2. 简述公共关系管理的意义。
3. 简述公共关系调查的目的和意义。
4. 简述公共关系调查的基本原则。
5. 公共关系调查的内容包括哪些?
6. 公共关系调查的步骤是什么?
7. 公共关系调查的常用方法包括哪些?
8. 调查问卷的种类包括哪些?
9. 应该如何设计调查问卷?
10. 公共关系调查方案的内容包括哪些?
11. 公共关系调查报告的类型包括哪些?
12. 公共关系调查报告的结构是怎样的?
13. 公共关系调查报告的主要内容包括哪些?

[自测题]

一、单项选择题

1. 文献调查法是指调查人员通过查阅各种文献,对相关信息进行调查统计分析的一种(　　)的调查方法。

A. 直接　　B. 间接　　C. 一手　　D. 实地

2. 网络文献属于(　　)文献。

A. 书面　　B. 声像　　C. 电子　　D. 综合

3. 问卷调查法是调查者运用统一设计的问卷,利用(　　)回答的方式,向被调查者了解情况、收集信息的调查方法。

A. 书面　　B. 访谈　　C. 电话　　D. 信件

4. (　　)调查法是社会调查中最常用的资料收集方法。

A. 文献　　B. 观察　　C. 访谈　　D. 问卷

5. (　　)是调查问卷的核心部分,是每一份问卷都必不可少的内容。

A. 主体内容　　B. 标题　　C. 说明信　　D. 被调查者基本背景资料

二、填空题

1. 公共关系调查是运用科学的方法有计划、有步骤地去考察组织的________,

了解其发生原因和相关联系，从而解决组织面临的公共关系问题的一种实践活动。

2. 组织在运行过程中必须了解和掌握相关公众的基本状况，具体包括________。

3. 组织与公众关系的现状，主要通过________3个指标体现出来。

4. 观察法是调查者深入现场或进入一定情境，运用________，直接观察调查对象、获得第一手资料的调查方法。

5. 访谈调查是按所拟调查事项，有计划地通过________向被调查者提出问题，通过他们的回答来获得有关信息和资料的一种调查形式。

第八章　公共关系管理过程(二)
——公共关系策划

内容提要

本章主要介绍构成公共关系策划的概念；公共关系计划的种类；公共关系策划的原则；以及公共关系策划的程序：了解形势、确定目标、确认公众、设计主题、构思活动内容、时空选择、制定传播策略、编制预算和方案审定。

学习目标

1. 了解公共关系策划的概念。
2. 了解公共关系计划的种类。
3. 掌握公共关系策划的原则。
4. 掌握公共关系策划的程序。

学习提示

本章需要重点掌握公共关系策划的程序。

公共关系策划是公共关系管理过程的第二步，是公共关系工作中一个极其重要的环节。

第一节 公共关系策划的概念、种类及其原则

一、公共关系策划的概念

公共关系策划是策划理论在公共关系实践活动中的具体运用，因此，要了解公共关系策划，就首先要搞清什么是"策划"。

所谓策划就是策略、谋划，是指为了达到一定的目标，在调查的基础上，遵循一定的程序，对未来某项工作或事件事先进行系统、全面的构思和谋划，制定和选择合理可行的执行方案，并根据目标要求和环境变化对方案进行修改、调整的一种创造性的社会活动过程。

公共关系策划，就是公共关系人员为了达到组织目标，在充分调研的基础上，根据组织的现状和环境条件，谋划并设计组织公共关系战略和专题活动最佳方案的过程。

"公共关系策划"的概念向我们揭示出五层含义：

第一，公共关系策划工作是由公共关系人员来完成的；

第二，公共关系策划是为组织目标服务的；

第三，公共关系策划是建立在公共关系调查基础上的；

第四，公共关系策划可以分为 2 个层次，即公共关系战略策划（长期）和公共关系专题活动策划（一次性）；

第五，公共关系策划，包括谋略、计划和设计 3 个方面的工作。

公共关系策划的结果最终以公共关系计划的形式体现出来，因此有必要简单了解一下公共关系计划。

二、公共关系计划的种类

公共关系计划的种类可以分为：

1. 公共关系战略规划

公共关系战略规划的时间跨度一般较大，可有 3 年、5 年甚至达 10 年。这种规划一般只是概括制定出某一时期的公共关系总目标和完成目标的主要措施、条件以及分阶段实现目标的设想等，对具体的活动不作规定，是战略指导性的文件。

2. 公共关系年度工作计划

公共关系年度工作计划是围绕一年的公共关系工作目标而形成的具体工作规划。这种计划要求具体、明确、可操作，一般包括以下几个方面的内容：①年度公共关系总目标和各分目标；②年度公共关系工作的主题(根据目标要求而设计)；③年度公共关系活动的项目和传播计划(根据总目标和各分目标而设计)；④年度公共关系活动项目和传播计划实施的时间表；⑤各项公共关系活动项目及传播计划的预算；⑥各项公共关系活动的组织保证、人员职责和分工。

3. 公共关系活动项目计划

公共关系活动项目，是指为了实现某一特定公共关系目标或解决某一特定公共关系问题，在组织运行的某一特定阶段形成的有计划的公共关系活动，是一种具有阶段性、相对独立和完整的活动。

公共关系活动项目计划是指围绕某一特定公共关系问题而特别制定的公关活动计划，是为具体项目的开展而制定的。为使这些项目的实施能够有章可循，项目计划应包括：①项目的名称及项目的目标；②项目的背景及可行性；③项目涉及的公众分析；④活动的具体内容；⑤活动的传播方案；⑥项目筹备、实施的程序和时间表；⑦项目的负责人、实施者以及各自的责任；⑧项目的经费预算；⑨项目的评估标准和评估方法。

三、公共关系策划的原则

在进行公共关系策划时，需要遵循以下原则：

1. 实事求是

实事求是的原则有 4 个方面的要求：首先，公共关系策划必须建立在对事实真实把握的基础上，坚持以客观事实为依据，排除各种虚假因素的干扰，在充分掌握客观事实的基础上，根据事实的变化不断调整原有的策划方案，策划出符合实际、切实可行的方案。其次，设计出来的方案应如实地向公众传递信息，真实地反映组织情况，不掩盖事实、不夸大其词、不文过饰非；对公众的承诺要及时兑现，杜绝欺骗、愚弄公众的任何行为。第三，在策划公共关系活动方式时，要以解决实际问题、达到切实效果为目标，反对不切实际的花架子，避免脱离组织真实需要和现实状况而片面追求轰动效应。第四，在对公共关系策划效果进行预测评估时，也要实事求是，不能为了打动决策者而夸大其词。

2. 与组织整体计划和社会发展保持一致

公共关系策划是在组织整体计划约束下进行的。为了达到既定目标，公共关系策划应该纳入组织整体计划之中，并与组织的整体计划相一致，因为与组织整体计划相悖的方案只能是空谈，不可能付诸实施。此外，公共关系活动不是孤立的组织活动，而是组织运行的一部分，是在复杂而不断变化的社会环境中进行的，因此公共关系策划方案只有同社会发展保持一致，才能保证其可行性。

3. 创新性与可行性相统一

公共关系策划必须打破传统、别出心裁，才能使设计出的公关活动生动有趣，从而给公众留下深刻而美好的印象。同时，公共关系策划的模式也不是一成不变的，而是随着时代的发展不断吸收各种最先进的科研成果和人类智慧。因此，公共关系策划也应当与时俱进，不可因循守旧或一味模仿。

但是，在讲求创新和独特性的同时，还必须兼顾方案的可行性，也就是策划的方案必须能行得通，无法实施的方案是没有意义的。为此，可以从是否符合国家相关法律法规、能否满足公众的需求、是否超出组织的能力范围、能否给组织带来相应的效益、是否具有可操作性等方面，对方案加以考察和权衡。

4. 计划性与灵活性相统一

公共关系策划形成的方案，涉及人力、物力、财力等多种资源的调配以及与组织其他部门的协调，必须具有很强的计划性；而且一旦形成，不宜轻易改变，这样才能保证方案的顺利执行。

但是，社会组织的内、外部环境都处在不断变化之中，同时公关活动涉及的不可控因素很多，任何人都难以完全把握。因此，公共关系策划应对行动方案留有充分的余地，使行动方案有一定的灵活性，这样才能进退自如。

5. 尊重公众利益

组织在进行公共关系策划时，应充分考虑公众利益，努力满足公众的合理需求，并关心整个社会的进步与发展；在组织利益与公众利益发生冲突时，更多地从自身出发加以调整，努力开创“自身获益、公众满意”的双赢局面。当然，对于大多数组织来说，要求它们把公众利益放到第一位是不现实的。但是，组织在开展公共关系工作和活动时，至少不能做出违背公众利益的事情。只有这样，才能为组织赢得健康的、可持续发展的运行环境。

第二节 公共关系策划的程序

公共关系策划的过程一般包括了解形势、确定目标、确认目标公众、设计主题、构思活动内容、时空选择、制定传播策略、编制预算和方案审定 9 个步骤。

一、了解形势

所谓了解形势，就是通过充分的调查研究，掌握组织当前的公共关系状态和存在的问题，并对其原因加以分析，从而勾勒出一幅组织公共关系的全景图，以此作为开展所有后续工作的基础。

在这一阶段，策划者通过调查取得大量的信息，借助科学的方法将众多信息去伪存真、去芜存精，并通过分析对信息产生由此及彼、由表及里的认识，从而发现问题。

二、确定目标

公共关系策划者在分析信息的基础上，发现问题，然后根据现实条件，提出期望达到的理想结果，因此便有了目标。确定目标是公共关系策划的前提。没有目标，方案就会随客户的偏好和公关人员的直觉而摇摆不定。目标不仅是指导和协调公共关系工作的依据，也是评价行动方案实施效果的标准。公共关系策划的目标越具体、越明确，就越能形成一个科学的目标管理系统，从而保障公共关系工作的成功。

1. 公共关系目标的类型

在《有效公共关系》一书中从公共关系目标要求的结果出发，将公关目标分为3种层次：①知识结果的目标，描述人们意识到、知道或懂得什么；②意向结果的目标，描述人们的意见、看法、态度如何；③行为结果的目标，描述人们做了些什么。

2. 制定公关目标的原则

在制定公关目标时应遵循以下原则：

(1)公关目标应与公众利益、社会准则相结合　公关目标的确定应通盘考虑与公众利益、社会准则的关系问题。只有与这两者相符合，目标的实现才有基础；反之，必遭失败。

(2)公关目标应与组织的总体目标相一致　组织的公关目标是组织总体目标的一个组成部分，是为实现组织总目标服务的，组织目标的实现意味着公关任务的完成。因此，公关目标必须受组织总体目标的制约，必须在组织目标的基本框架中完成。

(3)目标要明确、具体

明确，即目标的含义必须十分准确，不会产生歧义。

具体，即目标是可直接操作的，有明确的内容和任务要求，而不是空洞、抽象的口号。

(4)目标要可行、可控、可量化

可行是指目标不能定得太高,也不可太低。太高会由于办不到而挫败公关人员的信心,影响组织对公关的信任,而且还会影响下一步公关目标的实现,打乱整个公关计划;太低会由于效益不明显而没有价值。

可控,即目标有一定的弹性、留有余地,以便在环境条件发生变化时灵活应变。

可量化,即目标可以用量化的指标去衡量。

(5)目标之间要分清层次、理顺关系　对所确立的目标要根据其相互间的关系以及在实现总目标中的作用,形成从急到缓、从短期到长期逐步过渡的先后时间顺序,并对每个目标的实现提出具体的、严格的时限规定。

三、确认目标公众

在公共关系活动中,组织和公众是沟通的两方。每一项公关活动,都不可能针对所有的公众,而是根据目标要求和活动需要,针对某一部分或几部分的公众,这些公众就是目标公众。

确定目标公众是公共关系策划的基本任务,因为:①只有确定了目标公众,才能确定需要哪些公关人员来实施方案;②只有确定了目标公众,才能确定如何分配有限的经费和资源、确定工作的重点和程序;③只有确定了目标公众,才能更好地选择传播媒介和传播技巧。

确定了目标公众后,还要分析他们的特点、需求、媒介使用习惯、对组织的态度如何、与本组织目前的关系状态等,才能有针对性地设计策划主题,展开策划的各个步骤。

四、设计主题

公共关系活动主题是按照公共关系活动目标的要求,通过活动的内容、形式等多种元素所表达并传播的活动的中心思想。主题是公共关系活动的灵魂,是对活动内容的高度概括,对整个活动起着指导作用;只有准确设计主题,公共关系活动才有意义。因此,主题设计是公共关系策划的重要任务。

公共关系活动主题的表现方式多种多样,可以是一个口号,也可以是一句陈述或表白,还可以是寓意深刻的警句,等等。主题的设计是公共关系策划中最富创造性的一个步骤,为此,必须明确主题设计的 4 个要点:第一,主题要服从和服务于公共关系目标,能充分表现目标;第二,主题要有独特新颖、具备个性特征的信息,突出本次活动的特色,既区别于其他组织的活动,也不同于本组织以往的活动;第三,主题要融入公众需求因素,既反映组织的追求,又不脱离公众;第四,主题的设计要注意审美情趣,语言要形象、生动、优美、感人,同时要简明扼要、便于记忆。

五、构思活动内容

在公共关系目标的指导下、在活动主题的统领下,需要进一步明确公共关系活动的具体内容,包括确定活动的名称、主办单位、协办单位、具体项目内容及其完成的时间表等。

六、时空选择

公共关系活动需要在特定时机下,现实空间内完成。时机和空间的选择,对活动的实施和效果都有不容忽视的影响。

1. 时机的选择

(1)组织可以预先选定利用的时机

①组织创办或开业之时。

②组织更名或与其他组织合作、合并、资产重组之时。

③组织改组、转型、品牌延伸之时。

④组织迁址之时。

⑤组织推出新产品、新技术、新服务之时。

⑥组织周年庆典或周期性纪念活动之时。

⑦组织新股票上市之时。

⑧国际国内各种节日和纪念日之时。

(2)稍纵即逝,组织需要即时捕捉的时机

①重大的社会活动和社会事件出现之时。

②组织形象出现危机之时。

③组织或社会突发性灾害暴发之时。

④国家或地方政府新政策出台或新领导人上台之时。

⑤公众观念和需求发生转变之时。

⑥组织运营出现困难之时。

⑦国际国内政治经济环境转变之时。

⑧组织内外部资源条件发生变化之时。

(3)在选择时机时应注意

①尽量选择既能够引起目标公众关注,又具有新闻价值的时机。

②善于利用可被借助的节日,避开无法借助的节日。

③对于国内外重大事件,如果可以借势,则当机立断,加以选择;如果无法借

势，则加以回避。

④重大的公共关系活动不要同时开展两项以上，以免分散公众注意力。

⑤要考虑目标公众参与的可能性，避开目标公众难以参加的日期。

⑥要考虑大众传媒使用的可能性，避开因其他重大新闻而使组织信息无法见报的时日。

⑦要考虑当时当地的风俗民情，尽量与之配合。

2. 空间的选择

在选择公共关系活动实施场所时，需要考虑：

（1）场地大小　与活动规模和所需物资的多少相匹配。

（2）场地位置　既要与活动内容相吻合，又要便于目标公众前来参与。

（3）场地环境　包括场地周围的建筑环境、交通环境、人流环境、生态环境等。

（4）场地条件　主要指场地的基本设施和基本条件，如通讯设施、医疗急救条件、卫生条件、安保条件、文化娱乐条件、食宿条件等。

（5）审美　指的是场地给人的感官审美印象，包括建筑的造型和结构、设施布置和环境装潢、实物摆设和柜台设计、展品陈列以及宣传品的放置等。

七、制定传播策略

活动的主题和具体内容确定后，需要把相关信息有计划、分阶段地向目标公众传播，并与目标公众保持良好的沟通。为了有效完成这一任务，需要制定传播策略，明确信息的内容、传播媒介和传播时机等要素。

八、编制预算

为了具体落实公共关系计划，使投入的人力、物力、财力等有保障，使计划具有可行性和现实性，必须对经费做一番预算。编制预算可以核算活动的费用，有利于计划开支、成本控制和评估活动效果。公共关系活动的费用开支一般包括：

1. 行政开支

行政开支，具体包括：

（1）劳动力成本　包括公共关系工作人员的工资、奖金、各项福利补贴以及外聘专家和劳务人员的开支。

（2）管理费用　即维持公共关系部门日常工作而支付的费用，包括房租、水电费、办公费、差旅费、维修折旧费等。

2. 项目开支

项目开支，是指开展各种公共关系活动项目所需的费用，具体包括：

(1)场地费用 即场地使用权的租赁费用。

(2)物资费用 包括购置或租用活动所需的各种道具、器材、设备、文具及场地布置物品的开支。

(3)礼仪费用 包括礼仪性项目的开支,如聘请礼仪小姐、购买鲜花等的开支。

(4)安保费用 包括活动期间保卫工作、安全设施、保健项目等的费用支出。

(5)宣传费用 包括用于活动宣传方面的开支,如广告、宣传品印刷、展示等费用。

(6)办公费 包括活动期间的交通运输费、差旅费等行政性开支或代付费用。

(7)劳务费 包括活动期间聘用劳务人员的报酬。

(8)承办费 假如活动由专业公关机构承办,则必须支付承办费,包括承办机构的管理费和利润。

3.不可预算费用

在计划实施过程中,难免出现一些事先没有预料到的情况。应对这种意外情况,也是需要资金和物资的支持的。因此,在编制预算时,应按照活动费用总额的一定比例预留部分资金作为应急费用。

九、方案审定

策划者在完成上述各个步骤后,具体的方案已经形成。为确保计划的可行性,对方案进行审定是策划中不可缺少的一个环节。审定方案一般是由组织领导、专家及具体工作人员对方案进行论证,并进一步完善方案。一般从以下几个方面对方案加以讨论:①对方案中的目标、主题及活动开展的各要素如资金、人力、时间、传播计划等进行分析论证;②对方案实施过程中可能遇到的问题、补救措施等进行分析论证;③对预期结果进行综合效益论证,判断公共关系活动方案是否值得付诸实施。经过充分论证,最终形成可供实施的方案。

本章小结

公共关系策划,就是公共关系人员为了达到组织目标,在充分调研的基础上,根据组织的现状和环境条件,谋划并设计组织公共关系战略和专题活动最佳方案的过程。公共关系策划的结果最终以公共关系计划的形式体现出来,而公共关系计划包括公共关系战略规划、公共关系年度工作计划和公共关系活动项目计划。在进行公共关系策划时,需要遵循的原则有:实事求是、与组织整体计划和社会发展保持一致、创新性与可行性相统一、计划性与灵活性相统一、尊重公众利益。公共关系策划的过程一般包括了解形势、确定目标、确认公众、设计主题、构思活动内容、时空选择、制定传播策略、编制预算和方案审定 9 个步骤。

[思考题]

1. 公共关系策划的概念及其含义是什么?
2. 公共关系计划的种类有哪些?
3. 公共关系策划的原则有哪些?
4. 公共关系策划的程序是什么?
5. 在制定公关目标时应遵循哪些原则?

[自测题]

一、单项选择题

1. 公共关系(　　)的时间跨度一般较大,可有 3 年、5 年甚至达 10 年。

A. 战略规划　　B. 年度工作计划　　C. 活动项目计划　　D. 实施计划

2. (　　)是公共关系策划的前提。

A. 了解形势　　B. 确定目标　　C. 确认目标公众　　D. 设计主题

3. (　　)是公共关系策划的基本任务。

A. 了解形势　　B. 确定目标　　C. 确定目标公众　　D. 设计主题

4. (　　)是公共关系活动的灵魂。

A. 目标　　B. 公众　　C. 主题　　D. 时机

5. 活动期间的交通运输费、差旅费等行政性开支或代付费用属于(　　)。

A. 宣传费　　B. 办公费　　C. 劳务费　　D. 承办费

二、填空题

1. 所谓了解形势,就是通过充分的调查研究,掌握组织当前的________,并对其原因加以分析。

2. 在《有效公共关系》一书中,从公共关系目标要求的结果出发,将公关目标分为 3 种层次:________。

3. 活动的主题和具体内容确定后,需要把相关信息有计划、分阶段地向目标公众传播,需要制定传播策略,明确________等要素。

4. 公共关系活动的费用开支一般包括:________。

5. 审定方案一般是由________对方案进行论证,并进一步完善方案。

第九章 公共关系管理过程(三)——公共关系实施

内容提要

本章主要介绍公共关系实施的意义、特点和原则；公共关系实施的构成——行动和传播。公共关系行动可定义为“由公共关系部门或在公共关系人员建议下由组织其他部门实施的对社会负责的行为”。公共关系活动不是单纯的传播沟通活动，而是改变组织的政策、产品、服务和行为来满足组织与公众双方利益的所有行动。公共关系传播实施的过程为：构建讯息、选择媒介、控制和协调传播活动、排除障碍。

学习目标

1. 了解公共关系实施的意义、特点和原则。
2. 掌握公共关系传播实施的过程。
3. 掌握公共关系传播的7C原则。

学习提示

本章需要重点掌握公共关系传播实施的过程和公共关系传播的7C原则。

经过调查和策划，公共关系工作进入到实施阶段，这是公共关系“四步工作法”中的第三个步骤，也是最复杂多变、最富有挑战的环节。

第一节　公共关系实施的意义、特点和原则

公共关系实施，就是在公共关系计划被采纳以后，将计划所确定的内容变为现实结果的过程。

一、公共关系实施的意义

1. 实施是实现公共关系目标的保障

公共关系工作和活动的开展，是为了实现组织总体目标和公共关系目标。如果没有实施这一环节，无论前期调研做得多到位、计划方案设计得多完美，一切都只能是美丽的“海市蜃楼”，而不可能变成实实在在的结果。换句话说，如果没有实施，公共关系就只能是“纸上谈兵”，不能实现自己的目标、无法完成自己的职能，也就没有实际意义。

2. 实施决定了公共关系计划能否实现以及实现的程度和范围

实施工作做得好，可以完成计划规定的各项任务，从而实现计划目标，甚至还可以由实施人员创造性的努力来弥补计划的不足；实施工作做得不好，不仅不能实现计划目标，有时还可能使计划中想要解决的问题更加恶化，甚至完全与计划目标背道而驰。因此，实施不仅决定了计划能否实现，而且也决定了计划实现的效果。

3. 实施的结果是制定后续计划的重要依据

制定公共关系计划必须以组织的现状为依据。而从某种程度上说，组织的现状是组织过去开展公共关系工作所形成的结果。因此，以前一项公共关系计划实施的结果为基础制定后续公关计划，是制定公共关系计划的一个重要原则。此外，在实施过程中，还能发现一些计划制定过程中未能认识到的、隐蔽的问题，从而为后续计划的制定提供指导。

4. 实施活动具有广泛的影响

实施活动所产生的广泛而巨大的影响具体表现在以下 2 个方面：

(1)实施活动会对公共关系项目的目标公众产生深刻的影响　公共关系计划是针对目标公众而制定的，其目的是使目标公众的态度和行为发生组织预期的改变。公共关系实施过程是实现公共关系计划的过程，也是改变目标公众某些态度和行为的过程。在这一过程中，必然会对目标公众的观点、态度、行为、心理等产生较大的影响。

(2)实施活动有时还会对社会文化、习俗产生深刻的影响　一项公共关系计划在实施过程中产生的影响和作用,往往并不局限于计划本身的目标,有时还通过使社会文化的结构产生变动而对整个社会产生推动作用。例如,北京市奥组委在北京市民中开展的“迎奥运　讲文明　树新风”的活动,使大多数北京市民都养成了自觉排队、不随地吐痰等良好的行为习惯。相信这些好习惯不会随着奥运会的结束而终止,而是能够坚持下去,从而改善北京市的社会风气。

二、公共关系实施的特点

1.动态性

公共关系计划的实施是由一个个具体的实践活动构成的连续过程,是一个思想和行为都需要不断变化和调整的过程。导致这种动态性的主要原因:①无论计划制定得多么周密、设想得多么周到,在实施过程中难免碰到未能预见到的情况,或者碰到计划的设想与实际情况存在差异的情况;②在实施过程中有时会衍生出一些新的问题和情况。无论出于何种原因,都要求实施人员根据实际情况,在实施进程中随时修改和调整原计划,从而保证实施的顺利进行。

2.复杂性

公共关系计划的实施是一个非常复杂的工程:不仅要合理调配、充分利用人、财、物方方面面众多的资源,还要在原定计划和现实情况之间找到平衡点,掌握好“照章办事”和“灵活执行”的分寸;同时,还要做好准备随时应对突发状况和紧急事件。可以毫不夸张地说,公共关系实施是公共关系工作程序中最复杂的一个环节。

3.系统性

公共关系计划的实施与任何项目的实施一样,都是一个系统的工程。在实施过程中,所有的因素都紧密相连,所有的环节都环环相扣;任何一个因素的变化都有可能引起其他因素的连锁反应,任何一个环节的改动都有可能影响到其他环节的执行和效果。因此,在公共关系实施管理中,一定要有系统的眼光和思维。而在具体的实施过程中,往往每个人“各管一摊”,在实际操作过程中容易陷于自己所在的“局部”而看不到或看不清“全局”,从“局部”的现实出发指导自己的行为。这样即使每个“局部”都做到最优,也不能保证一个个“局部”的最优相加就得出“整体”的最优。所以,在实施过程中,一定要有专人站在宏观的层面上,从全局出发对整个实施过程进行统筹管理。

4.创造性

公共关系实施的创造性是由其复杂性和动态性决定的。公共关系实施的过程不仅是一个简单的“照章办事”的过程,还是对原有方案修补完善的过程,它要求实施者在实施过程中根据计划和自己面临的环境、条件，灵活决定并随时调整实施的策略。可以说，公共关系实施过程是一个由一系列不同层次的实施者发挥自己主观能动性的过程。当然，强调公共关系实施的创造性，并不意味着允许实施者随意篡改原定计划或以各种借口抵触计划的实施。

三、公共关系实施的原则

1. 准备充分

在正式实施方案之前，必须做好所有的实施准备工作，这是实施成功的基础和前提。实施准备越充分，实施过程就会越顺利。公共关系实施的管理者和操作者都应充分重视实施准备的重要性，把各项准备工作落实到具体的人，并加以检查和监督。

2. 目标导向

目标导向，指的是以目标为导向对整个实施过程进行引导和制约，保证实施活动不偏离公共关系计划的目标。在实施过程中，由于环境的变化，难免要对原有方案做些调整，但这些调整不能改变既定的目标，否则就要重新制定计划。目标导向也是加强对实施过程控制的一种手段。

3. 控制进度

控制进度，指的是按照实施方案中的时间进度表，随时检查各项工作的进度，及时发现滞后或提前的情况，搞好调度与协调，使各项工作按计划进行，并确保所有工作最终按时完成。

4. 整体协调

整体协调，指的是在实施过程中，使各项工作达到和谐、合理、配合、互补和统一的状态。该原则是和公共关系实施系统性的特点相对应的。公共关系实施是一项系统工程，只有各项工作相互配合才能实现最佳的整体效果。整体协调就是要形成全体实施人员思想观念上的共识和行动上的一致，统一意志、统一指挥、统一行动，从而保证实施活动的同步与和谐。

5. 反馈调整

反馈调整，指的是通过监督控制机制，及时发现实施过程中目标、方法、手段等的偏差或失误，并及时进行调整和纠正。由于方案本身的问题、实施人员的素质、公众的变化、外界因素的干扰等各种各样的原因，在实施过程中偏离原有方案的情况时有发生；要建立灵敏的监督反馈机制，及时发现对原有方案的偏离并分析其原因，如果是方案本身的问题，则根据现实情况调整方案，如果不是方案本身的问题，则迅速排除各种干扰和障碍，保证整个实施过程总是处在正确的轨道上。

第二节　公共关系实施的构成——行动和传播

到20世纪60年代,公共关系还被认为是仅仅精心制作并发送来自管理层自上而下的讯息,组织管理层关心的是“说什么”和“怎么说”的问题。从20世纪80年代开始,公共关系进入了第三个阶段,组织管理者除了问一些有关传播的问题以外,还要问“我该做些什么?”

在当今社会,公众对组织言行的考察和审视越来越严苛,加上现代传播技术的飞速发展,使得一个组织的行为和它的言论一样很快地被报道。美国公关专家哈罗德·伯森指出,“公共关系发展到今天,其作用不仅是帮助组织决定说什么,而且还决定它们做什么”。

但是长久以来,有些公共关系人员认为单凭传播就能够解决大部分公共关系难题,认为公共关系管理过程的第三步就是“传播实施”,这是不全面的。当代公共关系更注重的是组织的行为。语言无论多么动听,最终还是解决不了问题;而解决问题的关键,无论过去和现在都是行动——经过认真思考的、在决策层指导下的行动。因此,公共关系的实施应该是由行动和传播两部分构成的。

一、行动

公共关系行动可定义为“由公共关系部门或在公共关系人员建议下由组织其他部门实施的对社会负责的行为”。公共关系活动不是单纯的传播沟通活动,而是改变组织的政策、产品、服务和行为来满足组织与公众双方利益的所有行动。公共关系行动是为了有助于实现公共关系目标和组织的总体目标而计划实施的。

当然,行动是要和传播相协调的,公共关系活动需要以传播沟通为基础来做好工作:①对每类公众制定一个特定的行动计划;②对每类公众制定一个特定的传播计划,包括讯息战略和媒介战略;③制定方案实施计划,包括职责分配、完成日期和预算等。

行动的战略往往包括一个组织在政策、程序、产品、服务和行为上的变化。这些变化旨在实现组织目标和公共关系目标,同时也是为了对各类公众的需求和利益做出反应。

设计行动战略的关键,是对组织的政策、程序、行为以及其他导致公共关系问题的根源的透彻了解。

行动战略要注重组织内部的调整和适应,这要求组织的最高管理层和公关从业人员都不把公共关系仅仅看作是“新闻宣传”和“劝服性传播”。正如哈罗德·伯森指出的那样，成熟形式的公共关系，除了涉及决定“说什么”以及“怎么说”外，还决定“做什么”。

如果公共关系要想影响组织—公众间的互惠互利关系，从而为组织赢得良好的生存、发展环境，它就必须参与制定行动战略，并且将这种战略与随之而来的传播协调起来。

二、传播

（一）传播实施的过程

在公共关系计划的实施过程中，至关重要的一个部分是开展传播，即对公关计划中的传播方案的执行，具体过程包括：

1. 构建讯息

（1）构建信息内容的原则　构建信息内容的第一原则是密切了解组织（或客户）所处的形势和存在的问题，因为开展公共关系活动的目的就是实现组织目标和解决组织面临的问题；第二原则是了解目标公众的需要、利益和关注点，因为在大量的信息中，人们只是根据自己的需要来接受信息，因此我们在传播中必须对传播对象有深切的了解。

（2）构建讯息需要注意的问题

①新闻价值：在公共关系传播活动中，可供选择的媒介有很多，但是在很多情况下需要借助大众传播媒介发布信息。在这个过程中，讯息要经过媒体“把关人”的过滤和筛选才能到达目标受众。为了使大众传播媒介采用并尽可能按照原样地发布组织提供给它的信息，有必要了解媒体把关人判断信息价值的标准——新闻价值，具体包括：

影响力——受到影响的人数、后果的严重性、因果之间的直接性等。

接近性——受众与话题或问题之间的距离。

时效性——也叫新鲜性，指事件发生的时间与当前时间的接近程度。

显著性——事件涉及的组织或人物的公认性和知名性。

新奇性——事件不同于平常、奇怪和特异的地方。

冲突性——激烈的矛盾和对抗，如罢工、战争、政治斗争、体育竞赛等。

②语义：语言处在不断的发展变化之中，新的词语不断涌现，一些词语被逐渐淘汰，还有一些词语的词义发生了改变。在传播过程中，传播人员在很大程度上依赖词语，因此必须掌握对词义的支配权。

每个词语都有 2 种不同的意思：本意和隐意。本意是指普通字典上的意思，通常被同一语言和文化的大多数人所接受；隐意是指人们由于自己的经历和背景而从词语中读出的情感化或评价性的意义,因此同一个词语对不同的人可能有着不同的意义。例如,说起“狗”,其本意为一种 4 条腿、有毛的犬科动物;对许多人来说,其隐意是一种友好、忠实的宠物,但对于被狗咬过的人来说,则是指一种危险的动物。

每个行业都存在“圈外人”不易理解的专用术语,此外还有众多的方言、俚语。公共关系人员必须在众多的词语中,为不同的受众分别选择和传递他们能够欣然接受的词语。

③符号:传播不仅涉及语义,也大量使用符号。大多数人都需要利用符号这种形式来表达抽象的、难以表达的含义。

符号在远距离传播和劝服性传播中能起到直接而巨大的作用。在许多公共关系活动中,符号对公众的认知和记忆起到巨大作用,如“红十字”的符号。因此,越来越多的组织认识到符号(图案和标识)的作用——可以借助符号创造一种公共形象或赢得知名度和公众广泛的认可。当然,要做到这一点,符号必须是独特的、与众不同的并且适合组织的特点。

2.选择媒介

开展公共关系传播活动,需要借助一定的媒介。在传播过程中,不可能也不必要使用所有的媒介,而是选择最适合的一种或几种媒介(通常都需要一种以上的媒介),并以最有效的方式对它们加以组合利用。选择媒介的原则有:

(1)根据传播对象的特点和需求选择媒介　在这方面,需要考虑的主要因素是目标公众的年龄、性别、职业、受教育程度、工作和生活习惯、对组织的看法和期望等。

(2)根据所要传播的内容选择媒介　在这方面需要考虑的主要问题有:信息内容是简单的还是复杂的,只涉及结论还是涉及事件的进展过程,所包含的观点是普遍公认的还是需要公众思考、讨论或争论的,等等。

(3)根据费用情况选择　在公共关系传播活动中,常常要以付费的方式使用媒介,因此在选择媒介时,必须考虑不同媒介的收费标准和组织的经济能力。

(4)根据时间要求选择媒介　在公共关系实施过程中,所有环节环环相扣,每个环节都有完成的时限要求,配合行动开展的传播同样也必须在规定的期限内完成,因此在选择媒介时还要考虑它们信息制作和发布的周期和时效性。

3.传播活动的控制和协调

公共关系传播的实施就是对公共关系传播计划的执行。而控制是实现计划的保证,没有控制或控制不好,计划就不能顺利实施和实现。

公共关系传播活动的控制,包括 5 个方面:一是检查公共关系传播计划目标是否切合实际;二是检查公共关系传播计划的执行情况和衡量执行结果;三是建立控制标准,把传播计划执行结果与控制标准加以比较;四是发现偏差并分析原因;五是采取纠偏措施,保证公共关系传播计划的顺利实施和公共关系目标的实现。

公共关系传播活动涉及面广,因此协调工作显得十分重要,具体包括:一要协调好各个部门间的关系;二要协调好各个项目之间的联系;三要协调好各种资源的运用。

4. 排除障碍

公共关系传播活动中不可避免会遇到各种各样的障碍。公共关系人员只有了解和认识这些障碍,并在传播过程中努力加以排除,才能保证传播活动取得良好的效果。传播过程中的障碍,指的是一切干扰信息及时、准确、完整地发布、传递和接收的东西,主要表现为:

(1)来自传播者的障碍　传播者要把自己的想法传递给受众,必须通过"编码"将其转换成双方都能理解的符号。在这一过程中,传播者编码能力不佳、对符号的把握能力不够以及自身知识经验的局限,都会对传播构成障碍;或者传播者选择了不恰当的媒介,也会影响传播的效果。

(2)来自受传者的障碍　受传者在接收信息的过程中经常出现的障碍有:①知觉的选择性,即出于知觉选择,人们习惯于接受某类信息而排斥其他信息;②受传者在接收信息的过程中,有时会按自己的个人需要对信息进行过滤;③受传者根据自己的个人立场、生活经历和知识经验等来理解信息,这种理解难免存在差异和曲解;④当受传者对传播者存在敌意、恐惧、不信任等心理上的障碍时,也会拒绝信息或歪曲信息的内容;⑤受传者对一些事物的看法存在成见时,也会对传播构成障碍;⑥受传者面对过量的信息感到无法应付,于是采取不予理睬的态度,也构成传播的重要障碍。

(3)来自传递过程的障碍　在传播过程中,由于时空因素的制约或人为、工具的原因,也会出现各种障碍,主要表现为时机不恰当、内容的遗漏或误传以及环境因素的干扰。

(二)公共关系传播的 7C 原则

所有的传播都包括传播者、受传者和讯息 3 个要素。有效的传播要求这 3 个要素都有效,也就是说:传播者在受传者心目中要有信誉,传播者有充分的信息、有传递信息的渠道并用受传者能够理解的方式传递信息,讯息的表达必须在受传者理解能力范围之内并且与其兴趣或需要相关。

基于对此的研究,国外一些学者提出了公共关系传播的 7C 原则,现在已被普遍接受。

(1)可信度(Credibility)　传播应当开始于一个充满信任的氛围,受众必须对传播者有充分的信任,相信传播者具备处理当前问题的能力。

(2)环境(Context)　传播活动必须适应其所处的环境。

(3)内容(Content)　讯息内容对受众来说必须有意义,而且与他们的价值观相一致,与他们所处的环境有接近性。

(4)清晰(Clarity)　讯息的表达必须使用简单的词语,而且传受双方对词语含义的理解一致;把复杂的问题简单化;讯息发布主体只用一个声音说话。

(5)持续性和一致性(Continuity and consistency)　传播是一个没有止境的过程,需要反复才能深入人心,但前后要一致。

(6)渠道(Channels)　应当使用为受众所使用和推崇的传播渠道。

(7)受众的能力(Capability of audience)　在传播过程中必须考虑受众的接受能力,要求受众付出的努力越少,则传播效果越佳。

本章小结

公共关系实施,就是在公共关系计划被采纳以后,将计划所确定的内容变为现实结果的过程。公共关系实施是实现公共关系目标的保障;决定了公共关系计划能否实现以及实现的程度和范围;具有广泛的影响;其结果是制定后续计划的重要依据。公共关系实施的特点有:动态性、复杂性、系统性、创造性。公共关系实施活动应遵循的原则有:准备充分、目标导向、控制进度、整体协调、反馈调整。

公共关系的实施由行动和传播两部分构成。公共关系行动可定义为“由公共关系部门或在公共关系人员建议下由组织其他部门实施的对社会负责的行为”。公共关系活动不是单纯的传播沟通活动,而是改变组织的政策、产品、服务和行为来满足组织与公众双方利益的所有行动。公共关系传播是对公关计划中的传播方案的执行,具体过程包括:构建讯息、选择媒介、控制和协调传播活动、排除障碍。公共关系传播的7C原则所包含的7个要素为:可信度、环境、内容、清晰、持续性和一致性、渠道、受众的能力。

[思考题]

1. 简述公共关系实施的意义。
2. 简述公共关系实施的特点。
3. 简述公共关系实施的原则。
4. 公共关系实施是由什么构成的?

5. 公共关系传播的过程是什么?

6. 公共关系传播的7C原则是什么?

[自测题]

一、单项选择题

1. (　　)是公共关系"四步工作法"中最复杂多变、最富有挑战的环节。

A. 调查　　B. 策划　　C. 实施　　D. 评估

2. 构建信息内容的第一原则是密切了解(　　)。

A. 形势和问题　　B. 公众的兴趣　　C. 新闻价值　　D. 语义

3. 信息的(　　)是指事件涉及的组织或人物的公认性和知名性。

A. 影响力　　B. 显著性　　C. 新奇性　　D. 冲突性

4. 词语的(　　)是指人们由于自己的经历和背景而从词语中读出的情感化或评价性的意义。

A. 本意　　B. 广义　　C. 狭义　　D. 隐意

5. 出于(　　),人们习惯于接受某类信息而排斥其他信息。

A. 知觉选择　　B. 兴趣　　C. 时间限制　　D. 需要

二、填空题

1. 公共关系工作和活动的开展,是为了实现________。

2. 公共关系实施决定了公共关系计划能否实现以及________。

3. 实施活动所产生的广泛而巨大的影响具体表现在对________产生深刻的影响。

4. ________是公共关系实施成功的基础和前提。

5. 公共关系行动可定义为________。

第十章 公共关系管理过程(四)——公共关系评估

内容提要

本章主要介绍公共关系评估的意义、公共关系评估的程序、公共关系评估的类型和内容、公共关系评估的方法、公共关系项目的评估标准,以及公共关系评估结果的解释与利用。

学习目标

1. 了解公共关系评估的意义。
2. 了解公共关系评估的程序。
3. 掌握公共关系评估的类型和内容。
4. 掌握公共关系评估的方法以及公共关系项目的评估标准。
5. 能够撰写公共关系评估报告。

学习提示

需要重点掌握公共关系评估的方法以及公共关系项目的评估标准。

公共关系评估是根据特定的标准，运用社会调查的方法对公共关系计划、实施情况及效果进行测量与评价的过程。评估是公共关系“四步工作法”中的最后一步，是对公共关系工作开展全面深入的研究，在公共关系管理过程中的作用越来越重要，对公共关系的实践起着巨大的指导作用。

第一节　公共关系评估的意义

公共关系评估在公共关系实践活动的各个环节都发挥着重要作用，其意义具体表现为：

一、公共关系评估是衡量公共关系工作的重要依据

公共关系工作的成效，除了要在实践中检验外，还有赖于科学的评估来反映其影响、效果以及经验和教训等，判断公共关系工作是否有效。公共关系评估对一个组织的公共关系工作具有“效果导向”的作用。

二、公共关系评估是开展后续公共关系工作的必要前提

公共关系工作是一个连续不断的过程，任何一项新计划的制定和实施都是以以往的公共关系工作及其效果为基础的。由此可见，制定新的公共关系计划，需要对前一项公共关系工作进行系统的评估分析，这是公共关系工作连续性的一种表现。

三、公共关系评估是鼓舞士气、激励内部公众的重要手段

一般的组织员工，很难对组织的公共关系工作及其效果有全面深刻的了解和认识。如果公共关系人员在每一项公关计划实施之后，将该计划的目标、措施、实施过程和效果都向内部员工做出详细的解释和说明，就能够使他们认清本组织的利益和实现的途径，自觉将实现本组织的战略目标与自己的本职工作紧密地联系在一起，并转化成敬业爱岗的具体行动。

四、公共关系评估有助于组织管理者认识到公共关系的价值

虽然学者们已经达成共识，认为公共关系是现代组织不可缺少的管理职能，但是许多组织的管理者对公共关系的价值还没有充分的认识，有的管理者甚至把公共关系当成可有可无的“装饰品”。和广告、营销不一样，公共关系的很多工作效果不能直接表现为销售额、利润数字上的变化，如果没有公共关系人员的解释和说

明,很多管理者无法直观地感受到公共关系工作的效果。科学、实事求是的评估,有助于组织管理者看到开展公共关系工作的明显效果,从而更加重视公共关系工作。

五、公共关系评估有助于推动公共关系学术研究和实务操作的进步

公共关系是一门实践性非常强的学科,其学术研究的许多课题都来自于实践的需求。公共关系评估能够发现其实践活动中的问题和有待提高的地方,为公共关系学术研究提供了新的课题;而这些课题的解决,又反过来为公共关系实务操作提供了指导和帮助,从而推动其进步。

第二节 公共关系评估的程序

一、设立统一的评估目标

统一的评估目标是检验公共关系工作的参照物。有了参照物才能通过比较来检验公共关系计划与实施。在这一环节,需要评估人员将有关问题形成书面材料,并详细规定调查结果如何运用。如果评估目标不统一,则会在调查中搜集许多无用的材料,影响评估的效率与效果。

二、将目标具体化

在评估过程中,首先应该将公共关系工作或项目的目标从可观察与可测量的角度具体化,也就是分解为许多具体的分目标。没有目标分解,评估就无法进行。同时,目标分解还可以使公共关系计划的实施过程更加明确化与准确化。但是分解后的目标仍然应是统一的,而不应出现割裂断层的现象。

三、选择适当的评估标准

评估标准的选择是评估工作开展的前提和依据。目标说明了组织对公共关系的期望效果,而评估标准是目标的具体表现和评估工作的尺度。评价、衡量组织是否达成了目标,需要选择适当的评估标准。评估标准正确与否直接关系到评估的价值和取向。评估标准不合适,就无法准确判断组织达成愿望的实际效果,评估工作也将失败。

四、确定搜集证据的最佳途径

公共关系评估必须以一定的证据为依据。了解公共关系工作和活动的效果，有多种办法和途径。在搜集评估资料方面，没有绝对的唯一最佳途径；在这方面，方法的选择取决于评估目的和评估标准。

五、收集、分析评估资料，形成评估结果

对收集到的评估资料加以科学分析，经过充分研究，在尊重客观事实的基础上形成评估结果，也就是评估报告。评估报告的撰写要客观真实，切忌浮夸不实，能够充分反映公共关系人员的工作方式和工作效果，更为重要的是反映计划的可行性程度。

六、向组织管理者报告评估结果

其作用一方面可以保证组织管理者及时掌握情况，有利于进行全面的协调；另一方面也可以说明公共关系活动在实现组织目标过程中的重要作用，因此应该成为一项固定的制度。

七、使用评估结果

公共关系活动的每一个周期都要比前一个周期表现出更大的影响力，这是运用前一个周期的评估结果对后一个周期进行了调整的缘故。由于评估结果的运用，确定问题及分析形势将会更加准确，公共关系目标也将会更加符合组织发展的要求。

第三节 公共关系评估的类型和内容

从理论上讲，公共关系评估的内容应该包括公共关系活动的方方面面；但在具体操作中，评估的内容可以根据要求有所侧重。一般来说，公共关系评估工作包括公共关系工作程序评估、公共关系活动评估、公众关系状态评估和公共关系机构工作绩效评估。

一、公共关系工作程序评估

公共关系工作程序评估，就是对公共关系工作各个步骤的合理性做出客观评价，评估内容及要点包括：

1. 调查过程的评估

调查过程的评估要点包括:公共关系调研的设计是否合理;公共关系工作资料的搜集是否充分、合理;调查方法的选择是否得当;公共关系调研对象选择是否具有典型性、代表性;公共关系调研工作组织实施的合理程度如何;公共关系调研的结论分析是否科学等。

2. 计划制定过程的评估

计划制定过程的评估要点包括:公共关系计划的目标是否科学;总体计划是否可行、合理;战略构想是否周密、科学;目标公众选择有无遗漏,是否科学;媒介选择及媒介策略是否得当;经费预算是否合理;日程安排如何等。

3. 实施过程的评估

实施过程的评估要点包括:各项准备工作、沟通协调工作是否落实到位;实施过程安排是否合理、细致、周到、灵活、有创新;信息制作的内容是否准确、表现形式是否恰当、数量和质量如何等;信息传播情况如何;实施过程是否超出了原定的计划;对各种资源的使用情况等。

4. 实施效果的评估

实施效果的评估要点包括:实施效果是否达到目标要求;结果是否可以通过别的途径获得;达到的目标与解决的问题;公众是否产生和重复预期的行为;对社会经济与文化发展产生的影响;是否提高了工作人员的公关水平等。

二、公共关系活动评估

根据形式不同,可将公共关系活动分为日常公共关系活动和专项公共关系活动。

1. 日常公共关系活动评估

日常公共关系活动评估内容要点包括:组织领导者开展公共关系活动的情况;全体员工的公共关系意识和行为表现;组织各部门在经营管理各环节上的公共关系投入;公共关系网络的建设和运作情况;内部公共关系协调状况;日常的组织沟通情况;人际协调状况;组织的外部公共关系状况;组织公共关系人员的工作状况;公共关系人员与领导工作配合和沟通等方面。

2. 专项公共关系活动评估

专项公共关系活动评估内容要点有:项目的计划是否合适,其日标与组织总体目标、公共关系战略目标是否一致;项目的目标是否已经实现;传播沟通策略、信息策略是否有效;公共关系协调状况如何;对公众产生哪些影响;组织的形象有何改变;项目预算是否合理;组织管理工作成效如何等。

三、公众关系状态评估

对主要公众关系状态进行评估研究，主要目的是通过考察各类公众关系的变化来评估以往公共关系工作的成效。

1. 内部公众关系评估

内部公众关系评估的内容要点包括：组织的政策在沟通中被全员接受的程度；员工的士气；组织的凝聚力；组织中的各种工作关系处理情况和趋势；双向沟通的实施程度和效果；影响员工关系的因素有哪些；沟通渠道需做哪些改进；传播策略及目标有何欠缺；公共关系贯通于各种经营管理活动的各个环节中是否有障碍等。

2. 外部公众关系评估

外部公众关系评估的内容要点包括：消费者关系评估，考察消费者的态度、行为变化特点，评估组织对消费者关系的传播沟通及人际协调方面的工作成效；媒介关系评估，考察其对组织的态度，评估现行沟通策略的成效；社区关系评估，了解各类社区公众对组织及其有关活动的看法；政府关系评估，考察政府的支持情况、组织与政府的沟通效果，政府关系的沟通协调策略等。

四、公共关系机构工作绩效评估

对公共关系机构的工作绩效进行评估，便于了解和掌握公共关系机构工作人员的工作效率、实际能力、策略手段等，定期对此做出评估分析，对改进工作和提高效率大有帮助。

评估主要包括以下几个方面：市场营销分析，主要研究公共关系工作对市场营销工作的促进情况，市场营销中的公共关系策略和效果等；广告研究，测定广告覆盖状况、影响的广度和深度，评估广告带来的认知度变化、产品被接受情况，评估广告策略的利弊得失；新闻宣传评估；专题活动评估（参见本书相关内容）；管理绩效评估，包括对目标完成情况、管理技能、工作人员目标任务完成情况、工作效率、实际能力、策略手段等的评估。

上面提到的几种公共关系评估类型，在内容上互有交叉，只是评估的角度不同。公共关系评估工作可根据需要，选取其中一类或几类开展。

第四节 公共关系评估的方法

一、专家意见法

专家意见法就是由各学科、各领域的专家会同公关人员组成专门的评议组，对组织的公共关系工作提出自己的观点和意见，从不同角度来分析公关工作的效果，是一种综合专家意见、就专门问题进行定性预测的方法。其步骤是：①拟好评估项目并给出评价标准；②邀请知识丰富、熟悉情况的专家若干名（一般 10～20 名）；③请专家们匿名、独立地就拟定项目发表意见；④若意见分散，则将上一轮意见汇集整理，反馈给每一位专家，请他们重新发表意见，直到意见趋于一致；⑤分析、研究专家意见，汇总出能代表大多数专家意见的结论，作为专家集体对公共关系活动的评判。

二、民意测验法

民意测验法在公共关系评估中运用较为普遍，其基本做法是：按照抽样调查的要求，在选定的公众群体中抽取一定数量的测验对象，用问卷、表格、访谈等方式，征求他们对指定问题的意见、态度、倾向，加以分析、统计和说明，评估公共关系活动的效果。

三、访谈法

由公共关系人员通过个别交谈和集体访谈的方式，与公众的代表对话，了解公众对公共关系工作的意见和看法，借以评估公关工作效果（详见本书第七章）。

四、观察法

公共关系人员通过观察目标对象对公共关系工作的反应，来评估公共关系工作的效果（详见本书第七章）。

五、实验法

实验法的实质是，利用事物、现象间客观存在的相互关系，通过调节某个变量，测定另一些量的增减。实验法可以在经历和未经历公共关系活动的两组公众之间展开，其关键在于：在确保实验对象代表性的同时，尽可能缩小实验范围（详见本书第七章）。

六、组织活动记录法

在组织实施公共关系活动前后，在组织的各项日常活动中，坚持记录有关标志和指标的变化。全面、准确的活动记录是重要的效果评估资料。例如，学校的报考人数、企业的产品销售额和利润、宾馆的住宿人数、机关的出勤率等都属于组织活动记录范围。

七、目标管理法

将公共关系目标作为标准来评估公共关系活动的效果。基本做法是把抽象的目标具体化，然后将测量到的公共关系结果与既定的目标相对照，通过考察目标实现的程度和效果，衡量公共关系工作的实际效果。

八、参照评估法

将以往类似的公共关系活动作为参考标准，把目前开展的公共关系活动与之相比较，通过比较分析来评估当前公共关系活动的效果，并在比较中学习经验，改进当前和今后的公共关系工作。

九、传播审计法

传播审计法是通过统计、分析大众传播媒介发布的有关本组织的信息，评估组织公共关系信息传播情况，具体可以采用定量分析和定性分析的方法。

1. 定量分析

定量分析主要从以下几个方面加以考察：

(1)沟通有效率　是指沟通有效信息数与沟通信息总数之比，用公式表示为：

沟通有效率＝(沟通信息总数－无效信息数)/沟通信息总数×100%

(2)信息传播速度　传播速度指标是单位时间内传播的信息量，或一定的信息量传递所需要的时间。单位时间内传播的信息量越多，或一定信息量传递所需要的时间越短，说明传播速度越快。其公式如下：

R＝传播信息量/传播的时间

在这个公式中，R 值越大，传播速度就越快，传播效率就越高。

(3)视听率　这是通过测定有多少公众接收到大众传播媒介传播的公共关系信息，来评估公共关系工作效果的方法。视听率就是实际视听人数与调查总人数的比例，用公式表示为：

视听率＝实际视听人数/调查总人数×100%

(4)知晓率　知晓率是指掌握公共关系信息的人数与调查总人数之比，用公式表示为：

知晓率＝掌握公共关系信息的人数/被调查人数×100%

2.定性分析

(1)报道的篇幅、版面和频率 报道的篇幅越大、所在版面越醒目、出现频率越高,引起目标公众注意和兴趣的程度就越高。

(2)报道的内容 对新闻素材是正面报道还是反面报道、是全面报道还是摘要报道、是重点报道还是一般报道,这些差别都会使报道效果不同。对组织的成就、发展情况等正面报道越多,效果就越好,在目标公众中树立组织良好形象的可能性也越大。

(3)媒介的层次和重要性 所谓层次高、重要的媒介是指那些级别高、发行量大、覆盖面广、权威性强、影响力大的新闻媒介。这些媒介发布的信息,对受众具有更大的影响力。

(4)报道的时机 报道的时机是否及时、适时,是否能恰好配合组织的实际发展,这些都会对报道效果产生重大的影响;迟发的新闻报道有时不仅无益反而有害。

(5)记者、编辑的反应 主要考察记者、编辑对于组织提供的资料是否满意,如资料是否及时、是否容易编发、是否需要较大的改动、是否适合媒介的要求等。

第五节 公共关系项目的评估标准

一、公共关系项目准备阶段的评估标准

1.背景材料是否充分

主要是考察信息的收集是否充分,重点是及时发现在环境分析中被遗漏的、对项目有影响的因素,具体考察:在确定公共关系活动目标公众时是否遗漏了关键公众;哪些关于公众的假设被证明是错误的;新闻界所需要的材料是否准备充分;组织环境中的所有关键因素是否都已确定等。

2.讯息内容和活动内容是否恰当

主要考察讯息内容是否与所要解决的问题、项目目标相一致;讯息内容是否适应所选择的媒介;讯息内容是否适合目标受众;开展的各项活动是否有利于项目目标的实现;传播活动是否利用和补充了项目的行动要素等。

3.讯息和活动的展示质量

主要考察讯息质量和其他项目要素的展示,如有关资料及宣传品设计是否合理、新颖,是否能达到引人注目、给人以深刻印象的要求,具体包括文字语言的运用、图表的设计、图片及展示方式的选择等。

二、公共关系项目实施阶段的评估标准

公共关系活动实施过程中的评估，其作用在于发现哪些决策是正确的、哪些是错误的，以及发现决策执行过程中出现的偏差等，评估标准包括：

1. 发送给媒介的讯息数量和设计的活动数量

这些数据直接反映组织制作和分发了多少信件、新闻发布稿、特稿、出版物、公告和其他宣传品，同时也反映了在该项目中运用了多少讲演、视听演示和展览。一旦这项工作完成以后，不理想的环节和计划实施过程中的一些弱点便会从这些数据中反映出来。

2. 讯息被媒介采用的数量和实施活动的数量

不管制作和发布了多少讯息，讯息在媒介上曝光的数量决定了有多少目标受众能够接触到它们。同样，开展的活动——展览、演讲、视听演示等的数量，也反映了组织针对目标公众努力工作的程度。这一层次的评估，有时可能发现公共关系项目实施过程中的一些重大失误。

3. 接收到讯息和活动的人数

确定在目标受众中有多少人收到了讯息。对于评估来说，收到讯息的公众的绝对数量并不重要，重要的是这些公众的结构。

4. 注意到讯息的人数和参与活动的人数

通过对阅读率、收听率和收视率的调查和研究，可以测定受众对讯息的关注程度，了解哪些人注意到组织发布的信息材料，为公共关系项目实施过程的调整提供指导性意见。

三、公共关系项目实施效果的评估标准

实施效果的评估是一种总结性的评估，其标准包括：

1. 了解讯息内容的人数

大多数公共关系项目都试图通过传播增加内、外部公众的知识、意识和理解。知识和理解的不断增加对于兴趣或动机的提高，是十分重要的，同时也是导致采取行动的原因之一。

2. 改变观点的人数

公众了解了组织，了解了公共关系活动中的讯息和行为，其观点就可能发生改变。观点的改变既是公共关系项目的常见目标，也能反映公共关系活动的效果。

3. 改变态度的人数

相对“观点”而言，“态度”涉及的范围更广泛、内容更丰富；同时由于来源于终身的阅历和强化，需要时间和努力才能发生改变。因此这是评估项目效果的一个高层次的标准。

4. 产生期望行为的人数

这是评估公共关系活动效果的一个更高层次的标准。人们行为的改变受到多种因素的影响，与观点和态度没有必然的因果关系。但是行为发生变化的人们，在行为改变以前，肯定接受了某些信息或在某些方面被说服了。

5. 重复期望行为的人数

评估一项公共关系活动在改变人们长期行为方面取得的效果，需要较长时间的观察，并取得足以说明人们的行为调整后不断重复与维持期望行为的有力证据。

6. 社会和文化的变革

公共关系活动最高的效果评估标准，是对社会和文化发展产生积极的影响。但是这种影响要随着时间的推移并受到其他多种因素作用，以复杂的、综合的形式表现出来。所以，对这种效果的评估并非是公共关系人员所能完成的，而是留给社会学家和人类学家的课题。这里涉及这个问题，主要是为了使公关活动效果评估的理论体系完整化，并促使人们在思想上认识这个问题(图 10-1)。

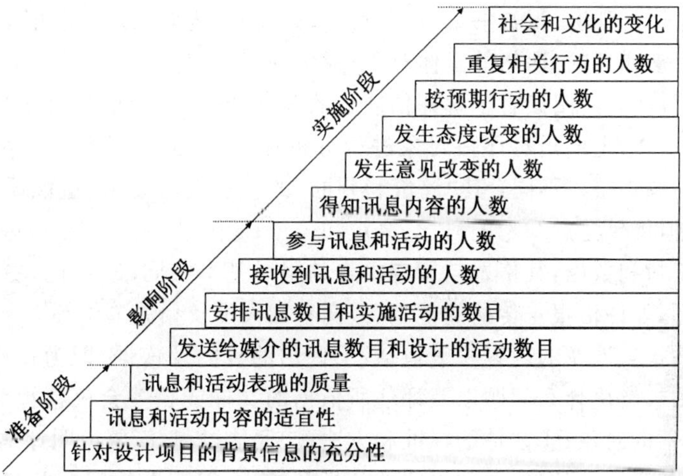

图 10-1　公共关系项目评估标准阶梯图

第六节　评估结果的解释与利用

一、评估结果的解释

评估的结果往往是改进工作的依据。要做到这一点,必须对评估的结果有正确的认识和解释。如果在评估中发现期望的结果没有发生,则需要做 3 种解释:

一是战略理论的失误,即项目战略背后的支撑理论有问题,可能只从自己一方的情况出发,没有充分考虑外界环境的各种复杂因素以及没有充分估计到它们对组织公共关系活动的综合影响力。

二是准备工作不充分和公共关系活动实施过程中的偏差。

三是评估本身的失误,可能期望结果已经出现,但由于评估测定样本选择不当或使用方法不当而没有测定出来。

二、评估报告

要想充分利用评估结果,还需要将评估结果书面化——形成评估报告。

评估报告的基本格式与调查报告有不少相近之处(参见本书第七章第五节)。从结构上看,一般包括:①封面——评估报告的题目、评估时间、评估人(单位名称),以及保密程度、报告书编号;②目录;③前言,也叫"评估说明",主要阐明评估项目的由来和目的、评估的具体对象、评估的标准、评估资料的收集方法以及评估的人员等,从而使阅读者了解评估项目的开展情况,并相信其公正性、准确性和权威性;④正文,主要是对评估对象进行分析和评价,也可以有总结性的"结论和建议",但与调查报告不同,其"评价和判断"的特点较为突出、主观评判色彩相对更为浓厚,但仍要注意结论的科学、客观和公正;⑤附录,主要包括一些用来作为评估依据的资料和数据,其格式与调查报告的附录基本相同;⑥后记,主要说明一些相关的问题,如评估报告传播的范围、致谢参加人员及相关单位等。

评估报告涉及的内容一般包括:①评估的目的及依据,即为什么要进行评估、通过评估想解决什么问题以及评估所依据的文件或相关会议精神等;②评估的范围;③评估的对象;④评估的标准和方法;⑤评估过程,简要说明评估过程分为哪些阶段、是怎样进行的;⑥评估内容的分析及结论;⑦存在的问题及建议;⑧附件,主要包括图表、附文等;⑨评估人员名单;⑩评估时间。

本章小结

公共关系评估是根据特定的标准,运用社会调查的方法对公共关系计划、实施情况及效果进行测量与评价的过程。

公共关系评估的意义在于:是衡量公共关系工作的重要依据;是开展后续公共关系工作的必要前提;是鼓舞士气、激励内部公众的重要手段;有助于组织管理者认识到公共关系的价值;有助于推动公共关系学术研究和实务操作的进步。

公共关系评估的程序是:设立统一的评估目标;将目标具体化;选择适当的评估标准;确定搜集证据的最佳途径;收集、分析评估资料,形成评估结果;向组织管理者报告评估结果;使用评估结果。

公共关系评估工作包括公共关系工作程序评估、公共关系活动评估、公众关系状态评估和公共关系机构工作绩效评估。常见的公共关系评估的方法有:专家意见法、民意测验法、访谈法、观察法、实验法、组织活动记录法、目标管理法、参照评估法和传播审计法。

公共关系项目准备阶段的评估标准有:背景材料是否充分;讯息内容和活动内容是否恰当;讯息和活动的展示质量。公共关系项目实施阶段的评估标准有:发送给媒介的讯息数量和设计的活动数量;讯息被媒介采用的数量和实施活动的数量;接收到讯息和活动的人数;注意到讯息的人数和参与活动的人数。公共关系项目实施效果的评估标准有:了解讯息内容的人数;改变观点的人数;改变态度的人数;产生期望行为的人数;重复期望行为的人数;社会和文化的变革。

评估报告的基本格式一般包括:封面、目录、前言、正文、附录、后记;涉及的内容一般包括:评估的目的及依据、评估的范围、评估的对象、评估的标准和方法、评估过程、评估内容的分析及结论、存在的问题及建议、附件、评估人员名单、评估时间。

[思考题]

1. 简述公共关系评估的意义。
2. 公共关系评估的程序是什么?
3. 公共关系评估工作的类型和内容有哪些?
4. 常见的公共关系评估的方法有哪些?
5. 公共关系项目不同阶段的评估标准有哪些?
6. 公共关系评估报告的基本格式和内容是什么?

［自测题］

一、单项选择题

1.(　　)是公共关系“四步工作法”中的最后一步。

A. 调查　　B. 策划　　C. 实施　　D. 评估

2.公共关系评估的第一个步骤是(　　)。

A. 选择适当的评估标准　　B. 设立统一的评估目标

C. 确定搜集证据的最佳途径　　D. 形成评估结果

3.(　　)将公共关系目标作为标准来评估公共关系活动的效果。

A. 参照评估法　　B. 传播审计法　　C. 目标管理法　　D. 民意测验法

4.(　　)将以往类似的公共关系活动作为参考标准,通过比较分析来评估当前公共关系活动的效果。

A. 参照评估法　　B. 传播审计法　　C. 目标管理法　　D. 民意测验法

5.公共关系评估报告的(　　)部分主要对评估对象进行分析和评价。

A. 前言　　B. 正文　　C. 附录　　D. 后记

二、填空题

1.公共关系评估是根据特定的标准,运用社会调查的方法对________进行测量与评价的过程。

2.公共关系评估对一个组织的公共关系工作具有“________导向”的作用。

3.公共关系评估工作包括公共关系工作程序评估、公共关系活动评估、________和公共关系机构工作绩效评估。

4.根据形式不同,可将公共关系活动分为________。

5.专家意见法就是由各学科、各领域的专家会同公关人员组成专门的评议组,对组织的公共关系工作提出自己的观点和意见,是一种综合专家意见、就专门问题进行________的方法。

第十一章 公共关系传播模式与传播媒介

内容提要

本章主要介绍传播的定义、传播过程的构成要素、传播的类型、传播过程模式、公共关系传播过程模式以及公共关系传播媒介。

学习目标

1. 掌握传播的定义。
2. 掌握传播过程的构成要素。
3. 掌握传播的类型，了解几种有代表性的传播过程模式。
4. 掌握公共关系传播过程模式。
5. 掌握公共关系传播可控媒介和不可控媒介。

学习提示

本章需要重点掌握公共关系传播过程模式和公共关系传播可控媒介、不可控媒介。

第一节 传播概述

公共关系工作的开展离不开传播，因此公共关系人员必须认真钻研有关传播的理论和实践技巧。在这方面，公共关系学科从传播学借鉴了许多。

一、传播的定义

古今中外，人们对“传播”一词有着各种各样的理解；时至今日，传播学界仍未就传播的定义达成完全的一致。

国外学者对传播的定义中，这样几类比较有代表性：

1. 强调“共享”

人类历史上第一位传播学家W· 施拉姆认为：“传播是对一组告知性的符号，进行统一化的处理过程，让其成为一个统一的东西。我们在传播的过程中，是努力想同谁建立‘共同’的东西，即我们努力想‘共享’信息、思想或态度”。

A·德认为：“传播就是变独有为共有的过程”。

M·P· 安德森认为：“传播是我们了解别人并进而使自己被别人了解的过程”。

2. 强调“互动”

C·库利认为：“所谓传播，是人际关系借以成立的基础，又是它得以发展的机理。就是说它是精神现象转换为符号并在一定的距离空间得到搬运，经过一定的时间得到保存的手段”。

G·格伯纳认为：“传播可以定义为通过讯息进行的社会的相互作用”。

G·H·米德认为：“互动，甚至在生物的层次上，也是一种传播；不然，共同行动就无法产生”。

3. 强调“符号”

J·B·霍本认为：“传播就是用言语交流思想”。

贝雷尔森和塞纳认为：“运用符号——词语、画片、数字、图表等传递信息、思想、感情、技术等，这种传递的行为或过程通常称作传播”。

4. 强调“目的”

C·霍夫兰认为：“传播就是‘某个人’(传播者)传递刺激(通常是语言)以影响另一些人(接收者)的行为的过程”。

D·伯洛认为：“所有传播行为都旨在从特定人物(或一群人)引出特定的反应”。

G·米勒认为：传播就是“在大部分情况下，传者向受者传递信息旨在改变后者的行为”。

我国学者对传播的定义大多强调传播的动态性以及信息流动的双向性，较具代表性的有：

戴元光、邵培仁、龚炜：“事实上传播是信息在时间或空间中的移动和变化”。

沙莲香认为：“从最一般的意义说，传播是社会信息的传递；传播表现为传播者、传播渠道、受者之间的一系列传播关系；传播是由传播关系组成的动态的有结构的信息传递过程；传播是社会性行动，传播关系反映社会关系的特点。”

李彬认为：“传播是信息的双向流通过程，包括人际传播与大众传播两大类型”。

张国良认为：“传播即传受信息的行为(或过程)”。

郭庆光认为：“所谓传播，即社会信息的传递或社会信息系统的运行”。

二、传播过程的构成要素

1. 传播者

传播者又称信源，是传播行为的引发者，即以发出讯息的方式主动作用于他人的人。在社会传播中，传播者既可以是个人，也可以是群体或组织。

2. 受传者

受传者又称信宿，是讯息的接收者和反应者，传播者的作用对象。在传播过程中，受传者并不是一种完全被动的存在；相反，他可以通过反馈活动来影响传播者。受传者同样可以是个人，也可以是群体或组织。

受传者和传播者并不是固定不变的角色，在一般传播过程中，这两者能够发生角色的转换或交替。一个人在发出讯息时是传播者，而在接收讯息时则又在扮演受传者的角色。

3. 讯息

讯息指的是由一组相互关联的有意义符号组成，能够表达某种完整意义的信息。讯息是传播者和受传者之间社会互动的介质，通过讯息，两者之间发生意义的交换，达到互动的目的。

作为讯息载体的符号，并不仅仅指语言符号，还包括音调、音色、语速、字体、动作、姿势、表情、服饰、建筑等各种非语言符号。

4. 媒介

媒介又称传播渠道、信道、手段或工具。媒介是讯息的搬运者，也是将传播过程中的各种因素相互连接起来的纽带。现实生活中的媒介是多种多样的，邮政系统、电话系统、大众传播系统、互联网络系统，都是现代人常用的媒介。

5. 反馈

反馈指受传者对接收到的讯息的反应或回应，也是受传者对传播者的反作用。获得反馈讯息是传播者的意图和目的，发出反馈讯息则是受传者能动性的体现。反馈是体现社会传播的双向性和互动性的重要机制，其速度和质量因媒介渠道的性质而有不同，但它总是传播过程不可或缺的要素。

三、传播的类型

从普遍意义上说，传播可以分为非人类传播和人类传播，即自然界的传播和人类社会的传播。公共关系研究和运用的是人类传播。人类传播包括：

1. 自我传播

自我传播也称内向传播、内在传播或人内传播，指的是个体接收外部信息并在人体内部进行信息处理的活动。基本上人所有的心理活动都属于自我传播的范畴。

人的身体具有一般信息传播系统的特点：人体既有信息接收装置（感官系统），又有信息传输装置（神经系统）；既有记忆和处理装置（人的大脑），又有输出装置（发声等表达器官及控制这些器官的肌肉神经）；人的身体既是一个独立的有机体，又与自然和社会外部环境保持着普遍联系。

自我传播是其他一切传播活动的基础，任何一种其他类型的传播，都必然伴随着自我传播的环节，而自我传播的性质和结果，也必然会对其他类型的传播产生重要的影响。

2. 人际传播

人际传播是个体与个体之间的信息传播活动，也是由两个个体系统相互连接组成的新的信息传播系统。基本要求是 2 个人及 2 个人以上，不在组织内外进行的、非组织目的的传播。人际传播是最典型的一种社会传播活动，也是人与人社会关系的直接体现。

人际传播虽然内容丰富、形式多样，但大致可分为 2 种：一种是面对面的传播；另一种是借助某种有形的物质媒介（如信件、电话、电报等）的传播。

3. 组织传播

组织传播指的是组织所从事的信息活动。它包括 2 个方面：一方面是组织内传播，即组织内部的信息交流；另一方面是组织外传播，即组织与外部的信息交流。组织内传播是为了协调关系、提高内部运行的效率；组织外传播是为了适应环境，满足社会对其的需要，实现组织目标。

4. 大众传播

所谓大众传播，就是专业化的媒介组织运用先进的传播技术和产业化手段，以社会上一般大众为对象而进行的大规模的信息生产和传播活动。

大众传播是一种制度化的社会传播。这是由于大众传播是从事信息的大量生产和传播的信息产业，它的内容与社会观念、价值和行为规范具有直接关系，而且传播过程的特殊性赋予它巨大的社会影响力，因此无论在哪个国家，都会把它纳入社会制度的轨道。

四、传播过程模式

传播过程是一个非常复杂的过程，对它的认识与研究存在着相当的难度，因此人们用模式来描述传播的结构和运动过程。

学者们对传播过程的认识主要可以概括为 3 种：线性传播过程、循环传播过程和系统传播过程。

1. 线性传播过程模式

1948 年，哈罗德 · 拉斯韦尔在“传播在社会中的结构与功能”一文中首次提出了构成传播过程的 5 种基本要素，并按照一定顺序将它们排列，被称作“拉斯韦尔公式”或“五 W 模式”：

谁(who)

说了什么(says what)

通过什么渠道(through which channel)

对谁(to whom)

取得什么效果(with what effect)

后来，英国传播学家 D · 麦奎尔等将这个模式做了如图 11-1 所示。

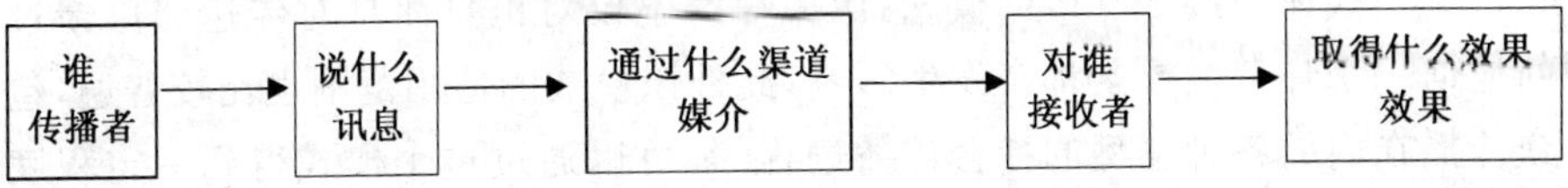

图 11-1　拉斯韦尔模式

拉斯韦尔模式奠定了传播学研究的范围和基本内容，但是没有提供反馈渠道，未能揭示人类社会传播的双向和互动性质。

1949 年，信息论的创始人香农和同事韦弗在“传播的数学理论”一文中提出了通信的数学原理，原本是一个与社会系统无关的纯技术模式，但后来被传播学借鉴用来描述人类传播过程(图 11-2)。

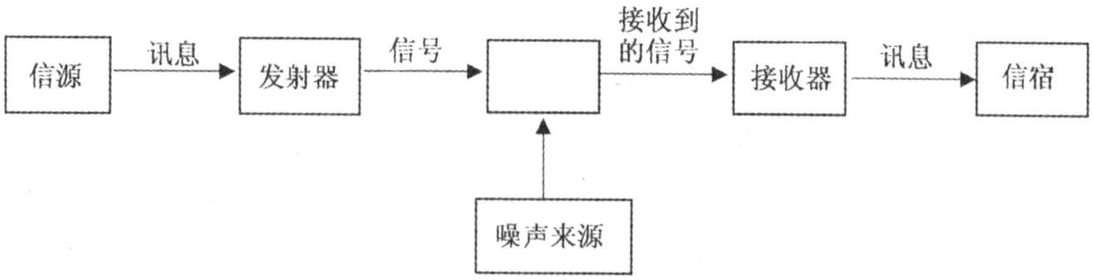

图 11-2 香农-韦弗模式

香农-韦弗模式使人们对传播过程的认识进一步提高,它导入了噪声的概念,表明传播过程内外的各种障碍因素会形成对讯息的干扰;此外该模式对技术和设备环节的分析,提高了传播学者对信息科技在传播过程中的作用的认识。但由于本身是技术模式,因而忽视了人的因素、社会的因素以及讯息的内容、传播的效果等。

以拉斯韦尔模式、香农-韦弗模式为代表的线性传播过程模式,给传播学的研究带来很大的启发,但是也有明显的缺陷:一是将传播过程视为直线、单向的过程,没有体现信息的反馈;二是将传播过程视为不与环境互动的静态过程,没有考虑人的主观能动性以及环境因素的客观制约性。

2. 循环传播过程模式

线性传播过程模式的一个明显缺陷就是没有反馈机制。在随后的研究中,人们认识到传播过程不是线性的单向流通,而是双向的信息传播回路,由此发展出传播过程的循环模式。

德弗勒在香农-韦弗模式的基础上,明确补充了反馈的要素和渠道,使传播过程更符合人类传播互动的特点(图 11-3)。

这个模式还拓展了噪声的概念,认为噪声不仅对讯息而且对传达和反馈过程中的任何一个环节或要素都会发生影响;此外该模式的适用范围也比较普遍,包括大众传播在内的各种类型的社会传播过程,都可以通过这个模式得到一定程度的说明。但是该模式也没有超出从过程本身或从过程内部来说明过程的范畴,其中唯一提到的一个外部影响因素是"噪声",但是,影响传播过程的外部条件和环境因素的复杂性,并不是一个简单的"噪声"概念所能概括的。

受到奥斯古德观点的启发,施拉姆 1954 年在"传播是怎样运行的"一文中提出了传播过程的循环模式(图 11-4)。

在这个传播过程模式中,没有传播者和受传者的概念,传、受双方互为传播过程的主、客体,行使着编码、译码和释码的相同功能。该模式强调了社会传播的互

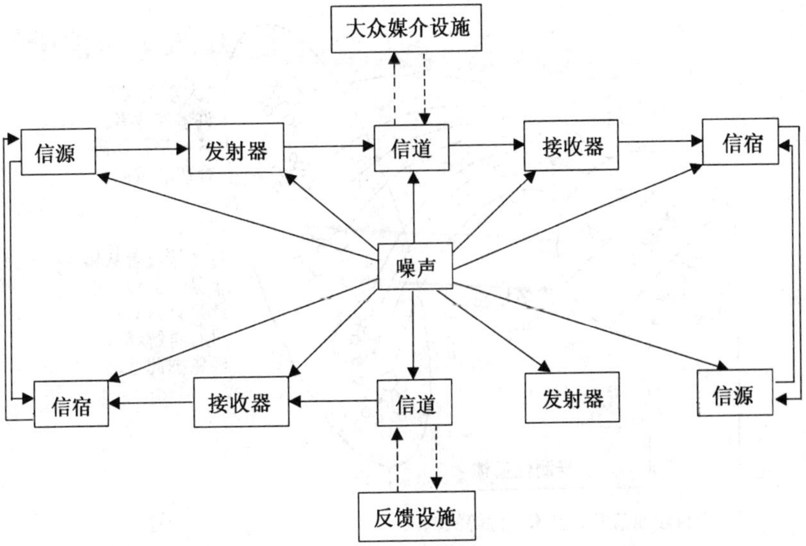

图 11-3　德弗勒模式

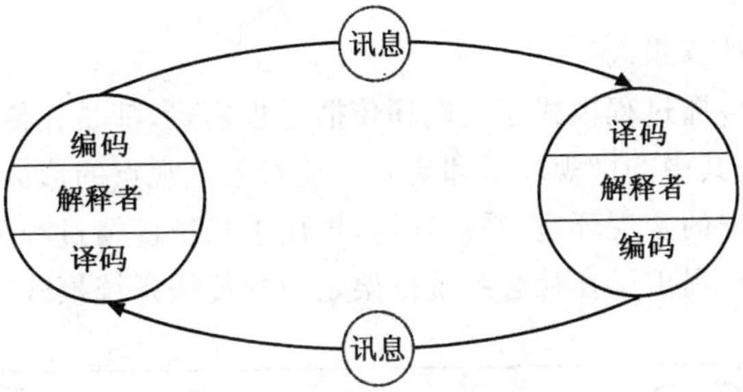

图 11-4　施拉姆的传播过程循环模式

动性，但其缺陷也很明显：一是它把传播双方放在完全对等或平等的关系中，这与社会传播的现实情况不符；二是该模式虽然能够体现人际传播特别是面对面传播的特点，却不能适用于大众传播的过程。施拉姆本人也意识到了这些问题，于是又另外提出了一个大众传播过程模式(图 11-5)。

该模式充分体现了大众传播的特点，并在一定程度上揭示了社会传播过程相互连接性和交织性，已经初步具有了系统模式的特点。

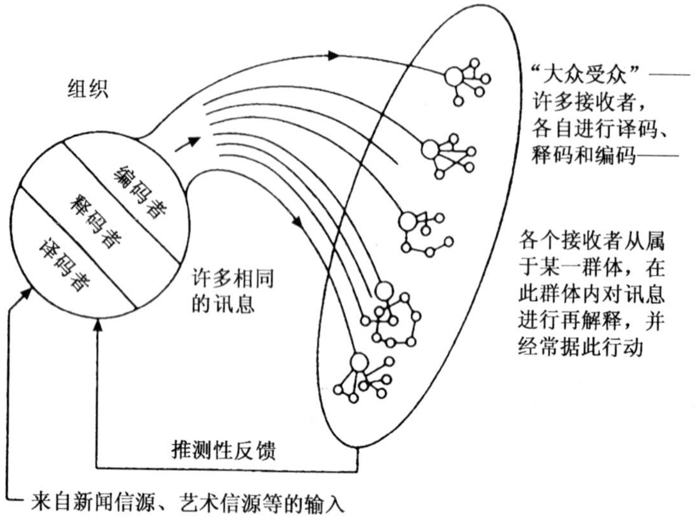

图 11-5 施拉姆大众传播模式

（据施拉母 1954 年文章绘制）

3. 系统传播过程模式

无论是线性传播过程模式还是循环传播过程模式，都是在传播过程内部研究、探索，揭示的都是其中的微观环节和要素。随着系统观点的形成，传播学者开始更多地研究传播过程的宏观环境、系统环境，提出了系统传播过程模式。

赖利夫妇最早提出了在社会系统框架之中的传播系统模式(图 11-6)。

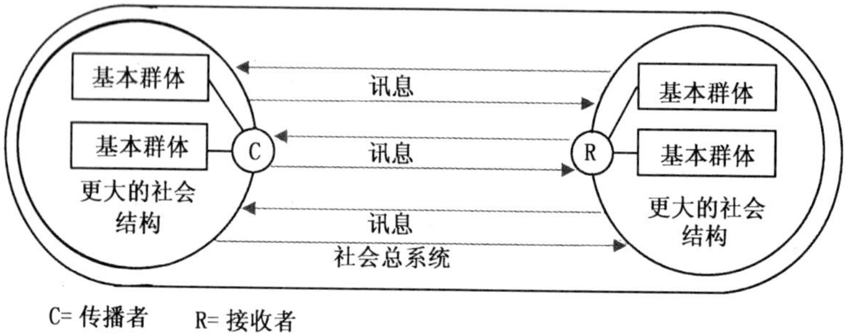

图 11-6 赖利夫妇模式

（据赖利夫妇 1959 年著作绘制）

赖利夫妇将传播过程视为一个系统，并将传播系统放在包罗万象的社会系统中去研究。他们的这一模式开启了大众传播研究的新面貌。

德国学者马莱茨克从社会心理学角度研究大众传播，把大众传播过程细分为众多因素构成的复杂社会构成，提出了自己的大众传播过程模式(图 11-7)。

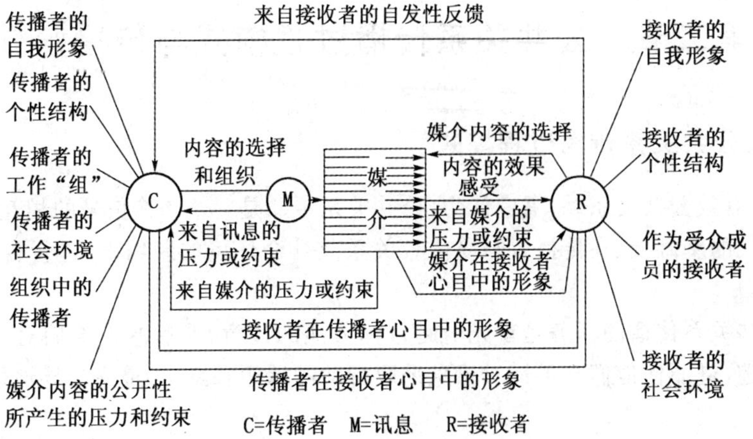

图 11-7 完整的马莱茨克模式

(据马莱茨克 1963 年著作绘制)

德弗勒与鲍尔—罗克希合作，提出了“媒介系统依赖模式”，也叫“大众传播效果依赖模式”(图 11-8)。

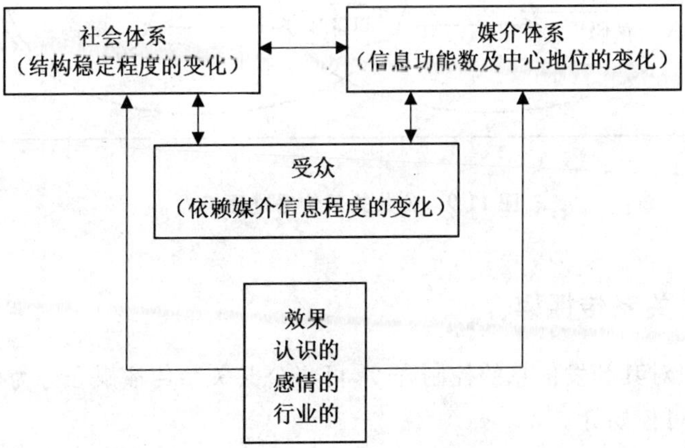

图 11-8 媒介系统依赖模式

该模式将大众传播媒介看成积极参与社会体系的维持、变化和冲突的信息系统，指出受众、媒介体系和社会体系是决定大众传播效果的要素，突出了传播媒介与社会、受众密切的相互关系，表明媒介系统实际上是社会系统一个不可分割的子系统。

第二节　公共关系传播过程模式与传播媒介

一、公共关系传播过程模式

在《有效公共关系》一书中认为，公共关系传播是一个交换信号的相互过程，在共享意义的基础上、在传播者与受传者关系及社会环境的制约下，进行告知、指示或劝服。

公共关系传播的任务是首先引起目标公众的注意，然后激发他们对于讯息内容的兴趣，进而使他们产生针对讯息采取行动的欲望和意向，最后指导他们采取实际行动。

公共关系传播过程模式如图 11-9 所示。

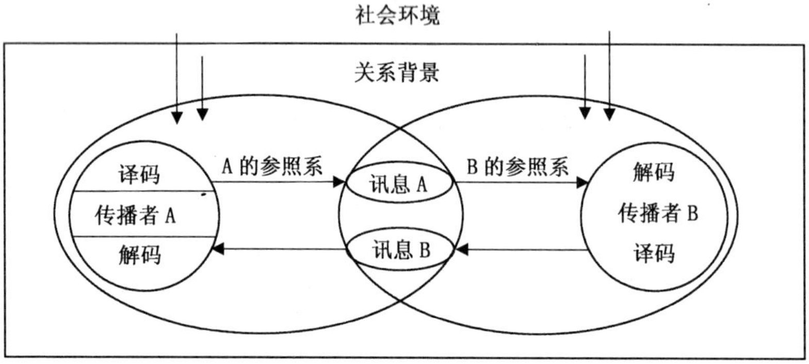

图 11-9　公共关系传播过程模式

二、公共关系传播媒介

根据组织对其刊发信息的控制程度，可将公共关系传播媒介分为可控媒介（自控媒介）和不可控媒介。

(一)可控媒介

可控媒介指的是组织对其刊发的信息拥有控制权的媒介，可进一步划分为：

1. 印刷类

印刷类可控媒介包括：①组织出版物，如内部报纸、内部刊物、通讯、宣传单页、宣传册、手册、组织自行出版的书籍等；②信件和备忘录；③插页和附件；④付印的演讲稿、立场文章和背景文章；⑤板报和宣传栏、公告牌；⑥海报。

2. 口语类

口语类可控媒介主要包括会议和演讲。会议把人们聚到一起，同时提供了说话和倾听的机会，是一种有效的双向传播。由于科技的进步，现在会议的形式已经不再局限于面对面的集会，而是呈现出许多新形式，如电话会议、电视会议、网络会议等。

演讲能够为组织提供最直接和最有说服力的传播手段，因为它与受众进行面对面的接触；同时由于演讲通常允许演讲者和受众之间平等交流，它也是能使双方都获得大量信息的有效的双向对话；此外，演讲还有助于使组织“人性化”，而不仅仅被看做是冷冰冰的机器和没有生命的机构。

3. 可视的

可视的可控媒介包括：①组织内部的闭路电视；②组织自行拍摄、制作的录像、电影和幻灯片；③组织主办或参加的陈列和展览。

4. 实物

公共关系的实物媒介指的是包含有某种信息、充当信息传递载体的物品，包括产品、象征物和公共关系礼品等。

5. 人体

公共关系人体媒介，是借助人的行为、服饰、素质和社会影响等作为传递信息的载体，包括组织成员(从最高领导到基层员工)、社会名流、新闻人物以及能够影响社会舆论的其他公众。人体媒介容易建立传播双方的感情沟通，在公共关系传播中具有独特的形象影响力。

(二)不可控媒介

不可控媒介指的是组织对其刊发的信息没有控制权的媒介，具体包括：

1. 报纸

报纸是以刊载新闻和新闻评论为主的公开发行的定期出版物，一般以散页形式连续出现。

在我国，报纸发展到今天，其类型已经十分丰富：从内容上看，可分为综合性报纸和专业性报纸；从发行范围上看，可分为全球性报纸、全国性报纸和地方性报纸；

从编辑方针上看，可分为政治性报纸和商业性报纸；从隶属关系上看，可分为党报和非党报；从侧重点上看，可分为新闻类报纸、生活服务类报纸和娱乐类报纸；从风格上看，可分为严肃性报纸和通俗性报纸；从语言文字上看，可分为中文报纸、外文报纸和民族语言报纸。报纸的特点有：

(1)传播面广　报纸发行量大，读者范围广泛，而且由于报纸可以互相传阅，因此看报的实际人数大大超过报纸发行数量。

(2)信息量大　报纸容纳的信息量较大，而且可以根据新闻量的增大而增加版面，也可以通过调整字号大小、字体形态、版面空间进行控制。报纸——尤其是综合性报纸的内容涉及面也比较宽广。

(3)保存性强　报纸可以长期保存，既是现实生活的记录，又可充当历史文献；报纸可以保存，还保证了读者的累积阅读率，在一定程度上扩大了报纸传播的效果。

(4)阅读自由　报纸可以让读者充分享受阅读上的自由，自行决定阅读的快慢、详略以及阅读的时间、地点、内容和顺序。

(5)适合传达深度信息　读者可以通过文字、图片从容地反复研究报纸所传播的信息，因此报纸利用这一特点，可以增加新闻信息的深度，刊登新闻背景分析、解释性报道、调查性报道等。

(6)时效性较差　报纸从采编、排版到印刷、发行有一个过程，而且一旦印刷完毕也难以更改，因此最新发生的事实很难及时地在报纸上得到反映，时效性方面大打折扣。

(7)感染力弱　报纸以文字和图片来传达信息，不如广播、电视的声音、画面富有感染力，加上纸张和印刷的粗糙，使得报纸的感染力较弱。

(8)对读者的文化水平有要求　报纸主要借助文字传播，因此要求读者必须识字；而且文字的抽象性和概括性，使读者对报纸内容的消化程度取决于自身的文化程度和理解能力。

2. 杂志

杂志又叫期刊，是有固定刊名，以期、卷、号或年、月为序，定期或不定期连续出版的印刷出版物，通常装订成册发行。杂志的特点有：

(1)针对性强　一般来说，杂志具有较强的专业性，每种杂志都有自己较为固定的读者群，传播者可以针对明确的目标公众制定传播策略，做到“对症下药”。

(2)内容细致深入　杂志的出版周期长，有充分的时间收集资料、进行细致的分析，可以反映对象完整的面貌，也可以提供大量的观点和见解，提供深入而翔实的报道。

(3)保存性强　杂志的阅读有效时间较长,可重复阅读。好的杂志不光被广为传阅,而且在相当一段时间内具有保留价值,因而在某种程度上扩大和深化了传播效果。

(4)图文并茂　杂志可以采用较好的纸张和印刷效果,做到图文并茂,在视觉上给读者带来美的享受,易于产生心理上的认同。

(5)时效性差　杂志出版周期长,至少在1周以上,大都在1个月以上,因而时效性强的信息不宜选择杂志。

(6)传播面小　杂志普遍发行量较小,无法像报纸和电视那样造成铺天盖地般的宣传效果。

(7)对读者的文化水平有要求　和报纸一样,杂志也主要借助文字传播,因此对读者的文化程度和理解能力也有较高的要求。

3.广播

广播是通过无线电波或导线传送声音符号(包括语言、音响、音乐)的传播媒介,其特点有:

(1)时效性强　广播利用电波传送信息,速度可达每秒30万km,可以使听众几乎在播发的同时就收听到信息;同时由于制作、传输、接收简单,还能随时插播重大新闻事件,使得广播在时效性方面具有优势。

(2)传播面广　广播的受众层面广泛、覆盖面广泛。广播诉诸听觉,只要听觉正常都可以成为其服务对象,对听众的文化水平没有什么要求;广播一天24 h播出,频率多、节目丰富,各个阶层的听众基本上都能找到适合自己的电台和节目;广播电波有很强的穿透力和超越空间的能力,在其他媒介无法传送信息的情况下(如地震等重大自然灾害)依然能够发挥作用;接收设备轻便廉价、可以随身携带,人们可以在做其他事情的同时收听广播。这些使得广播成为受众面广大、影响力巨大的媒介。

(3)感染力较强　广播以声音为传播手段,而声音的表达形式多样,比文字丰富,能给人一种新鲜感、生动感,更容易打动受众;声音传播与文字传播相比也更逼真、可信,它能直接再现新闻现场,使听众直接感受新闻事件的进程和变化,更加令人信服。

(4)保存性差　广播的传播手段是声音,而声音的特点是转瞬即逝,听众难以对广播的内容留下深刻的印象,特别是抽象、复杂的事实或理论性、技术性强的内容,听众往往不易听清和听懂,不像报纸和杂志可供人从容阅读、反复推敲。

(5)选择性弱　广播按照时间顺序播放,听众只能按照电台的安排顺序收听,无法在同一时间自由灵活地选择节目或内容。

4. 电视

电视是用电子技术传输图像及声音的现代化传播媒介，通过光电转换系统将图像、声音和色彩及时重现在远距离的接收机屏幕上。电视的特点有：

（1）感染力强　电视视听兼备，依靠画面和声音同时作用于人们的视觉和听觉器官，现场感强，生动有趣，最具感染力和影响力。

（2）直观纪实　电视运用声音、图像一体化的纪实手段来再现社会生活的本来状态，把动态的场景以及一些难以用语言表达和形容的现象，都通过荧屏清晰地展现给观众，使他们犹如身临其境，因此具有较高的可信度。

（3）时效性强　这是电子媒介的共同特点。电视观众也可以几乎“实时”收看到正在发生的事件；而且电视也能随时插播重大新闻事件。

（4）传播面广　和广播一样，电视对观众的文化水平也没有什么要求；而且由于频道、栏目众多，电视观众覆盖的层面也十分广泛。目前，电视是拥有受众最多的媒介。遇到一些重大事件或活动（例如，奥运会开幕式），全球收看电视的观众能够超过10亿人。

（5）保存性差　电视信号也是转瞬即逝，很难表现事物的内在联系和人的心理活动，因此也不适合表现过于复杂的内容。和广播一样，电视一般情况下更适合于告知和展示，而不适合分析、解释、说理。

（6）选择性弱　电视也是按时间顺序传播信息的，观众只能按既定的时间、顺序和速度接收既定的节目，同时还要受场地、设备等条件的限制，选择性弱。

5. 网络

网络媒介是以计算机网络为基础传播信息的载体，主要是指国际互联网（Internet）——全球最大的、开放的、由众多网络互联而成的主要采用TCP/IP协议的计算机网络。网络媒介的特点有：

（1）超越时空　网上的传播沟通是在电子空间进行的，能够突破现实时空的许多客观限制和障碍，真正全天候地开放和运转，实现超越时空的通讯。

（2）时效性强　计算机网络的信息传播速度是电子速度，其时效性与广播、电视相同，但由于不受播出频道和时段的限制，显得更为快捷。

（3）传播形态多样　互联网以超文本的形式，使文字、数据、声音、图像等信息均转化为计算机语言进行传递，综合了以往各种传播媒介（报纸、杂志、书籍、广播、电视、电话、传真等）的特征和优势。

（4）高度开放　互联网是一个高度开放的系统，在其间任何人都可以平等地利用它获取和传递信息，传受双方都享有充分的自由。

（5）双向互动　互联网成功地融合了大众传播和人际传播的优势，实现了大范围和远距离的双向互动。在互联网上,不仅可以接触到大范围、远距离的受众,而且受众的主动性、选择性和参与性都大大增强,能够实现传受双方的双向、互动交流。

(6)保存性强 计算机网络拥有强大的数据库功能,不仅信息的保存非常容易,而且十分方便检索,这是其他媒介所不具备的优势。

(7)选择性强 受众从网上获取信息不是被动地接受信息,而是主动地"选取"信息。受众可以根据自己的实际情况和需要,任意选择时间、地点去任意的网址获取自己想要的信息。互联网使受众对信息的选择权前所未有的强大。

(8)可信度差 互联网是一个高度开放的系统,在这个电子空间中任何人都能成为记者。这种信息准入的低门槛以及"把关人"的缺失,使得互联网充斥着捕风捉影的小道消息,甚至是谣言和诽谤,从而大大降低了网上信息的可信度。

本章小结

古今中外,人们对"传播"一词有着各种各样的理解;时至今日,传播学界仍未就传播的定义达成完全的一致。国外学者对传播的定义中,这样几类比较有代表性:强调"共享"、强调"互动"、强调"符号"、强调"目的";我国学者对传播的定义大多强调传播的动态性以及信息流动的双向性。

传播过程的构成要素包括:传播者、受传者、讯息、媒介、反馈。从普遍意义上说,传播可以分为非人类传播和人类传播,即自然界的传播和人类社会的传播。人类传播包括:自我传播、人际传播、组织传播、大众传播。学者们对传播过程的认识主要可以概括为3种:线性传播过程、循环传播过程和系统传播过程。

根据组织对其刊发信息的控制程度,可将公共关系传播媒介分为可控媒介(自控媒介)和不可控媒介。可控媒介指的是组织对其刊发的信息拥有控制权的媒介,可进一步划分为:印刷类、口语类、可视的、实物和人体媒介;不可控媒介指的是组织对其刊发的信息没有控制权的媒介,具体包括:报纸、杂志、广播、电视和网络媒介。

[思考题]

1.传播过程的构成要素有哪些?

2.传播的类型有哪些?

3.画出公共关系传播过程模式图。

4.简要分析公共关系不可控媒介(大众传播媒介)的特点。

[自测题]

一、单项选择题

1.(　　)是传播行为的引发者，即以发出讯息的方式主动作用于他人的人。

A. 信源　　B. 信息　　C. 信道　　D. 信宿

2.讯息指的是由一组相互关联的有意义(　　)组成、能够表达某种完整意义的信息。

A. 语言　　B. 文字　　C. 动作　　D. 符号

3.(　　)是以刊载新闻和新闻评论为主的公开发行的定期出版物，一般以散页形式连续出现。

A. 报纸　　B. 杂志　　C. 书籍　　D. 网络

4.(　　)运用纪实手段来再现社会生活的本来状态，把动态的场景以及一些难以用语言表达和形容的现象展现给受众。

A. 报纸　　B. 杂志　　C. 广播　　D. 电视

5.(　　)拥有强大的数据库功能，不仅信息的保存非常容易，而且十分方便检索，这是其他媒介所不具备的优势。

A. 报纸　　B. 广播　　C. 电视　　D. 网络

二、填空题

1.在传播过程中，受传者并不是一种完全被动的存在；相反，他可以通过________活动来影响传播者。

2.人际传播是________的信息传播活动。

3.所谓大众传播，就是________运用先进的传播技术和产业化手段，以________为对象而进行的大规模的信息生产和传播活动。

4.大众传播是一种________的社会传播。

5.公共关系传播是一个交换信号的相互过程，在共享意义的基础上、在传播者与受传者关系及社会环境的制约下，进行________。

第十二章　公共关系传播活动

内容提要

本章主要介绍公共关系实务中常用的传播活动，包括言语传播及其在公共关系中的运用；文字传播及其在公共关系中的运用；公共关系新闻传播；以及非言语传播。

学习目标

1. 了解言语传播的概念、要素、层次，了解话语的类型和言语传播中的人类行为。

2. 掌握日常接待、会议、谈判和演讲的实施要点。

3. 能够撰写通知、请柬、公函、专门信、致辞、简报、会议纪要、备忘录等公共关系常用文书；能够制作宣传页、宣传册、公共关系宣传片脚本、板报和宣传栏等宣传资料；能够编辑内部报刊。

4. 能够撰写消息、通讯及特写、人物专访等不同体裁的新闻稿；能够撰写不同类型的新闻发布稿。

5. 掌握新闻发布会和新闻发言人的相关知识。

6. 了解非言语传播的概念、非言语行为的类型、非言语传播在言语传播中的作用以及影响非言语行为的因素。

学习提示

需要重点掌握各类公共关系常用文书、宣传资料、内部刊物、新闻稿和新闻发布稿的编写知识。

第一节 言语传播

人们一般把语言分为书面语言(文字)和口头语言,口头语言又常被称为言语。言语传播就是指传递和接收口语讯息的行为。公共关系人员开展工作,离不开言语传播。从某种意义上说,公共关系人员一开口讲话,就在进行言语传播,言语传播是公共关系实务活动中运用最为广泛的手段。因此,公共关系人员了解和掌握言语传播的相关知识和技能,对于开展工作有很大的帮助。

一、言语传播概述

1. 言语传播的概念和要素

言语(口语)传播不仅是传递和接收口语讯息的行为,还是利用说话创造意义的过程。其要素和传播过程的构成要素没有区别:

(1)传者 任何形式的传播都离不开传者的存在,而且传者是传播过程的主要构成部分,是传播的起始点、传播互动过程的发起者。在言语传播中,信源应该是人类。虽然其他一些实体(如动物)也能发出口头讯息,但不能利用说话创造意义,因此不在言语传播的研究范围之内。

(2)背景 传受双方的背景是指带入到某个特定传播过程中的传受双方的全部生活经历,包括受教育情况、职业、生活态度、语言、地域以及社会经济地位等,是传受双方进行传播活动的基础。传者发送出去的讯息来源于自身的背景并受其影响;而受者对接收到讯息的理解和反应也会受到其背景的影响。

(3)讯息 讯息由传者制定,并被编码成可以传送的形式。在言语传播中,讯息通过声波用言语表达。

(4)渠道 传播渠道是传者在传递讯息时使用的方式。在言语传播中,渠道可以是面对面的口头交流、电话、录音等。

(5)受者 受者是讯息的接收者。这种接收活动有时是有意识的,有时是无意识的。受者通过解码从讯息中获取意义。在言语传播中,传受双方的作用相似、相等。和传者一样,受者也是带着由其全部生活经历组成的背景进入到传播过程中。在持续或快速的言语传播过程中,往往很难分辨传者和受者,因为他们的角色迅速、不断地进行交换。

(6)反馈 反馈是传播中的监控机制,传者可以通过它来测量自己传播的有效性。反馈使传受双方角色互换:一旦原始讯息被最初的受者接收并解码,反馈就被编码成传播过程中的第二个讯息并通过选定的渠道传递给原来的传者、现在的受者。反馈可以分为积极的和消极的反馈,积极的反馈有利于传播过程持续下去,而消极的反馈不利于传播过程的继续。

(7)噪声　任何自然过程中都有噪声,包括传播。在完美的世界中,受者接收到的讯息和传者想要发出的讯息是一样的;但是,在传播过程的每一步都有噪声,使得传者无法未经任何损失地把讯息传递给受者。换言之,输入永远不等于输出,也就是说,发出去的讯息永远不是接收到的讯息。传受双方的差别,尤其是背景方面的差别,会导致噪声的产生。要彻底消除噪声是不可能的,最好的希望是把噪声控制到最小。

(8)传播环境　传播环境对传播的过程、效果和渠道的选择都有较大的影响。无论采取哪种传播模式,由于传播环境处在不断的变化之中,因此每一次传播过程都无法被复制,每一次传播互动都是独一无二的。

2. 言语传播的层次

(1)自身传播　在自身传播中,传者和受者都是一个人,也就是自己向自己进行传播,其表现形式为自言自语。

(2)一对一传播　一对一传播是指两人之间的对话,是最经常和最重要的言语传播。一对一传播可以是非正式的,如路上跟朋友打个招呼;也可以是正式的,如求职面试。

(3)小群体传播　小群体传播是指发生在三到十几个人之间的传播,超过这一人数上限的传播就是公共传播。对于其人数的上限,不同的学者有不同的界定;但是区分小群体传播和公共传播的最重要的界限是,在小群体传播中,每个成员有同样的机会和愿望说话。小群体传播通常在非正式的环境中发生,对于每个成员学习新信息和解决问题有很大的帮助。

(4)公共传播　超过小群体人数上限的传播就是公共传播。但是,更重要的是,在公共传播中,在某一个时间段内,总是一个人在说,其他人在听。公共传播通常在正式环境下发生,其目的往往是影响听众。新闻发布会、大多数教学活动、研讨会等都属于公共传播。

(5)借助大众传媒的传播　当传者与受者被某种大众传播媒介隔开的时候,就是借助大众传媒的传播。随着地球村的发展和传播时限的缩短,借助大众传媒的言语传播将不断增长。

3. 话语的类型

言语传播离不开话语。根据说话的目的,可以将话语分为告知性的、劝服性的和娱乐性的。这 3 种类型并不是完全互斥的,说话者往往会把这 3 种类型融入一次说话。

（1）告知性的　在告知性的说话中，说话者的总体目标是帮助听众理解新的东西——新的信息、新的技能、新的思想、新的概念或者是对听众已知事物的新视角，其主要目的是传授知识或说明某一个话题。在这种情形下，听众是学习者，学到知识是这个学习过程的结果。

（2）劝服性的　劝服性说话的目的是改变听众的观点、态度或行为。劝服性说话者明说或暗示听众应该接受某一观点并且采取相应的行动。在这种情形下，听众是“法官”，他们接受、拒绝或怀疑说者的观点，并决定是否采取相应的行动。

（3）娱乐性的　娱乐性说话的主要目的是使听众快乐，如相声、讲笑话、说有趣的故事等。有时候娱乐性说话本身就是目的；有时候是抓住听众注意力的手段以达到其他目的。

4. 言语传播中的人类行为

（1）说话　言语传播要发生，传者就必须发出实际的、口语的讯息，也就是必须要说话。

（2）倾听　当传者说出话后，倾听的行为必须马上发生，否则言语传播也无从实现。倾听的主要目的是学习事实和观点、分析它们并评价它们。但是，有时候听众倾听并非是为了获得信息或观点，而是为了获得灵感、娱乐，或者是为了提高自己的传播技巧。听众如何倾听决定了说话者说话的成败。

在言语传播过程中，说话和倾听都不是被动的，而是需要传受双方充分发挥其主观能动性。

（3）非言语传播　非言语传播在传递和接收讯息方面比语言更重要。优秀的言语传播者对非言语讯息很敏感。人们传播时并不仅仅交换词语——在揭示其感觉、观点和态度方面，人们的非言语行为起到非常重要的作用。非言语传播也是双向的——传受双方在传播过程中不断地向对方传递非言语线索。

二、言语传播在公共关系中的运用

言语传播在公共关系实务活动中，是日常接待、会议、谈判和演讲等领域中的主要手段。

1. 日常接待

接待工作是公共关系实践活动中，组织与内外公众沟通协调的最基本、最常做的工作，一般可分为来访接待和对主动邀请的宾客的接待。

（1）来访接待　来访有的是个人行为，有的是组织行为；有的是为了联络工作，有的是进行咨询，还有的是遇到问题寻求解决的方法。不管是什么情况，对待来访都应该做到：

①热情相迎。不管来访者来自何方、出于什么目的，首先应对客人表示热情的欢迎，创造良好的交流氛围。

②耐心倾听。对来访者的意见和陈述耐心倾听，必要时应做记录。

③尊重对方。对来访者应表现出充分的尊重：多站在对方的立场思考问题，遇到不同意见不要马上反驳；对对方的处境多表示关心和体贴；努力寻找共同话题，营造良好的交谈氛围。

④及时答复。对来访者的问题，凡是当时能够答复的，应给予明确具体的答复；当时无法答复的，应做好充分的解释并明确告知后续解决的时间和步骤。

⑤礼貌相送。来访者的访问结束后，对他们的来访表示感谢并礼貌地送别。

(2)对主动邀请的宾客的接待　宾客接待工作的基本内容包括：

①迎接宾客。接待人员在这一阶段需要：

第一，了解来访宾客。了解的内容包括宾客的姓名、性别、职务、来访任务、个人特点、访问性质等。为了使后续接待工作顺利进行，对宾客的了解越细致越好。

第二，确定接待规格。接待方根据宾客的身份、地位以及访问的目的和性质，按照平等、规范的原则，确定接待规格。

第三，递交活动日程安排表。为使宾客更有效率地完成来访任务，接待人员应主动将随后各项活动的时间、地点、出席人员、具体安排及有关注意事项以书面形式提前通知宾客。

②会见宾客。公共关系人员在宾主双方的会见中要做的工作多为事务性的，具体包括：布置会客场所、安排好座位并引导入座、保障会见的顺利进行等。

③组织相关活动。在宾客访问期间，通常会举办一些诸如参观游览、宴请之类的活动，公共关系人员要充分考虑对方的兴趣、要求，同时兼顾主方的接待能力和条件，尽可能地在衣、食、住、行和安全方面为客人提供体贴入微的服务。

④为宾客送行。应派专人为宾客购买返程机票或车票，并由专人、专车将他们送到机场、车站，礼貌送别，完成整个接待任务。

(3)公共关系接待计划　为了保证接待工作的顺利进行，需要制定专门的计划指导接待工作的开展。公共关系接待计划主要就以下几方面做出说明和规定：

①接待对象和缘由。接待计划需要写明具体的接待对象，同时还要简要说明为何接待，即接待的缘由、目的和意义。

②接待规格。制定接待计划时要根据来宾的身份、地位以及访问的目的和性质，按照平等的原则，对来宾的住宿、交通工具的档次以及主方陪同人员的级别等，做出明确的规定。

③日程表。将来宾每天活动的时间、地点、参加人员、具体安排及注意事项等

标列清楚。

④接待人员的职责与分工。指定专门人员分别负责迎接、安排食宿、布置会场、陪同、准备相关资料等各个工作环节。

⑤接待场地。对接待场地——休息室、接待室、活动室等的准备和使用做出规定。

⑥食宿安排。根据客人的习惯和接待规格确定住宿和用餐标准,在客人到达之前安排好酒店和餐厅。为了帮助客人尽快熟悉当地环境,还可以准备一些资料供他们查阅。

⑦迎送安排。迎送规格通常根据“对等原则”确定,即迎送人应与来宾中级别最高的主宾的级别相当。如有特殊情况无法完全对等时,可灵活处理,但必须向客人做出合理的解释,求得他们的谅解。

⑧经费预算。指出需要调配多少物资,列出各项活动的预算细目。

2. 会议

会议是常见的组织活动。由于参加人员数量较多,来自不同的单位和部门,对会议的组织相应也提出了较高的要求。组织会议活动的程序包括:

(1)会议的筹备

①根据会议规模,确定接待规格。

②发放会议通知和会议日程。会议通知需要写明召集人的姓名或组织、单位名称,会议的时间、地点、会议主题以及会议参加人员、会务费、应带的材料、联系方式等内容。通知后面要附上回执,这样可以确定受邀人是否参加会议以及有什么特别要求等。会议日程是会议活动在会期内每一天的具体安排,是人们了解会议情况的重要依据。它的形式既可以是文字的也可以是表格的,可以随会议通知一起发放。

③选择会场。会场的选择,要根据参加会议的人数和会议的内容来综合考虑,要做到大小适中、地点合理以及附属设施齐全。

④布置会场。会场的布置包括会场内的装饰和坐席的配置。

⑤准备会议资料。应该准备有关会议议题的必要资料,整理后放在文件夹中发放给与会者,方便与会者的阅读和做好发言准备。

(2)会议的进行

①会前检查。对设备和设施等进行检查,对在筹备阶段考虑不周或没有落实的地方进行补救。

②进入接待岗位。会议接待人员进入接待岗位,完成签到、引座和其他服务工作。

③执行会议议程。

(3)会议的善后

①会后活动。会议结束后,有时还会安排一些其他活动,如联欢会、会餐、参观、照相等,这些工作很繁琐,需要专人分工合作、共同完成。

②送别与会者。根据与会者的需求和主办方的实际情况,安排好与会者的交通工具,使其愉快、及时地踏上归程。

③整理会议文件。根据保密原则,回收有关文件资料并归档;整理会议纪要;整理出可供新闻报道的资料。

3.谈判

组织在运行过程中难免与各类公众发生利益上的冲突。为了解决这些矛盾和冲突,并在解决过程中兼顾组织自身的利益和公众利益,在公共关系实务活动中形成了专门的谈判领域。公共关系谈判就是组织和利益相关的公众,为协调利益关系而进行的洽谈和协商。

谈判是建立在人们的需要之上,由两方以上参与的交际活动,是一种协调行为的过程。

(1)谈判的过程

①准备阶段。这个阶段要做好的工作包括:收集信息、摸清对方的实际情况;拟定谈判策略;制定谈判计划,规定谈判的主要议题、谈判要点(如目标、人选、对策等)以及谈判的日程和进度;做好物质准备,在谈判场所的布置、资料的准备,谈判人员的食宿安排和安全保卫方面的准备。

②开局阶段。这是谈判正式开始前相互握手、问候、寒暄并介绍参加谈判人员的环节,主要是让谈判参与人员相互认识、彼此熟悉,创造出轻松愉快、和谐友善的有利于谈判的良好气氛。

③磋商阶段。磋商是谈判的主体阶段,是“谈”和“判”的真正展开,具体包括:

概说阶段。在这个阶段,正式接触谈判的正题,谈判各方简要亮出自己的基本想法、意图和目的,以求为对方所了解。

明示阶段。根据前一阶段谈判各方表述的意见,尤其是相互存异或有疑问之处,谈判各方进一步明确各自的利益、立场和观点。

交锋阶段。谈判各方的目的都是为了获得自己所需的利益,自然就会有矛盾,而矛盾的激化就会导致对立状态的出现,这时候谈判各方互相交锋、彼此争论、紧张交涉、讨价还价,谈判进入白热化。

妥协阶段。交锋的结束便是寻求妥协的时刻。妥协阶段就是各方相互让步、寻求一致、打破僵局、达成妥协。

④协议阶段。在这一阶段，谈判各方经过交锋和妥协，求同去异或求同存异，基本或一定程度达到自己的目的，于是起草签订合同、履行法律手续、各自签字，谈判宣告结束。

(2)谈判中的公共关系工作

①准备工作。具体包括：收集信息，整理情报资料；了解谈判对手；为谈判人员提供有关的政策法规；为谈判人员出谋划策。

②迎接工作。根据对方的身份、地位确定接待规格，安排专人去机场、车站迎接，安排食宿，送发谈判议程安排表。

③会务工作。包括会场的选定和布置；安排谈判桌和座次；打印、分发谈判的各种相关材料；准备茶水饮料和文具等相关设施和设备。

④安排其他活动。为了配合谈判的进行，经常还会安排宴请、参观、文娱活动等，缓和谈判的紧张与疲劳。

4. 演讲

演讲也叫演说或讲演，是演讲者针对听众就某一问题发表自己的意见或阐说某一事理，并同听众相互交流信息的活动过程。演讲由演讲者、听众、信息和演讲环境这几个要素构成。

(1)公关演讲的形式　公共关系演讲的范围比较宽泛，常见的形式有：

①会议宣讲：利用各种会议介绍和宣传组织。

②集会演说：就组织某些重大问题或公众普遍关心的问题发表演讲，阐明组织观点、与内外公众进行沟通。

③介绍性演讲：在参观访问、游览、展览等情境下的介绍解说。

④比赛性演讲：包括知识竞赛、专题演讲比赛、辩论会等形式。

(2)公关演讲的过程

①了解听众：了解听众的兴趣、偏好、需求和价值观等，以便做到有的放矢。

②分析场合：了解举办演讲活动的目的和原因，察看演讲场地的条件和设施。

③准备演讲材料：在了解听众和分析场合的基础上，确定撰写演讲稿所需的材料。

④撰写演讲稿：演讲稿一般包括标题、称呼、开场白、主体和结尾几个部分。

⑤演讲：包括开场、中间和结尾部分。常见的开场白有悬念式开场、幽默式开场、提问式开场、赞扬式开场和结合当时情境开场等；中间部分要运用各种手段，围绕演讲主题进行充分的论述和说明；常用的结尾方式有呼吁式结尾、总结式结尾、赞扬式结尾、首尾呼应式结尾、提出问题式结尾和引用名言式结尾。

⑥讲后评估：演讲结束后进行效果评估，通过反馈总结经验教训，以便今后更

好地开展工作。

(3)介绍性演讲　介绍性演讲主要用于参观访问、游览、展览、展销、影视解说等情境，目的是宣传组织，在公共关系实务中大量运用，因此在这里单独阐释。

介绍性演讲是对组织及其产品进行解释、说明和介绍的讲说活动，其特点是简明扼要、通俗易懂。介绍性演讲主要介绍：

①组织概况，包括组织的名称、性质、机构、人员和所处环境等。

②组织历史，包括组织的成立时间、发展的历史阶段、取得的成就、积累的物质和经验以及社会影响等。

③组织现状，包括组织现行的发展方针、规模、硬件、人才技术力量和管理水平；组织的行为观念、经济实力、竞争能力、取得的荣誉及社会和经济效益；公众对组织的评价；组织与相关公众沟通的意愿和手段；近期的活动与计划；面临的机遇和挑战等。

④组织政策与远景规划，包括组织方针政策、组织形象建设的现状与规划以及组织发展的战略规划。

第二节　文字传播在公共关系中的运用

在语言产生后的漫长历史中，在人际交往、生产劳动和生存斗争中，人类的祖先又学会了把声音同发出声音的人分离开来并加以保存的技术，这就产生了文字。文字的出现是人类进入文明社会的标志；文字的产生，使得人类的信息传播第一次突破时间、空间的限制，得以广泛流传和长期保存。

文字与语言不同，它使听觉符号转变为视觉符号，使语言有形和得以保存。文字传播与语言传播相比，具有记录性、准确性、广泛性和目的性的特点。

公共关系所使用的传播媒介中，运用文字的媒介占了绝大多数。因此，熟练地运用文字传播技巧十分重要。在公共关系实务中，文字传播主要运用在以下几个方面。

一、公共关系常用文书

1. 通知

通知主要用于告知组织内外公众某种事项，既适用于有关会议、活动、人事任免和有关事项的告示，也适用于传达上级机关指示、要求下级部门办理某一事务和注意某些问题，或者对下级部门的有关文件进行批示。公共关系人员经常撰写和处理的通知有：

(1)告示类通知　告示类通知主要用于组织内部有关会议和活动的告示，格式为：

①标题。一般由“事由”和“文种”构成，即“关于××××××的通知”；如果事由比较简单，也可以只写“通知”2个字。

②主体。这类通知的主体部分必须交代清楚会议或活动的名称、内容、时间、地点、参加人员及有关注意事项。

③落款。包括签发单位(部门)和时间。签发单位应写出全称，时间也应写明具体的年、月、日。

(2)指示类通知　指示类通知主要用于组织就有关事项向下级部门或人员发出的告示，其格式由标题、受文对象、主体和落款组成。受文对象是通知的接收者，如果对象少可直接列举出来，如果对象多可用泛指，如“各分公司、部门”等。主体部分需要说明发出通知的原因和目的、通知的具体事项、如何执行以及执行时必须注意的有关事宜。如果涉及的内容和要求较多，可另附附件加以说明。指示类通知的文字应简明扼要、语气庄重、具有权威性，不必用敬语和谦辞。

(3)批示类通知　批示类通知主要用于组织中上一级部门对下一级部门呈报的某一请示的批复，其格式和写作要求与指示类通知大致相同。

(4)任免类通知　任免类通知是组织就某一人事任免事项发出的专门通知，其格式与告示类通知一样。需要注意的事，任免类通知的标题应写明“任免通知”，并在主体中交代清楚有关人员任免的职务(可包括其职责范围)和任/免职日期。

2.请柬

请柬是邀请客人或嘉宾参加某项重要活动的礼仪性文书，主要用于纪念典礼、喜庆活动、宴请活动、展销活动、联谊活动、学术会议、重要的文艺招待活动等。

一份规范的请柬由封面和内页组成。封面上有“请柬”2个字，也可写明是什么活动的请柬。内页的格式为：

(1)标题　“请柬”2个字。

(2)称谓　顶格书写被邀请的组织名称或个人姓名，姓名后一般加上相应称呼。

(3)正文　写明活动的主要内容、时间、地点。

(4)结语　“敬请光临指导”、“敬请莅临”、“恭候光临”之类的邀请敬语。

(5)落款　写明发请柬单位全称或个人的姓名，也可以单位名称与个人姓名并用；以单位名义发出的请柬要加盖公章，以及发请柬的日期。

3.公函

公函主要用于组织在各种公务活动中与其他组织的沟通和联络，处理的是比较严肃、正式的事务。公函根据行文方向可分为去函和复函。

(1)去函　去函是组织主动制发的，其格式包括：

①标题："公函"或"关于×××××的函"。

②受函对象：顶格书写致函单位的全程；如果发送对象是该单位某负责人，一般先写上单位全称，再换行顶格书写该负责人姓名和职务。

③正文：一般由缘由、事项和结束语组成。缘由是发函的原因；事项是所联系(或交涉)事务的内容，一般是一函一事；结束语一般写上"此致、敬礼"、"为盼"之类的礼貌用语。

④落款：写明发函的组织(或代表该组织的个人)的全称和发函时间，加盖公章(或亲笔签名)。

(2)复函　复函是答复其他组织来函的函件，其格式和去函一样也是由标题、受函对象、正文和落款构成。不同之处在于，复函的正文由引文、答复和结束语组成。引文在正文的开头，一般表述为"你单位×月×日来函收悉"；答复是针对对方询问或请求解决的问题一一回答，不能解决的应说明理由并请求对方的谅解；结束语多为"特此函复"。

4.专门信

(1)介绍信　介绍信是一种专用书信，主要用于组织在派出人员去其他单位联系工作、商办事务、参加会议和参观学习时证明派出人员的身份，并说明所接洽的事务。介绍信的格式为：

①标题：居中写上"介绍信"3个字。

②称呼：顶格书写派出人员前往单位的全称或其负责人的称呼。

③正文：写明派出人员的姓名、职务、性别，在某些特殊情况下，还需注明派出人员的年龄和政治面貌；如果派出人员不止一人，应注明派出人数；简要说明派出人员要联系的事宜，并表明希望或要求。

④敬辞：按照书信格式写上"此致、敬礼"之类的礼貌用语。

⑤落款：写上介绍信的签发单位全称和签发日期(有时还需注明介绍信的有效期限)，并加盖公章。

(2)贺信与贺电　贺信与贺电是表示祝贺的专用文书，文书形式的叫贺信，电文形式的叫贺电。贺信与贺电的格式为：

①标题：居中写上"贺信"、"贺电"字样。

②称呼：顶格书写接受祝贺的组织全称或个人姓名。

③正文：一般由祝贺缘由、颂扬和祝愿几部分组成，肯定成绩、颂扬功德、表达祝愿和希望。

④敬辞：表示祝愿的话语，如“祝争取更大胜利”、“祝节日愉快”等。

⑤落款：写明发祝贺的组织全称或个人职务、姓名，并注明日期。

(3)慰问信　慰问信是表示慰问的文书，一般用于灾难和节日时候，也可对做出重大贡献的组织和个人表示慰问，其格式为：

①标题：居中写上“慰问信”3个字或“×××致×××的慰问信”。

②称呼：顶格书写接受慰问的组织全称或个人姓名。

③正文：先写慰问的缘由，接着表示亲切的慰问，再对对方的贡献等表示肯定或对对方遭遇的困难表示同情和关怀。

④结语：祝贺(祝节日快乐或取得更大成绩等)的词语或“相信一定能战胜困难”之类的词语，主要表达良好的愿望。

⑤落款：写明发慰问的组织全称或个人职务、姓名，并注明日期。

(4)感谢信　感谢信是为感谢他人而写的文书，其格式包括：

①标题：居中写上“感谢信”3个字或“致×××的感谢信”；私人间较随便的感谢信可不写标题。

②称呼：顶格书写被感谢的组织全称或个人姓名。

③正文：写明什么时间、地点和原因得到对方哪些帮助，表示诚挚的谢意和向对方学习的态度。

④敬辞：按照书信格式写上“此致、敬礼”之类的礼貌用语。

⑤落款：写明写感谢信的组织全称(并加盖公章)或个人姓名，并注明日期。

5. 致辞

(1)欢迎辞　欢迎辞是活动主办方对应邀前来参加活动的领导、嘉宾、客人表示欢迎的一种礼仪性讲话，用在迎接宾客的仪式、会议或宴会上。其格式为：

①标题：居中写上“欢迎辞”3个字或由致辞场合、致辞人和文种3个要素构成，如“×××在欢迎×××总裁宴会上的欢迎辞”。

②称呼：顶格书写欢迎对象的称呼，如果人数较多，可用泛称的方式。

③正文：首先代表组织对宾客的到来表示热烈的欢迎，然后写到访的意义、作用，两个单位之间的友谊、合作的成就以及发展关系与合作的愿望。

④结语：以简短话语再次表示热烈欢迎，并以良好祝愿作结语。

(2)欢送辞　欢送辞是活动主办方对即将离去的考察者、参观者、访问者表示欢送的一种礼仪性讲话。欢送辞的格式与写法和欢迎辞大致相同。

①标题：居中写上“欢送辞”3个字或由致辞场合、致辞人和文种3个要素构成，如“×××欢送×××的致辞”。

②称呼：顶格书写欢送对象的称呼，如果人数较多，可用泛称的方式。

③正文：首先简要表达热情欢送之意，接着写双方友谊、关系发展的新变化，并对未来进行展望，提出殷切期望。

④结语：以简短话语表示祝愿或希望之意。

(3)答谢辞　答谢辞是在欢迎会、欢送会或授奖仪式、喜庆宴会上，对欢迎、欢送或帮助过自己的有关组织或个人表示感谢的致辞，通常与欢迎词、欢送辞相对应，也可单独使用。其格式为：

①标题：居中写上“答谢辞”3个字或由致辞场合、致辞人和文种3个要素构成，如“×××在×××的答谢辞”。

②称呼：顶格书写被感谢的组织全称或个人姓名、头衔。

③正文：首先对对方的关心、支持表示感谢，再对对方工作成绩表示赞赏，并提出与对方进一步发展关系与合作的愿望和打算。

④结语：以简短话语再次表示衷心的感谢。

6.简报

简报是情况的简明报道，其突出特点是简洁、快捷、新鲜。简报的格式为：

(1)报头　简报的报头一般在第一页的上1/3版面，与正文之间用细双线或单粗线隔开，由简报名称、期数、编发单位和编发日期组成。简报名称位于中间位置，十分醒目；期数写在简报名称的正下方；编发单位写在期数左下方；编发日期写在期数右下方。

第一页的右上角写编号，即一份简报在简报总印数中的次序号；一般在左上角还标明“内部资料　注意保存”或“会议文件　注意保存”等字样。

(2)报核　简报的报核可以是一篇综合性的文章，也可以是多篇文章的组合。每篇文章都包括标题、作者和正文几部分。

(3)报尾　报尾在末页下方，以红线或黑线与报核隔开，包括发送对象和印发份数。发送对象标于间隔线左下方第一行或第二行位置，若报送对象是上级则称“报”；若对象是下级则称“发”；若是平行的单位或部门则称“送”。印发份数标于发送对象下方偏中位置，写明“共印××份”。

7.会议纪要

会议纪要是用以记载和传达会议情况和议定事项的专门文书，根据会议的宗旨和要求写成，准确反映会议的主要内容、指导思想和主要结论。其格式为：

(1)标题　标题形式有两种：一种是由会议名称和文种构成，即在会议全称之后加上“纪要”2个字；另一种是以正标题概括会议主要精神，副标题由会议全称加“纪要”组成。

(2)题下标示　在标题下方标注发文字号或发文日期。如果不以文件形式出现，则可略去编号，将时间置于落款部分。

(3)正文　会议纪要的正文一般由开头、主体和结尾三部分组成。开头部分用来概述会议的基本情况：①什么会议；②时间；③地点；④出席人员；⑤出席人数；⑥主持人；⑦讨论了哪些问题；⑧取得什么结果。这8个要素不可或缺，必要时还可增加会议背景和主办单位的介绍。

会议纪要的主体是就会议的具体情况做综述，具体包括：会议的主要议题、会议过程中提出的问题、讨论达成的意见以及会议决定(或通过)的有关事宜等。

会议纪要的结尾一般提出会议的希望、号召和要求，也有在结尾部分专门表示对承办单位和支持单位感谢的，如果是这样，则将会议的希望、号召和要求纳入主体部分。

(4)落款　会议纪要的最后应该写明签发的单位和时间。签发单位一般就是会议的主办单位；签发时间既可以写会议结束的日期，也可以写纪要完成并印发的日期(注意不要和会议结束之日相距太久)。如果相关内容已经出现在标题与标示部分，则可省略。

8.备忘录

备忘录是对某次会议或会谈的内容的概括和综述。它的构成要素和撰写要求在很多方面与会议纪要相似，也要分别说明会议的名称、时间、地点、参加人员和人数、议题以及讨论意见和结果；备忘录与会议纪要的不同之处主要在于：

(1)会议纪要一般会对外发布，而备忘录不对外发布，仅对与会者起提示、备忘作用。

(2)会议纪要有明确的主题和导向，会形成结论性意见；而许多情况下，备忘录只是对讨论事项和意见作整理，既可以有结论也可以没有结论。

(3)会议纪要通常由会议主办方签署，而备忘录由参加者签署，凡参加的正式成员都必须签名以示负责。

二、宣传资料

1. 宣传页

宣传页是组织用于公共关系传播的一种特殊的传单，主要用于传播组织喜庆事件或文化建设、社区活动、品牌推广等方面的信息。由于宣传页的内容涉及很多方面，因此其文体和文字风格没有统一的标准，而应从内容出发，追求最好的传播效果。在撰写宣传页时要注意：

(1)主题集中　宣传页是一张单页，容量有限，不可能容纳太多的信息；同时也不应该容纳太多信息，以免引起读者认知上的混乱。

(2)标题醒目　宣传页要想让人读下去，标题必须先声夺人，能够引起公众的普遍兴趣。

(3)文字简洁　宣传页篇幅有限，要想在有限的篇幅里传递更多的信息，文字必须简洁明快。

(4)时效性强　宣传页通常被组织用来传播一些即时性的信息；从实际操作看，一份宣传页的信息有效期大约在1个月。因此，在撰写宣传页时应该着力于最新最近的动态信息。

(5)广告有度　宣传页难免带有一定的广告色彩，但是作为一种公共关系宣传，追求的是长远的社会效益，应努力撇弃或尽可能少地夹带商品广告成分。

2. 宣传册

宣传册与宣传页相比页数更多，因而具有一定的保存价值，宣传效果也更为长久，其特点表现在：能够向公众介绍组织的全貌；不强调时效性而注重持久的影响；图文并茂、印刷精美，能表现组织的文化艺术品位；形式多样、用途广泛。

宣传册一般由文字资料和图片资料构成。文字内容一般包括：

(1)组织理念　即组织精神和文化的集中体现，是CIS的核心内容。

(2)董事长、总经理致词　文字应该简短并能表现当事人在企业管理上的能力和魄力；文字下面应有当事人的亲笔签名。

(3)组织情况简介　简要介绍组织的成立、历史演变、主业、现有资产规模、员工人数、战略发展目标，等等。

(4)组织机构设置　揭示组织现有的机构框架及各部门之间的关系。

(5)组织的业务领域　这往往是宣传册中篇幅最大的一块。对于多元化发展的组织，需分门别类地介绍，要做到主次分明、多而不乱。

(6)组织的经营管理　具体包括组织的管理理念、用人制度、奖惩和激励机制等。

(7)组织的文化建设　具体包括组织在文化建设方面的措施和投入、对员工的培训、日常文化活动的开展等。

(8)组织获得的社会评价　一般只涉及正面信息,主要展示组织历年来所获得的荣誉、表彰以及权威人士或领导人的赞誉等,应以近况为主,可以图文并茂。

(9)组织的远景规划　介绍组织的中、长期规划,显示组织的远大追求。

(10)联系办法　包括组织的地址、通讯地址、电话号码、网址等。

图片资料可以采用组织领导人的工作照片、组织结构图、办公地点的鸟瞰图、组织建筑物的图片、工作现场的照片、文化生活的照片等。

3.公共关系宣传片脚本

公共关系宣传片大致可以分为两类:一类是某个专题活动的宣传片;另一类是全面介绍组织情况的宣传片。公共关系宣传片的拍摄涉及许多环节,其中脚本的撰写是非常重要的一环,对整个拍摄工作起着统摄作用。

(1)脚本的内容　公共关系宣传片的脚本一般包括以下内容:

解说词:按照拍摄大纲撰写,内容、格调符合大纲要求;由于解说词是用来朗读的,因此要口语化、朗朗上口。

画面:脚本中要对拟拍摄的画面进行描述。

对白:脚本应明确是否需要对白;如果需要,要写明对白应放在何处、说些什么内容、由什么人来说。

音乐:脚本应明确主题音乐的格调以及是否需要专门创作等问题。

拍摄说明:拍摄中注意事项的具体说明。

其中,解说词和画面描述是最关键也是必不可少的要素。需要注意的是,解说词是用来解说画面的,因此其长度必须与画面的长度相匹配,也就是不能超过画面的长度——如果解说词朗读的时间超过画面播放的时间,就无法合成制作;如果二者相等,则意味着上一画面的解说刚刚结束,下一画面的解说就又开始了,这就极大地干扰了观众对画面的欣赏和对内容的思考。一般来说,解说词朗读的时间应为画面播放时间的2/3或更少为宜。

(2)脚本的格式　公共关系宣传片脚本的格式,有些类似影视剧拍摄中的分镜头剧本,是一组一组镜头分开撰写,分别列出解说词和画面描述,并注明时间长度,形式有些类似表格:

序号	解说词	画面	时间
1			
2			
3			
4			
⋮			

4. 板报和宣传栏

板报是对黑板报和其他颜色板报的统称；宣传栏是“写在纸上的板报”，其形式和功能与板报和内部报纸相近。板报和宣传栏的特点是经济实用、更换方便，同时还能起到美化环境的作用。

板报和宣传栏的规格一般是横长方形，长和宽的比例可以根据实际需要而定。在版面编排上，要求中心突出、版式灵活、字体多样；每期突出一个主题，把体现主题的文章放在版面的显著位置（一般在左上方，相当于报纸的头版头条）并加以强调（版面大、标题字号大等）；版式可以横竖相间、富于变化而不凌乱。

板报和宣传栏刊载文章的体裁可以多种多样，粗分有新闻、评论和文艺作品三大类；细分有消息、短评、诗歌、故事、文摘、笑话、谜语、传说、小幽默、漫画，甚至快板书、顺口溜，几乎无所不包。但是具体到某一版、某一期，由于容量有限，选择五六种体裁即可，否则会显得杂乱。和公开出版物不同，板报和宣传栏的文字不必字斟句酌、一板一眼，而是要求简洁、通俗、口语化。

三、内部报刊

内部报刊指的是组织自行创办并主要面向内部员工发行的定期出版物，最为普遍的形式是内部报纸和内部杂志。

内部报刊的编辑方针应该是为全体员工服务，及时将有关组织的重要情况向他们通报，并有针对性地反馈他们的各种思想、情感和要求。内部报刊能够起到传播信息知识、培植组织文化、交流工作经验和丰富员工生活等作用。需要注意的是,内部报刊的“内部”指的是“未经注册登记”、“非正式出版”,而不是“不能对外发行”。从法律法规来看,把内部报刊作为一般的宣传品向组织外公众免费发送是允许的;从实际操作来看,除了少数涉及组织机密的内部报刊,大部分内部报刊让外部公众阅读并无不妥。当然,内部报刊的读者主要仍是内部员工,要占到80%以上,但也可以发送给股东、客户、上级部门等外部公众。

1. 内部报纸

内部报纸在式样上通常采用正规报纸的模式,除了没有正式的刊号、不能销售、印刷周期不那么严格外,在内容和编排格式上与正规报纸几乎没有什么区别。

内部报纸一般采用小报规格,即4开对折;版面是4版还是8版要视稿件多少而定。其报头由报纸名称、日期、编号、主办者四部分组成,报纸名称一般是组织名称缩写后面加一个“报”字。版面内容方面,第一版以新闻为主,刊登本组织新闻以及本行业动态,兼发评论;其他各版的内容,除了某些重要栏目(如“员工心声”等)相对固定外,可以比较灵活。

2. 内部杂志

内部杂志的功能和特点与内部报纸有许多相似之处,可以看做是“装订起来的报纸”。内部杂志通常采用32开本,其页数没有专门的规定,但至少应该比报纸厚一些。比照现在大部分报纸的版面数量,一本有保存价值的内部杂志应该在30～50页之间。与正规杂志不同,内部杂志的印刷和装订没那么讲究,在很多情况下用订书机按页码顺序整齐地装订成册即可。

内部杂志和正规杂志一样也有封面和目录。封面同样必须包含杂志名称、序号和主办者3个要素;目录在封面之后的第一页,同样按栏目、文章题目、作者、页码的顺序排列。

和内部报纸不同,内部杂志要有基本固定的栏目。大多数内部杂志可以设置行业动态、时事政治、员工论坛、经验交流、知识讲座、天南地北、文艺天地等栏目。

第三节　公共关系新闻传播

公共关系新闻传播是借助大众传播媒介,将信息以新闻的形式传递出去的传播活动,既涉及言语传播(新闻发布)也涉及文字传播(新闻稿)。由于其在公共关系实务活动中被广泛采用且自成系统,故单列一节专门讲述。

一、新闻稿

广义的新闻稿包括消息、通讯、特写稿以及人物专访稿；而狭义的新闻稿则专指消息。

1. 消息

消息是新闻媒介最常用的一种文体，以最直接、最简练的方式迅速及时地告诉读者新近发生或正在发生的事件，通常包括6个基本要素，也称6个W，即who（何人）、what（何事）、when（何时）、where（何地）、why（何因）、how（何果）。

（1）消息的类型

①动态性消息，即对新近发生或正在发生的事件和活动的报道，一般篇幅不长、内容单一，但迅速及时，是最基本、最常见的一种新闻报道形式。

②综合性消息，即围绕一个特定的主题，把发生在不同地区或部门的性质相似又各有特点的事件综合起来，反映一个时期内带有全局性的情况、成就、趋势或问题的新闻报道。

③经验性消息，即对一个组织或一个行业中先进经验、成功做法或典型事例的新闻报道。

④评述性消息，即在介绍某一事件的同时适当展开分析、评述的新闻报道，是一种且述且评、夹叙夹议的体裁。

（2）消息的构成　消息稿的构成要素有标题、导语、主体和结尾，其中标题、导语和主体这三部分是必不可少的，而结尾则可有可无、视具体情况而定。

①标题。标题用最简洁的文字将消息中最有价值、最生动的内容提示给读者，既是读者阅报的向导，还可以给读者提供简要信息。消息的标题可以是单行标题，即只有一个主标题；也可以是双行标题，即一个引标题加一个主标题或一个主标题加一个副标题；还可以是三行标题，即一个引标题加一个主标题再加一个副标题。

大多数消息都采用单行标题。在拟写标题时要做到简洁、准确、鲜明、生动，在表现同样内容的情况下，字句简单、浅显的比复杂、艰涩的好，具体形象的比概括抽象的好，能引起广泛兴趣的比专业性强的好。

②导语。导语是以凝练的形式、简洁的文字表述消息中心内容的，位于开头的一个单元或部分。导语一般是消息的第一句话或第一段话，有时也有两个以上的段落。导语是用来提炼新闻精髓、揭示主题并吸引读者阅读全文的，因此要用简洁的文字写出最主要、最新鲜、最吸引人的事实。

消息稿的导语一般有以下几种写法：

直叙式，即把所要传播的信息中最重要的事实，用直叙的方式简明扼要地点出，以便读者把握。

提问式，即用提问的方式开头，再作简单回答，以此揭示所要传播的最重要的信息。

结论式，即把所要传播的有关事件的最终结论先行点出，然后再在主体中展开具体阐述。

引语式，即用新闻事件中某一重要人物的语言构成导语，点出所要传播信息中最重要的事实。

描写式，即首先对新闻事实发生的场景进行描述，适当渲染气氛，以引起人们阅读的兴趣。

③主体。主体是消息的主干部分，一般包括两方面内容：一是对导语提出的事实、问题或观点进行具体的阐述或回答，使导语部分的内容借助一连串丰富的材料得到进一步说明和解释，使新闻各要素更为明确和详尽；二是用附加的次要材料补充导语中没有涉及的内容，提供新闻背景，说明事件的来龙去脉，使新闻内容充实饱满、主题更加突出。消息主体部分的结构方式主要有：

倒金字塔式，即以新闻事实的重要程度为序组织材料，按照重要性递减的顺序来安排材料。这种方式主题突出、方便阅读，同时便于编辑删节、修改稿件。

时间顺序式，即以新闻事件发生、发展的时间顺序组织材料。这种方式能够清楚地反映事件的来龙去脉，使读者对事件的全过程有鲜明的印象。

④结尾。在消息稿的写作中，结尾可有可无，这是因为：多数消息采用倒金字塔式结构，将事实罗列完毕即可，没有必要也不便再加上结尾；新闻要求用事实说话，通常摆完事实也就讲完了道理，一般不必再特地说明主题或下结论；从“新闻要短”的要求来看，很多情况下也不允许加上结尾。

如果有必要撰写结尾，可以考虑这样几种写法：概括上文，加深印象；进行展望，提请关注；提出问题，引发思考。

2.通讯及特写

通讯的特点是通过对现实中有关事件和人物真实而详细的报道，更加深入、具体地传播某一方面信息、表现某一主题，从而给读者留下更为深刻的印象。特写从广义上说也是一种通讯，它与通讯的区别在于：通讯一般是对事件和人物的全面反映；而特写往往截取某一侧面，篇幅上也更为短小。通讯及特写的类型有：

(1)事件通讯　即以记叙事件为主的通讯。这类通讯侧重于报道某一事件的详细过程，其间虽有人物出现但并不着力刻画。其中截取某一横断面加以描写的就是特写。

(2)人物通讯　即以记叙和刻画人物为主的通讯，侧重于描写某一人物或人物群体。截取某一人物某一工作、生活片断加以描写的就是特写。

（3）工作通讯　即以反映综合性事件和经验为主的通讯。这类通讯有时有点像调查报告，但更为生动有趣。由于很难截取横断面，所以一般没有这一类的特写。

3. 人物专访

人物专访稿的特点是通过对访谈过程和访谈内容的真实记录和描述，着重借被访人物之口来传播信息。和人物通讯不同，人物专访稿关注的是这一人物说了些什么，而人物的经历、成就等内容虽然也常被提及，但一般只作为背景材料。人物专访稿的写法一般有两种：

（1）直录式　就是在简要的背景说明后，直接以采访者和被访人物一问一答的方式来加以表现。这种方式能较为准确地传播被访人物的观点，信息容量较大，但生动性较差。

（2）描述式　即主要通过采访者的引述和转述，来表达被访人物对某些问题的意见和看法。这种方式比较生动，但由于被访人物的观点由采访者转述，一旦把握不好，容易变形和走样。

二、新闻发布会

组织利用新闻媒介进行的信息发布活动就是新闻发布。在公共关系实务中，新闻发布的主要方式有：向媒体供稿、在媒体上刊发广告、接待媒体采访以及召开新闻发布会。在现代社会中，新闻发布活动的典型形式是新闻发布会。新闻发布会是组织为了发布重大新闻或阐述重要方针政策而专门约请新闻记者参加的会议。

新闻发布会正规隆重，除了邀请记者参加外，还可邀请行业部门主管、各协作单位代表及政府官员出席，能够提高组织的知名度并借此影响公众舆论。

1. 新闻发布会的筹备

（1）确定主题　新闻发布会的主题是根据活动或事件的性质和组织的传播目标确定的，或公布一个与组织有关的重大信息，或阐述组织对某个社会问题的看法，或澄清一个重大事件的真相。新闻发布会的主题应集中、单一，不能同时发布几个不相关的信息。

（2）确定主持人和发言人　新闻发布会的主持人通常由组织的公共关系负责人担任。发言人一般由组织的主要负责人担任，必要时可以安排一位或几位专业技术人员或其他方面的专家担任发言人的现场助手。

（3）确定邀请对象　确定邀请哪些媒介的哪些记者；同时考虑除了新闻媒介外，新闻发布内容还涉及哪些单位或部门，打算邀请其中的哪些。

(4)确定时间、地点和预算　突发性新闻发布会在时间方面的选择余地不大，应在第一时间对突发事件做出反应；与活动有关的新闻发布会，较为合适的举办时机在活动开展前1～2个月。新闻发布会应尽量避开重大节日、社会上的重大新闻或重大事件。

新闻发布会的地点，可以根据实际需要选择在组织内部、宾馆酒店甚至外地举行；地点确定后应根据发布会的主题布置现场。

新闻发布会的费用也要有明确的预算方案。

(5)准备材料　为新闻发布会准备的材料包括新闻发布稿、新闻稿、有关组织的宣传材料以及对记者可能提出的问题的答案等。提供给到会媒体记者的资料通常放在一个专门的文件袋或手提袋中，称为媒体资料包。媒体资料包一般包括以下材料，并按顺序摆放：①会议议程；②有关组织的信息清单，包括地址、电话、负责人、组织基本情况介绍等；③新闻通稿；④新闻发布稿；⑤发言人的背景资料介绍，包括职务、主要经历、取得成就等；⑥宣传册；⑦产品说明资料(如果发布会与产品有关)；⑧有关图片；⑨组织公共关系负责人名片(便于新闻发布后进一步采访、联络)；⑩空白信笺、笔(方便记者记录)。

(6)发送请柬和邀请函　根据确定的邀请对象名单，提前1周左右发出请柬或邀请函，并在会前一两天电话确认。

2. 新闻发布会的程序

(1)迎宾签到　到会记者和嘉宾分别签到，同时领取相关资料。

(2)宣布开始　主持人宣布新闻发布会开始，致简短欢迎辞、介绍议题和议程并推出新闻发言人。

(3)发布新闻　由新闻发言人完成，可以宣读新闻发布稿，也可以按提纲发布。

(4)答记者问　由主持人指定提问记者，新闻发言人回答记者的提问；主持人掌握时间和节奏，按事先规定的时间宣布“最后一位记者提问”。

(5)宣布结束　新闻发言人答完最后一位记者的提问后，主持人宣布新闻发布会结束。

(6)提示会后安排　如果新闻发布会后还为记者及其他到会者安排了其他活动，由主持人宣布发布会结束后通知大家。

3. 新闻发布稿

新闻发布稿是新闻发布会的基本文件，反映发布会的主题、意义和组织所持的立场、态度等，是信息内容和组织政策的集中体现。按不同的主题划分，新闻发布稿可分为三类：喜庆性新闻发布稿、专业性新闻发布稿和突发性新闻发布稿。

(1)喜庆性新闻发布稿　喜庆性新闻发布稿适用于开业、周年庆典、产品获奖等具有喜庆色彩的事件。在写作方面要求：简明扼要；体现事件的价值和社会意义；少用自我赞美之词，多用专家、社会舆论的赞语；低调处理个人在事件中的作用，突出团队、提高组织形象；做到言而有据。

（2）专业性新闻发布稿　专业性新闻发布稿适用于重大项目开工、科技成果转让、新政策条文实施等。在写作方面要求：简明扼要，突出项目、技术等的个性和效益，体现权威性，尽量把专业术语"翻译"成普通公众听得懂的语言。

（3）突发性新闻发布稿　突发性新闻发布稿适用于内部突发危机事件需要说明事实真相或外部突发事件需要表态等。在写作方面要求：说明真相，讲清原因，表明态度，总结教训，亮出措施，做出承诺。

4.新闻发言人

（1）新闻发言人制度　组织的新闻发布制度是从国家的新闻发言人制度中衍生而来的。新闻发言人制度是当今世界大多数国家采用的一种基本的信息发布制度，是政府通过新闻发言人直接而郑重地向媒体和公众介绍政策、通报情况、宣示立场、表明态度。

新闻发言人制度起源于美国。安德鲁·杰克逊是最早聘用总统新闻发言人的美国总统；威尔逊总统正式确立了总统新闻发言人制度；从20世纪50年代开始，美国在白宫设立了新闻办公室和新闻发言人。20世纪60年代开始，新闻发言人制度在西方开始普及。

我国早在20世纪五六十年代就开展了新闻发布工作。1982年3月26日，当时的外交部新闻司司长钱其琛同志就中苏关系的一个问题，向记者们发布了一条消息，是我国第一次以新闻发言人的方式对外发布消息。1983年4月23日，中国记者协会首次向中外记者介绍国务院各部委和人民团体的新闻发言人，正式宣布我国建立新闻发言人制度。到目前为止，政府部门已基本建立了新闻发言人制度，主要分为三个层次——国务院新闻办公室、中央各部委、省级人民政府的新闻发言人。此外，各大人民团体和许多企业也开始纷纷设立新闻发言人制度。

（2）新闻发言人的素质要求　新闻发言人是新闻发布会的主角，同时代表着组织的形象，其表现好坏直接决定着新闻发布会的成败，因此对新闻发言人的素质有很高的要求，具体表现在：

①对组织忠诚。新闻发言人应该忠于自己的组织，与组织荣辱与共，随时维护并自觉宣传组织的政策，在具体问题上与最高决策层保持一致。

②知识丰富。新闻发言人不仅应该深刻了解和全面掌握有关本组织的各种信息，还应对新闻学、传播学、记者采访技巧、新闻撰写等有关新闻工作的知识深入了解，并对社会学、管理学、逻辑学、修辞学、心理学等有助于新闻发言工作的学科也

有所认识。

③良好的表达能力。新闻发言人应该具有较强的口头语言表达能力;同时善于倾听,能迅速领悟记者的提问,并在极短的时间内做出恰当的回答。

④驾驭现场的能力。新闻发言人应该具有较强的现场调控能力,能灵活应变、充分调动和控制发布会现场的气氛。

⑤坦诚的态度。新闻发言人应该以坦诚的态度面对媒介,以恳切的言词回答记者的提问。如果不能与媒介坦诚相对,就违背了新闻发布会披露信息的初衷,使发布会成为无用的摆设。

第四节 非言语传播

在人们言语传播的过程中还伴随着非言语传播,对整个传播互动过程和传播效果起着重要的作用。

人类对非言语传播的研究有很长的历史。古希腊学者就对非言语行为做出过评价。但是对非言语传播的科学研究主要始于第二次世界大战以后。在20世纪前半期,对嗓音、外表和衣着以及面部表情有独立的研究,对空间语、环境和身势语的关注不是很多,对眼部行为和触摸行为的关注最少。20世纪50年代,对非言语传播的研究有了长足的进展;到了60年代有了质的飞跃;70年代是把非言语传播的研究成果向大众推广的时期;80年代开始对非言语传播的研究更加专业化和整合——有些学者开始研究很具体的非言语行为和变量;另外一些学者开始把非言语变量和言语变量综合起来研究某一具体现象。现在非言语传播已成为被广泛承认的学科。

一、非言语传播的概念

大多数非言语传播的学者都习惯于先定义"传播",再加上"非言语"的因素。这样一来,要定义非言语传播并不是件容易的事,因为传播的定义太多了。

有些学者认为,人类的一切言语之外的行为——一个喷嚏、一声咳嗽等都属于非言语传播的范畴。如此宽泛的界定,给研究带来了很大的难度。于是,一些学者把注意力放在"意图"或"目的性"上面,从而大大缩小了非言语传播的范畴。有鉴于此,我们认为,"非言语传播"是人们在特定的环境下,有意识地或被认为是有意识地运用"非言语的"(即不包含"言词")行为交换信息的过程;这一过程可能单独发生,也可能伴随"言语传播"的过程。

二、非言语行为的类型

1. 身体动作/身势行为

身体动作通常包括手势、头、躯干和四肢的动作、面部表情、眼部行为和姿势，它们可以划分为：

（1）符号性行为　指的是能直接翻译成“言词”的行为，可以完全取代“言词”而不改变其含义。在同一文化或子文化中，其成员对某一“符号性行为”所代表的含义往往都有共识。例如，在许多文化中“点头”表示“是”而“摇头”表示“不”。但同一种“符号性行为”在不同文化中往往代表不同的含义。例如，在非洲某些部落里，“摇头”表示“是”而“点头”表示“不是”。

（2）说明性行为　指的是伴随“说话”过程、用来解释说明所说“言词”的行为。例如，强调某些词语或句子的手势，或是用手指向说话者提及的物品，等等。人们也会有意识地使用说明性行为，但其目的性比不上对符号性行为的使用。此外，与符号性行为不同的是，说明性行为一般没有与之直接对应的“言词”，也不会脱离交谈而单独使用，并且在交谈中通常是由“说话者”而非“听众”使用它。

（3）调校性行为　指的是用来控制交谈内容和过程的行为。最常见的这类行为是交谈过程中的点头和目光交流。调校性行为大多都是无意识的，而且是难以抑制的，但是人们往往对他人发出的“调校性”信号十分敏感。

（4）情感展示性行为　指的是揭示当事人感情、情绪的行为，可能是有意的也可能是无意的，但在大多数情况下是无意的。

（5）适应性行为　指的是原本为了满足生理或情感需求而产生的行为，随着时间的推移演变成下意识的习惯，如挖鼻孔、掏耳朵等。这些行为通常都发生在私下，如果有他人在场，这些行为往往就以不完整的形式发生。例如，独自一人时某人会肆无忌惮地挖鼻孔，但如果有别人在场，就可能仅仅是揉一揉鼻子。

2. 触摸

触摸行为在人类的早期成长中非常重要，如果没有触摸，婴儿无法健康成长甚至会死亡。尽管随着年龄的增长，触摸的数量会减少，但是触摸在成年人的生活中仍然起到重要作用。触摸行为与文化密切相关——不同的文化对触摸行为有不同的解释，以及有不同的准则指导谁可以触摸谁、触摸的部位和数量等。

一些学者根据行为特征将“触摸”分为：轻拍、拍击、拳打、抚摸、摇晃、拧、亲吻、舔、握、拥抱、挽、猛打、踢、呵痒，等等。

海斯利根据触摸行为传达的讯息分为：功能性——职业性触摸；社交性——礼貌性触摸；友谊性——温暖性触摸；爱情——亲密性触摸，以及引发性行为的触摸。

3. 外表与饰品

外表指的是在传播过程中相对不变的东西，包括体型、身高、体重、头发、肤色、体味或口气；饰品包括香水、衣服、口红、眼镜、假发及其他发饰、假睫毛、眼线以及全部美容用品等。

4. 副语言

副语言指的是说话的言语内容之外的声音要素。换言之，副语言指的是"怎么说"而非"说什么"。副语言又可分为：

(1)嗓音特质　指的是伴随说话嗓音的可以辨认的元素，包括音域、发声时嘴唇控制、声门控制、音高控制、连接控制、节奏控制和共振。

(2)发声　包括如笑声、哭声、叹气、打哈欠、吞咽声等各种声音；发声特点，包括强度、音高和速度；以及诸如"嗯"、"啊"等词语之间的间隔音。

许多学者认为沉默、插入的声音、语误也应该被包括在这一类里。

5. 空间语

空间语研究的是人们对空间的使用和认知。空间包括领地和个人空间。人类的领地常被界定为一个人或一群人同某个地方的持续联系。对于领地的研究的一个重要方面是研究人们对自己领地被入侵的反应。

个人空间则被认为是一个环绕并跟随每个人的、能够扩大或缩小的"气泡"。这个"气泡"的大小会受到环境、交流各方的关系以及每个人的年龄、性别、社会地位和文化背景等因素的影响。

6. 时间语

时间语研究的是人们对时间的认知、理解、构造和反应。人们对时间的认知通常有生理的、心理的和文化的 3 个层次。

人们对时间的生理反应由人体内的生物钟决定。

人们对于时间的心理认知有：①过去导向型的，即总是回顾过去并把事件看做是轮回的；②时间线导向型的，即把时间看作是一个有系统的线性过程；③现在导向型的，即自发的和即时导向的；④未来导向型的，即更多地关注将来会发生什么而非正在发生什么。

人们对于时间文化层面的认知集中于不同文化中的个体如何看待时间，以及某种特定文化使用时间的模式。在每种文化中有 3 种时间系统：①技术时间，是测量时间的科学而精确的方式，是理性的、逻辑的方法，用于科学研究领域。②正式时间，是某个文化看待时间的传统方式。例如，在许多文化中，时间被分成世纪、年代、年、季、月、星期、日、小时、分钟和秒。③非正式时间，难以学习和理解，因为它的定义很宽泛。例如，一个人被告知"等一下"，那么他到底应该等多久呢？除非他了解让他等的人、当时的特定情形以及他所处的文化对于“一下”的通常界定，否则他永远不会知道正确答案。

7.环境因素

环境因素指的是影响人类关系，但并非人类关系一部分的那些因素。每个环境具体包括：①自然环境；②环境中有无他人在场；③建筑设计和可移动物品。环境因素包括：家具、建筑风格、内部装修、灯光、气味、颜色、温度、噪声等。

一些研究表明，环境对于人们的情绪反应、人际行为、工作表现和生产力有巨大的影响。因此，传播环境因素的改变对传播结果有很大影响。

三、非言语传播在言语传播中的作用

在言语传播过程中，有时候人们的非言语行为是无意识的，至少是自发的、未经演练的；有时候人们又会有意识地做出一些非言语行为来传达特定讯息。不管言语传播过程中的非言语行为是自发产生还是有意为之，都会起到重要的作用：

1.提供信息

(1)非言语线索是人们形成对他人第一印象的重要依据　当我们第一次接触某人时，都会本能地尽力多搜索有关此人的各种信息，以便尽快形成对此人的初步看法。但是由于初次见面时通常只会谈及一些无关痛痒的话题，因而交谈内容对形成第一印象并没有多大帮助，人们不得不更多地依赖非言语线索。

“以貌取人”是人类的本性。“外表”，包括外貌、妆容、发型、服饰等，在第一印象的形成过程中起着重要作用。例如，一个浓妆艳抹、袒胸露背的女子恐怕难以获得良好的第一印象；而一个长发披肩的男子也难以避免地会引起诸多猜测。

此外，副语言和身势行为也对第一印象的形成有所帮助，如一个说话铿锵、语速偏快、说话时手势较多的人，在初次见面时往往给人留下自信十足，甚至有点咄咄逼人的印象；而一个语速偏慢、说话声音较小的人对于不了解他的人来说，很容易被当作是缺乏自信或反应迟钝。触摸和空间语在第一印象的形成过程中所起的作用相对较小。

(2)非言语线索有助于人们判断传播过程中传受各方的关系　我们把揭示传播过程中传受各方关系实质的讯息称为“关系讯息”，它们主要提供4方面的基本信息：

①揭示某人是包括于某一传播过程，还是被排斥在外。例如，几个人穿着相近的服装、站成一个小圆圈背对着某个人交谈，说明那几个着装相似的人都包括在一个传播活动中，而他们背对着的那个人则被排斥在这一活动之外。

②揭示传播中一方对另一方或其他方的态度是肯定还是否定。肯定性讯息从

本质上来说都是支持性的，表明对对方的认可和对其自我认知的赞同，如在对方说话时流露出崇敬的神情并频频颔首。而否定性讯息从本质上来说则是负面的反馈，如脸上流露出不屑的表情并摆出防御性姿势（如双手交叉抱于胸前）。被排斥在某一传播活动之外本身也是一种否定性讯息。

③揭示哪一方对双方或多方间的关系有着较大的控制权，揭示谁有权力界定、指导或支配这一关系。例如，两个人交谈时，一人满坐椅子、斜靠在后背上，而另一人只坐到椅面的 1/3 并且后背挺得笔直，那么可以断定前者对于双方的关系拥有更大的控制权。

④揭示传播活动中各方的情感关系，表明他们的亲近程度。例如，我们可以根据他们目光交流的频率和时间、目光停留在对方身体的部位，接触的频率、时间和部位，以及他们个人空间的“气泡”扩大或缩小的情况，来判断他们之间的情感。

(3)非言语线索有助于传播者对传播效果得出客观结论　非言语线索有助于传播者了解受传者对于自己所发讯息的真实感受、判断其反馈的真实性，从而对传播效果得出客观结论。同口头语言相比，非言语行为的真实性要更高一些。“言不由衷”对于人类来说并非难事，但要没有经过相关的专门训练的人们做出与自己真实想法相悖的非言语行为，却不是件容易的事。人们虽然很少有意识地控制自己的非言语行为，但相比之下，对他人的非言语行为则较为敏感，并将其作为自己判断的重要依据。例如，在交谈过程中，一个人老对另一个人说：“您讲得太好了、太有启发性了”，但是其目光却不时飘向手腕上的手表并且其身体朝向已经逐渐转向门口，说明此人的真实愿望是尽快结束此次谈话。

情感展示性行为和适应性行为都可以作为判断传播真实效果的重要依据。情感展示性行为能够重复、强调“言语信息”，也可能与之矛盾或毫无关联，当其与言语信息矛盾时，人们更倾向于相信非言语行为。当人处在压力之下或不舒服的状态时，更容易出现适应性行为，所以当传播中的一方出现较多诸如揪头发、扭衣角等适应性行为时，说明他已经对此次传播活动感到紧张或烦躁。

2. 控制和协调传播过程

在人类的传播行为中，存在着一些微妙而重要的行为模式控制和协调着人们互动交流的发起、过程和结束，口语传播也不例外。

传播并不是随随便便发生的。在开始与他人的互动交流之前，人们往往会先寻找“这次交流能给我带来什么好处”的线索。如果找不到这样的线索，或者有证据表明这次交流会带来坏处或不会成功，人们通常都会选择回避它。而这种线索中的许多都是非言语行为。身体上的吸引力、目光的交流以及双方的亲近程度等都是决定是否发起交流的主要线索。

在传播过程中,诸如双方的距离、身体朝向和姿势等非言语行为都会影响人们对传播的参与程度。目光交流和凝视、副语言、手势和姿势等非言语行为的变化,会帮助或妨碍语轮的顺利交替,而这对于口语传播的有效性十分重要。

调校性行为与"语轮交替"密切相关。语轮交替的提示包括:"要求语轮"——告诉交谈对方我们想要说话,如张嘴、吸气、举手等动作或用眼神、表情来表示;"保持语轮"——不让对方把语轮从自己这里抢走,如回避对方请求性眼神或用阻止性手势;"拒绝语轮"——放弃对方交过来的语轮并告诉对方继续,如保持沉默或以点头等动作鼓励对方接着说;以及"让出语轮"——告诉对方我们已经结束了自己的讲话,对方可以拿走语轮了,如沉默、眼神和表情的暗示或相应的手势。另外,非言语行为可以成为言语的有效补充,从而有助于传播的顺畅进行,如说明性行为;而当"言语的"传播渠道受阻时,人们则会有意识地运用符号性行为。

传播的结束与其发起和过程一样重要。一方过于唐突地(或以其他不成功的方式)结束传播,会使另一方对其行为产生负面的理解,觉得自己被"抛弃"了。非言语行为,主要是身体动作和副语言构成了结束传播活动的主要机制。

3.控制和影响传播过程中的其他人

非言语行为对传播过程中他人的控制和影响作用也被叫做非言语行为的"社会控制"功能,旨在影响或改变传播过程中他人的行为。换言之,使用社会控制功能的一方有明确的目的性和意图性。

在下列5种行为中,"社会控制"的动机较为明显:①权力和支配权的显示;②劝服;③正面反馈;④欺骗;⑤印象管理。

在传播活动中,一方注视他人的方式、不对等触摸行为的发起、面部表情的数量、动作的放松程度以及使用非言语行为的灵活性等,都能反映谁在传播活动中拥有支配权和处在强势地位。

在劝服活动中,恰当地使用非言语行为能够增强传播者的说服力。这样的非言语行为策略包括:增加注视对方的时间长度,多微笑、多点头,更多地使用手势,更丰富的面部表情,正对对方的身体朝向,更近的距离,主动触摸对方,语速比平时略快、音量稍高、停顿更短,等等。

正面的反馈信息,如紧凑而直接的座位安排、频繁的目光交流、较长时间的对视、微笑或其他积极的面部表情、愉快的语气等,都为传播活动提供了一个宽松而热烈的氛围;在这样的氛围中,接受正面反馈信息的一方往往会进一步加强这种正面的反馈,从而使传播氛围进入越来越好的良性循环。

当人们准备有意识地欺骗他人时,不仅会控制自己所说的话,还会加强对自己非言语行为的控制。微笑和凝视是用得最多的伎俩。研究表明,说谎者比诚实的人更经常地微笑，同时当他们撒谎时会增加注视对方的时间。但是，从另一方面来看，非言语线索也能戳穿一个人企图欺骗别人的意图，下肢动作的增多和音调的升高是欺骗性行为最显著的两个特征。

每个人都希望别人能像自己预期的那样看待自己，因此每个人在同他人的交往过程中都在做着印象管理的工作。非言语行为可以用来塑造别人对自己的良好印象。在印象形成的过程中，人们会根据种种相关因素，如传播环境、传受双方的关系、对方的偏好等，有意无意地使用各种非言语手段来提高自己的吸引力、增进双方的熟悉、表现自己的专长和地位、提高自己的可信度等，以期塑造自己想要的印象。

4. 帮助完成某一任务

帮助完成某一任务，这一功能涉及的非言语行为发生在人们特定的互动交流中。这种互动交流中双方的关系是服务性质的，如医生和病人。这种互动中的人们可能是为了完成一项共同的工作而合作，也可能是在一个共同的空间里分别完成各自不同的工作。无论是哪一种情形，其涉及的非言语行为或者是为了完成任务所必需的，或者能为任务的有效完成做出贡献。

四、影响非言语行为的因素

在传播过程中，非言语行为并非单独起作用，而是会受到一些相关因素的影响。

1. 个人因素

个人因素具体包括文化、性别、个性、年龄、社会经济地位、职业以及宗教等因素。人们的非言语行为，同其他人类行为一样，不可避免地被打上其性别、年龄、个性、职业、文化背景、受教育程度、社会地位、经济状况以及宗教信仰等因素的烙印。

2. 经验因素

经验因素表明人们最近的经历和/或相似的经历对本次传播活动的影响。在日常生活中，人们可能会观察其他人的行为并对其效果进行评估。如果认为别人的行为取得了较好的效果，那么观察者很有可能在日后碰到类似的情形时采用同样的做法；同理，人们也会复制自己的成功做法而避免失败的做法。

3. 关系—形势因素

因为关系因素和形势因素总是紧密相连的，所以虽然它们是各自对非言语行为产生影响，但人们还是喜欢把它们放到一起来考察。一般来说，传受双方的关系越亲近，传播过程中的非言语行为就越多；这一点在传受双方均为女性时要比传受双方均为男性时明显。传受双方的关系还会影响到彼此的非言语行为模式。一个人在与自己最好的朋友在一起时和与自己的老板在一起时，行为肯定不一样。

关系因素对非言语行为的影响往往会受到形势因素的调节。环境对其成员的选择会影响成员行为的一致性。选择越苛刻，成员行为的一致性就越高（例如，高尔夫俱乐部）。领地是和关系因素一起影响互动的形势因素。当人们对领地的要求得到承认和尊重，冲突就会减少。更有趣的是领地对于互动中支配和控制因素的影响。人们对于互动的地点都十分敏感，因为他们在自己的领地里感到更舒服、放松和有控制力。领地的主人更容易管理自己的参与度、互动的节奏以及互动的终止。事实上，在自己的领地里有助于平衡关系的强弱。例如，在双方关系中明显处于弱势的一方，如果选择自己的“地盘”作为与对方互动交流的地点，就能够为自己增加额外的砝码。

本章小结

人们一般把语言分为书面语言（文字）和口头语言，口头语言又常被称为言语。言语传播不仅是传递和接收口语讯息的行为，还是利用说话创造意义的过程。其要素和传播过程的构成要素没有区别。言语传播的层次包括自身传播、一对一传播、小群体传播、公共传播和借助大众传媒的传播。话语的类型包括告知性的、劝服性的和娱乐性的。言语传播中的人类行为有说话、倾听和非言语传播。言语传播在公共关系实务活动中，是日常接待、会议、谈判和演讲等领域中的主要手段。

公共关系所使用的传播媒介中，运用文字的媒介占了绝大多数。在公共关系实务中，文字传播主要运用在以下几个方面：公共关系常用文书、宣传资料、内部报刊。

公共关系新闻传播是借助大众传播媒介、将信息以新闻的形式传递出去的传播活动，既涉及言语传播（新闻发布）也涉及文字传播（新闻稿），在公共关系实务活动中被广泛采用且自成系统。组织利用新闻媒介进行的信息发布活动就是新闻发布。在公共关系实务中，新闻发布的主要方式有：向媒体供稿、在媒体上刊发广告、接待媒体采访以及召开新闻发布会。在现代社会中，新闻发布活动的典型形式是新闻发布会。

在人们言语传播的过程中还伴随着非言语传播，对整个传播互动过程和传播效果起着重要的作用。非言语传播是人们在特定的环境下，有意识地或被认为是有意识地运用“非言语的”（即不包含“言词”）行为交换信息的过程。非言语行为的类型包括：身体动作/身势行为、触摸、外表与饰品、副语言、空间语、环境因素。非言语传播在言语传播中的作用有：提供信息、控制和协调传播过程、控制和影响传播过程中的其他人、帮助完成某一任务。影响非言语行为的因素有：个人因素、经验因素、关系—形势因素。

［思考题］

1. 简述言语传播的概念及要素。
2. 来访接待的要点有哪些？
3. 对主动邀请的宾客，接待工作的基本内容有哪些？
4. 组织会议活动的程序是什么？
5. 谈判的过程是什么？其间的公共关系工作有哪些？
6. 公关演讲的形式有哪些？其过程是什么？
7. 非言语行为的类型有哪些？
8. 非言语传播在言语传播中的作用有哪些？
9. 影响非言语行为的因素有哪些？

［自测题］

一、单项选择题

1.（　　）是邀请客人或嘉宾参加某项重要活动的礼仪性文书。

A. 通知　B. 请柬　C. 公函　D. 致辞

2.（　　）主要用于组织在各种公务活动中与其他组织的沟通和联络。

A. 通知　B. 请柬　C. 公函　D. 致辞

3.（　　）是用以记载和传达会议情况和议定事项的专门文书。

A. 通知　B. 公函　C. 备忘录　D. 会议纪要

4.（　　）是对某次会议或会谈的内容的概括和综述。

A. 通知　B. 公函　C. 备忘录　D. 会议纪要

5.（　　）是新闻媒介最常用的一种文体，以最直接、最简练的方式迅速及时地告诉读者新近发生或正在发生的事件。

A. 消息　B. 通讯　C. 特写　D. 人物专访

二、填空题

1. 言语传播的层次包括________。
2. 话语的类型包括________。
3. 言语传播中的人类行为有________。
4. 宣传页是组织用于公共关系传播的一种特殊的________，主要用于传播组织喜庆事件或文化建设、社区活动、品牌推广等方面的信息。
5. 板报是对________的统称。

第十三章 公共关系专题活动

内容提要

本章主要介绍公共关系专题活动的概念和特点、公共关系专题活动的类型、公共关系专题活动策划的程序、公共关系专题活动的实施管理、公共关系专题活动策划书和实施方案。

学习目标

1. 了解公共关系专题活动的概念和特点。
2. 了解公共关系专题活动的类型。
3. 掌握公共关系专题活动策划的程序。
4. 掌握公共关系专题活动的实施管理要点。
5. 能够起草公共关系专题活动策划书和实施方案。

学习提示

本章需要重点掌握公共关系专题活动策划的程序和实施管理要点。

第一节 公共关系专题活动概述

公共关系专题活动是公共关系人员经常采用的工作形式和手段，被广大组织广泛运用，已经成为社会生活中十分常见的现象。

一、公共关系专题活动的概念和特点

所谓公共关系专题活动，是指组织为了实现某一目标、围绕某一主题而开展的公共关系活动。

公共关系专题活动与一般社会活动相比，具有以下特点：

1. 目的性

公共关系专题活动具有鲜明的目的性，是为实现某一具体的特定目标而策划、实施的。专题活动主题的提炼、内容和形式的确定、目标公众的甄选等，都是以实现该目标为前提的；“目标”是贯穿专题活动策划和实施各个环节的主线，也是保证各项工作不偏离轨道的准绳。

2. 传播性

公共关系专题活动有公众的直接参与，而且参与公众的人数往往很多。众多的参与者把他们参加活动而得到的信息通过人际传播传递给更多的人。同时，众多人的参与往往导致社会热点的形成、产生新闻价值，从而吸引大众传播媒介的报道；而大众传媒的推波助澜又使得活动传达的信息传播到更广的范围。因此，很多公共关系人员认为，公共关系专题活动本身就是一种具有广泛传播性的媒介。

3. 协调性

公共关系专题活动牵涉到众多人的因素和环境的因素，因此协调性贯穿其过程的各个方面和环节：首先，表现在目的和内容的协调；其次，表现在内容和形式的协调；第三，表现在实施操作管理的协调。总之，专题活动的实施是一个纷繁复杂的过程，各种资源、各个细分项目、各个环节之间如果不能相互协调，则无法实现既定目标，甚至还可能导致与初衷背道而驰的结果。

4. 效益性

公共关系专题活动由于参与人数众多、涉及面广，需要投入大量的人力、物力和财力，通常所需的投资很高。作为活动的主办者，不可能让这样一笔巨资“打水漂”，而必定要追求效益。效益可以分为经济效益和社会效益。许多活动，如商业性活动本身追求的就是经济效益，不仅仅要求有回报，更要求良好的投入产出比和丰厚的回报；另一些活动，如公益性活动不直接追求经济效益，而是追求社会效益——扩大组织的知名度、提高组织的美誉度等，从而为组织的经营和运作创造更有利的环境，最终促进经济效益的增长，达到“曲线救国”的目的。

二、公共关系专题活动的类型

公共关系专题活动的类型有很多，根据不同的标准划分会得出不同的结果：

1.按活动的规模分类

(1)大型系列活动　即以同一目标和同一主题为出发点，形成不同内容、不同形式、不同场所、甚至不同主办单位的多项活动。

(2)大型活动　即参与人数众多的单项活动。

(3)小型活动　即在某单位内部举办或参与人数在100人以下的单项活动。

2.按活动的场地分类

(1)室内活动　即在室内开展的活动。

(2)户外活动　即在室外开展的活动。户外活动受天气影响较大，因此需要格外注意天气因素。

(3)野外活动　即在郊外开展的活动。野外活动的开展往往需要一些特殊的设施和专用器材，在这方面应有专门的考虑。

3.按活动的形式分类

(1)会议型活动　即以会议为主要形式的活动，如新闻发布会、研讨会、洽谈会、交流会、鉴定会等。

(2)庆典型活动　即以庆典为基调的活动，如奠基礼、落成典礼、周年庆典、开业典礼等。

(3)展示型活动　即以展示为主要手段的活动，如展览会、电影会等。

(4)竞赛型活动　即以竞赛为主要形式的活动，如体育比赛、智力竞赛、征文等。

(5)综合型活动　即集各种活动形式为一体的活动。

4.按活动的性质分类

(1)新闻发布活动　即通过新闻媒介发布有关信息的活动，如新闻发布会、媒介恳谈会等。

(2)促销性活动　即为了吸引消费者、直接刺激消费而举办的活动，如展销会、新产品介绍会、表演会等。

(3)交流性活动　即组织与社会、同行间开展的交流有关业务信息和技术的活动，如研讨会、座谈会、交流会等。

(4)庆典、纪念性活动　即组织为某个节日、纪念日或某项成绩而举办的活动，如纪念会、店庆、庆功会、表彰会、签字仪式、就职仪式等。

(5)沟通性活动　即为实现组织与其公众的双向沟通而举办的活动，如联欢会、电影招待会、聚餐会、宴会、舞会、开放日活动等。

(6)公益性活动　即为表现组织社会责任感、提高组织声誉而举办的活动，如赞助、慈善活动、环保活动、救灾活动等。

区分不同类型的公共关系专题活动，有利于公共关系人员掌握不同类型活动的特点和需求，从而更好地进行策划和开展实施管理。

第二节　公共关系专题活动的策划和实施

一、公共关系专题活动策划的程序

1. 立项

公共关系专题活动的立项就是指把某个活动构想正式确立为项目。立项是专题活动策划和实施的基础，也是开展后续工作环节的前提。决定一个构想能否被确立为项目的基本条件，是其具有可行性。

公共关系专题活动的可行性分析包括以下几个方面：

(1)社会环境的可行性　在这方面，需要考察策划的活动是否符合政府的方针政策、法律法规，是否符合当前国家利益的要求，是否符合当前的工作中心，以及能否吸引公众的参与；研究的内容包括政策法规、人文环境、地方习俗、民族习惯、宗教信仰、价值观念、道德观念等。

(2)经济的可行性　经济的可行性，首先要考察的是财力的可行性。所谓“巧妇难为无米之炊”，没有财力做基础，专题活动就不可能实施；其次要考察效益的可行性，专题活动都追求效益(不管是经济效益还是社会效益)，在此要研究投入产出比是否令人满意。

(3)物质条件的可行性　在这方面，首先，要考察场地的条件——是否符合活动的要求、是否有利于活动的开展等；其次，要考虑技术方面的可行性，研究活动需要运用哪些技术、这些技术是否成熟等；第三，要考虑设备方面的可行性，研究活动需要运用哪些设备和道具、它们是否容易设计和制作以及安全性、美观性等问题。

(4)时间的可行性　在这方面，首先要考察专题活动能否在一定的时间期限内完成，因为许多活动都是有“时效性”的，过了某个时间点就失去了举办的意义；二是要考察“时机”，也就是研究在打算开展活动的时期里有没有可以“借势”、“搭车”的社会热点、重大事件或节假日，有没有需要避开的社会热点、重大事件或节假日。

2. 调研

项目的调研对于方案的制订和决策有着重要的意义，具体工作包括：

(1)了解国家有关的政策法规　公共关系专题活动往往属于公共活动，因此必须符合公共管理的要求，从主题到活动内容到传播方式等，都必须严格遵守国家有关的政策法规。只有这样，活动方案才有可能获得批准，活动才有可能得以实施；违背国家有关政策法规的活动，即使强行实施，也只会给组织带来负面效应。

(2)了解本组织的基本情况　组织举办专题活动总是出于自身特定的需求和考虑。为使活动取得预期的成效，就必须了解活动举办组织的历史和现状、公共关系的现状和需求及其产品和服务的特点等。只有这样，才能使活动切实符合组织的实际情况，能够有的放矢地解决组织当前面临的问题。

(3)了解同类案例的资料　公共关系专题活动为了吸引广大公众的注意和参与，需要在构思上和内容形式上有新意。而广泛了解以往所开展的同类活动，有助于活动策划人员避免落入以往的“俗套”、推陈出新，同时也可以借鉴前人的经验，吸取前人的教训，从而把当前的活动办得更为成功。

(4)了解目标公众的需求和关注点　开展公共关系专题活动的一个主要目的就是引起公众的广泛关注，并进一步引起大众传播媒介的关注和报道，取得良好的传播效应。而要引起广大公众和代表公众兴趣和利益的大众传媒的关注，就必须了解公众的需求和关注点，做到“有的放矢”和“投其所好”。

(5)了解地域文化特征和活动场地情况　任何一项公共关系专题活动，都必须依托某一地区的某一特定场地开展。事先了解该地区的文化特征和该场地的具体条件，是活动策划的有效性和活动顺利实施的重要保证。不同的地区具有不同的文化心理特征，对事物的看法和反应也相应不同。因此，同样的活动在不同的地区举办，其效果很有可能大相径庭。场地情况也是如此，充分了解场地的情况，就能有效利用地形地物营造活动的个性特色，同时避免场地及周边环境的条件制约，避害趋利，实现活动的最佳效果。

3. 制订方案

制订方案，这是公共关系专题活动策划的主体工作，需要制定出完整的活动方案，具体的工作环节包括：

(1)确立活动目标　任何一项公共关系活动都是组织总体公共关系战略的组成部分。因此，确立公共关系专题活动的目标，应该以组织的总体目标和总体公共关系策略为依据。活动的目标应该定得具体、可以量化、具有可行性，同时还要对实施和完成的时间做出明确的规定。活动的目标一定要切合实际，既不能太高而无法实现，也不能太低而浪费人力、物力和财力。

(2)设计活动主题　公共关系专题活动的主题是按照活动目标要求，通过活动的内容、形式等各种元素表现并传播的活动的中心思想。在设计活动主题时，应使其与活动目标相一致，同时还要富有特色、具有自己的个性，并易于传播。

(3)界定目标公众　目标公众是公共关系专题活动的诉求对象。一个组织面临多种不同的公众，而一项活动不可能把所有这些公众都作为诉求的对象。因此，一项活动只应关注部分的公众，也只能满足部分公众的需求。这部分公众就是目标公众。

(4)拟定活动内容　在设计活动内容时应把握以下要点：第一，活动内容要与活动主题一致，内容要充分反映主题；第二，内容要有新颖性，是目标公众喜闻乐见的，这样才能吸引目标公众的注意和参与，增强传播效果；第三，内容应该符合主流文化的道德价值判断，只有健康积极的内容才会受到社会的肯定和公众的欢迎。

(5)排列活动程序　排列活动程序就是把公共关系专题活动实施过程中先做什么、后做什么确定下来。活动程序的排列应紧凑、连贯，要合乎逻辑、合乎事件发展的常理，同时还要充分尊重风俗习惯。

(6)制定传播策略　制定传播策略就是确定所要传播的信息内容、选择传播媒介以及确定信息发布的方式和时机等。组织开展公共关系专题活动的一个主要目标就是扩大自身影响，要想实现这一目标，恰当的传播策略至关重要。在活动的不同阶段，传播策略可以有所不同。

(7)确定地点　活动地点直接关系到活动的效果，因此选择地点要十分谨慎，需要考虑其大小、氛围、特点、成本、交通的便利性、安全性以及配套设施等诸多因素。

(8)制定预算　编制公共关系专题活动预算能够核算该项目的费用，有利于计划开支、控制成本，同时也为活动结束后的评估提供了依据。一般来说，一项专题活动的预算包括：场地费用、物资费用、礼仪费用、安保费用、宣传费用、办公费、劳务费、餐饮费和机动费用；如果是委托其他机构承办，还有承办费和一定比率的税金。

(9)制定评估标准　为了保证评估工作的客观性，需要在策划阶段制定评估的标准。对公共关系专题活动的评估，主要针对 4 个方面：

①对制作成果的评估，即对活动中各制作项目，如舞台、背景板、标语、横幅等的数量和质量加以评估，并对整体的效果，如会场气氛、音响效果等进行评价。

②对大众传播媒介报道效果的评估，具体考察活动主办方为报道所做的工作，如写了多少份新闻稿、合计字数是多少、开了几次发布会等；有多少家媒介进行了报道、有多少公众接触到了被报道的信息、报道成本是多少等。

③对信息传播效果的评估，主要考察目标公众活动前后观点、态度和行为的改变情况。

④对参加活动人数的评估，直接统计数据即可。

4.方案论证

活动策划方案拟成文案后，还要对其进行论证，即对方案进行预测性评估。对方案的论证，不仅要征求有关专家的意见，还要听取相关公众代表的意见，从不同的角度对方案进行探讨并不断调整和完善。

5.项目决策

经过论证的策划方案，交由公共关系专题活动主体的决策人或决策机构审定，这个过程就是项目决策。策划方案虽然已经经过充分论证，但并不意味着决策人就应该照单全批，而是要从全局出发、宏观考虑和权衡各方面因素，审慎做出决定，以免造成资源的浪费。

二、公共关系专题活动的实施管理

公共关系专题活动策划方案形成后，还要制定更为详尽的实施方案，用以指导活动的执行过程。在对活动实施进行管理的过程中，尤其要注意以下几个方面：

1.场地管理

任何一项活动都必须在某个实际场地内进行，因此场地的落实是活动实施的前提。在选择场地时需要把握：

(1)场地与活动的适应性　不同的活动对场地有不同的要求，选择场地时要考虑备选场地与活动主题、内容是否相适应，以及场地的周边环境与活动是否相适应。

(2)场地的特点　考察备选场地是否具有独特的历史背景、特殊的意义等与众不同的地方。

(3)营造氛围的便利性　大多数专题活动都要求营造某种特殊的氛围，以烘托主题，因此在选择场地时要考虑备选场地是否便于氛围的营造。

(4)场地的设施条件　许多专题活动对设施和设备的要求都比较高，在选择场地时，要考察备选场地是否能提供这些设施和设备；如果不能提供，是否具有运输、安装和使用所需设施和设备的可行性。

(5)交通的便利程度　专题活动通常会吸引大量公众前来，因此在选择场地时要充分考虑交通因素，尽量选择与机场和车站距离较近、停车设施完备、步行方便的地点，方便活动参与者的到达和离去。

(6)应急设施情况　对于众多人参与的活动，一定要做好应急准备。在选择场地时，要考察其应急设施情况，如消防设施是否完备、状态如何、紧急疏散出口和通道是否充足和通畅等。

场地选定之后，还要对其进行布置，使之符合活动开展的要求。公共关系专题活动场地布置的总原则和舞台布置的原则一样，凡是对于活动没有用的物品，一件也不予采用；凡是对活动有用的物品，一件也不能遗漏。场地的布置要与活动的主题相一致，与所在地的文化特征和风俗习惯相一致；同时场地布置人员还应该发挥主观能动性，充分利用地形地物、发挥出场地的特点；另外，还要特别重视安全问题，场地上的任何布置都要求安全第一，保证现场设施、布置物、安装过程等各个环节的安全性。

场地布置的程序是：首先，深入领会实施方案中对场地布置的要求；其次，深入现场、实地考察，充分把握场地中地形地物的特点；第三，绘制场地布置图，可以是平面布置图，也可以是立体效果图；第四，准备现场布置物，也就是准备场地布置的用品，有现成的尽量用现成的，没有现成的可以购买或制作；第五，按图施工，力求按场地布置图的要求落实布置方案；最后，是安全检查，包括物品装设的牢固性、防火安全性、用电安全性和治安的安全性等。

2.人员管理

公共关系专题活动的人员管理是指对活动参与者的管理，其首要目标不是让活动参与者配合活动的开展，而是保证他们在整个活动过程中的安全，杜绝人员安全事故。具体应做到：

(1)预留足够的空间　在选择场地时，就应估计前来参加活动的人数，据此挑选足够大的场地，保证参加活动的人有宽敞的通道和行走空间，在活动过程中不会发生拥挤。

(2)设计合理的路线　尽量做到人车分流。如果有条件的话，让机动车、自行车和行人从不同的出入口进出场；如果做不到这一点，至少应该为他们规划不同的路线，而且路线尽量为单行线，避免人车夹杂、双向拥挤。

(3)标识明确　在活动的宣传品、说明书、门票上均应清楚地标明活动的地点、场地的划分以及行进路线；在活动现场，在所有必要的位置安放明显的指示牌，使活动参与者一目了然活动场地的划分、自己所在的位置和行进路线。

(4)规定人数上限　任何一个场地都有承受能力的极限，应该据此规定进入活动场地的人数上限，一旦达到额定人数，不再允许新的参与者入场，出一个才能进一个。不仅整个场地应有人数上限，场地中的每个区域也应有人数上限；如果场地内某一区域在短时间内人流骤增，应该迅速将其分流到其他区域，并限制人员进入该区域。

(5)做好疏散安排　在活动结束或发生紧急情况时，所有参加活动的人员要同时离开现场，很容易发生拥挤而导致危险，因此要在活动之前对疏散进行精心的安排，根据参加人数的多少和场地的条件，设计、安排疏散路线；对于没有足够的紧急出口和疏散通道的场地，坚决不予考虑；同时安排专人负责疏散路线上的关键节点，一旦出现紧急状况，这些人员要立即到岗，指挥人群有秩序地按预定路线撤离，以免发生拥挤和踩踏。在没有紧急情况时（活动结束），还可以组织参加者分批离场。

(6)加强对嘉宾的引导　出席活动的嘉宾一般是活动的核心人物，他们的行为（致辞、剪彩等）往往是活动程序的重要组成部分，因此让嘉宾充分了解自己的路线、整个活动的议程是十分重要的，否则可能打乱活动预定的程序，最好有专人对嘉宾实行全程陪同。此外，由于嘉宾的社会地位和知名度，他们容易引起活动参与者的围观和尾随，因此，最好为他们设计专门的路线，与一般的活动参与者隔离开来。

(7)安排保健措施　活动组织者应针对活动内容、参加人员的特点以及场地情况，安排好保健措施，如进行趣味体育竞赛，就要准备好处理一般的外伤；参加人员以老年人居多，就要准备一些老年人的常用药品；夏天在户外举行的活动，就要做好防暑的准备。对于一些参与人数众多的大型活动，还可以让救护车在现场随时待命。

3. 物资管理

在公共关系专题活动的实施过程中，必然要使用各种不同的设备和传播工具。为了保证“物尽其用”，需要对活动涉及的各项物资加强管理。首先，在各种设备和工具的选择上，要做到从活动实施的实际需要出发，“量体裁衣”，既要保证工作的顺利完成，又不能为了充场面而一味选择高档、豪华的设备，造成不必要的浪费。在活动过程中，应安排专人负责各项物资的保管、发放和使用，并对有关设备和工具的使用人员展开培训，使他们充分掌握操作要领，避免影响活动完成的效果以及对设备和工具造成不必要的伤害。

4. 过程控制

公共关系专题活动的实施过程实际就是活动实施方案的执行过程。在这一阶段，要对整个执行过程严加控制，保证不偏离原定计划，主要表现在对进度、成本和质量的控制上。

(1)进度的控制　对进度的控制不是笼统地规定一个完成所有工作的最后期限，而是要把整个项目按照一定的要求分解成若干特定的工作任务，并规定完成这些工作任务的先后顺序以及完成每项任务的期限，充分运用管理工具（甘特图、关键路径图、双坐标推展法等)制定详尽的时间进度表,对于某些较为复杂的环节可以留有一定的弹性。

(2)成本的控制　严格遵守活动实施方案预算书的规定,本着"厉行节约"的原则,同等条件下选择支出更少的解决方案;对于计划外开支履行严格的报批手续,从严把关,杜绝大手大脚的现象。

(3)质量的控制　要想取得专题活动的成功,不仅要按时完成既定的工作,更要保质完成既定工作。在每一项工作任务结束后,都应及时进行总结,比照活动策划书和实施方案中的目标要求和评估标准加以评价,发现问题及时纠正和调整。只有每一个环节的工作都保质保量地完成,整个活动最终才能取得成功。

第三节　公共关系专题活动策划书和实施方案

一、公共关系专题活动策划书

公共关系专题活动策划书是活动整个策划工作的成果体现,由以下要素构成:

1.标题

完整的策划书必须有标题。策划书的标题有两种常见的形式:一是"××(组织)××活动策划书";二是以点明活动主题的语句作为主标题,以"××(组织)××活动策划书"作为副标题。

2.活动背景

活动背景分析是策划书正文的第一项要素,阐明策划和实施某项活动的特定背景和需要,主要说明两方面的内容:一是当前社会和公众的热点和需求;二是组织自身发展的特定情况和需要,同时应阐明这二者之间的契合点。需要注意的是,这部分对社会热点和公众需求等情况的分析,应该建立在科学调研的基础上,切不可不负责任地信口开河。

3.活动主题

活动主题的表现形式较为丰富,可以是一句口号、短语、对仗的两句短语,还可以是词语组合等。不管是何种表现形式,都要求语句简练而富有文采,能给人留下深刻的印象。

4.活动目的

活动目的在策划书中必须明确指出,这也是事后评价活动成功与否的一项重要标准。"活动目的"和"活动背景"有着密切的联系,前者在一定程度上决定了后者。因此,只要活动背景梳理清楚了,活动目的也就不难表述了。

5. 活动目标公众

在描述活动的目标公众时，如果目标公众集中于社会某一个层面，可直接概括，如“关心自身健康的××地区中老年人士”；如果目标公众分布较为广泛，则可用“第一目标公众”、“第二目标公众”、“第三目标公众”分类加以表述。

6. 活动时间和地点

策划书必须明确规定活动的时间和地点。如果活动时间跨度较长，需要明确活动从×年×月×日到×年×月×日进行；如果活动在一天之内举办，需要明确活动从×时×分到×时×分进行。

对于内容单一的活动，说明其地点比较容易，直接写出活动举办地即可；对于时间跨度较长且分别在不同场所举行的活动，需要分别列出活动不同阶段的不同地点，并重点突出关键阶段活动的具体地点。

7. 活动内容

活动的具体内容包括活动各项目的组合和安排，需要准确而有条理的表述，并强调重点和有创意的环节。由于策划书只是对某项活动的总体设想，因此这部分点到即可，不必十分详尽。

8. 效果预测

对活动可能产生的实际效果做大致的预测和估计。预测时应定量分析和定性分析相结合，以定量分析为主，这样预测的结果更有说服力。可以凭借以往的经验进行预测，也可以根据统计数据进行预测，还可以邀请专家进行预测。对活动效果的预测，既不能保守而导致方案得不到批准；也不能夸大其词，因为效果预测也是评价活动成功与否的重要标准，夸大效果会给实现目标增加难度，甚至导致目标无法实现。

9. 传播策略

传播策略，具体包括 3 个方面的策略：

(1)新闻媒介传播策略　新闻媒介传播就是通过新闻媒介发布有关活动的消息及相关报道。新闻媒介传播策略需要说明：准备分几个阶段组织新闻报道；采取什么形式组织新闻报道；重点邀请哪些新闻媒介进行报道。

(2)广告传播策略　广告传播就是通过广告发布的形式来传播有关活动的信息。广告传播策略需要说明：是否需要做广告、投入多少广告、采取什么形式的组合。

(3)其他媒介传播策略　其他媒介传播是指通过宣传页或宣传册等手段传播有关活动的信息。其他媒介传播策略需要说明：是否需要采用其他媒介、采用哪些、采取什么形式的组合。

这3个方面构成了公共关系专题活动传播的整合框架，但并不是每一次活动的传播都必须整合这3种方式，而要根据实际情况对它们进行有效的配置和组合，争取以最少的资金投入换来最好的宣传效果。

10. 实现措施

所谓实现活动方案的措施，是指活动主办方和具体承办单位为保证活动方案的顺利实施而必须做的工作和采取的有关措施。这部分可以说明具体的报批手续、活动的前期准备和人员培训、活动安保问题的处理、应急方案的制订和落实等。

11. 场地布置

场地布置，这部分说明活动策划者对场地的基本要求和对场地布置的原则性意见和设想。

12. 工作程序和分工

就工作程序而言需要说明：全部工作大致分为几个阶段、每个阶段的时限以及各阶段之间如何衔接。就职责分工而言，如果是委托项目，需要说明委托机构和受委托机构各自的工作职责、范围；如果是自办项目，需要说明本机构内部各部门在活动实施过程中各自应承担的工作。在策划书中，这一部分也是原则意见，列出大致框架即可，不必过细。

13. 经费预算

列出经费预算，可以让活动主办方决策层了解活动需要耗费的资金以及投入产出比，决定是否批准活动的实施；而且项目一旦获得批准，该预算方案就成为财务部门拨款和控制开支的重要依据。

14. 评估标准

评估标准制定的依据：一是对活动效果的科学预测；二是公共关系行业对此类活动的一般标准和要求。具体的评估标准前文已述，在此不再赘述。

15. 其他有关事项

其他有关事项指的是，无法纳入前面各部分之中，但是又有必要向策划书的审定者加以说明的内容。如果活动并无额外需要说明的事项，则此部分可以省略。

以上是公共关系专题活动策划书应包含的常规要素。但这并不是说任何一份策划书都必须照此办理，还需要根据实际情况灵活处理。

二、公共关系专题活动实施方案

公共关系专题活动实施方案，是专题活动各项具体工作执行和落实的指导性文本。专题活动策划书是活动的总体方案，从宏观的角度对活动的各个因素做全面的考虑，许多要素只是点到即止，没有展开，也没有必要展开。而专题活动的实施方案，实质就是对已经批准的策划书中所涉及的各项内容和环节的细化，对它们做出相应的安排和制定有效的管理措施。一个包含了好几项具体活动内容的大型专题活动，往往还需要分别为这些具体活动制订实施方案。

公共关系专题活动实施方案的要素与策划书有相似的地方，但二者侧重点不同，策划书重在对整体活动的全面把握，而实施方案则强调具体项目执行的可操作性。一般来说，公共关系专题活动实施方案包含以下要素：

1.活动主题

策划书中的活动主题是对整体活动而言。如果某一专题活动只有一项具体活动，在撰写实施方案时，可以直接采用策划书中对活动主题的描述；如果某一专题活动包含若干活动项目，则每个项目都需要单独拟定活动主题。需要注意的是，每个具体活动项目的主题应该能被包容在整个活动的主题之中，而不应发生偏离和游移。

2.活动目标

策划书中的活动目的是对整体活动而言，规定的是活动的总体结果；而目标规定的是每一个具体项目应达到的具体结果。如果某一专题活动只有一项具体活动，在撰写实施方案时，可以直接采用策划书中对活动目的的描述；如果某一专题活动包含若干活动项目，则每个项目都需要单独拟定活动目标。“目的”应包容“目标”，每一项活动项目目标都达到了，则整体活动的目的也就实现了。

3.活动时间和地点

策划书中对活动时间和地点的表述只是某种意向或设想，还不够具体。同时，策划书中的时间和地点是整个活动的时间和地点，时间比较宽泛，地点也可以有多处。实施方案为了指导实际执行，必须对每一个活动项目的时间和地点都做出具体而明确的规定。

4.活动出席人员

实施方案应该对参加人员和人数做出明确的规定。如果活动中设有主席台或有剪彩之类的特殊议程，还应该规定主席台就座人员和人数以及参与特殊议程的人员和人数。

5.活动内容和程序安排

活动内容和程序安排，这部分说明活动项目包括哪些具体内容、实施的先后顺序以及每一项议程的时限。

6.活动现场布置

关于场地布置，策划书中已提出了原则性的建议和要求，在实施方案中要将其具体化，可以用一张或多张布置图或效果图并辅以文字说明来表现。

7. 活动所需物资

无论何种规模的活动，都需要用到某些设备和物品。在制订实施方案时，应该把所有需要的物资分门别类地一一列出，越细致越好，力求无所遗漏。

8. 分工和职责

分工和职责，这一部分在策划书中也有所涉及，但涵盖的是整体活动，没有落实到每一个具体项目；而实施方案对分工和职责的描述必须涵盖活动流程的所有方面，不允许任何一个环节出现死角。

9. 经费预算

策划书中的预算只是一种估算，而且着眼于整体活动的总体开支，没有细化到每个具体项目。在实施方案中，要针对每一个具体项目另行编制经费预算，作为每个项目费用开支的执行依据，同时也是每个项目成本核算的原始依据。因此，实施方案中的经费预算必须细致、精确，列出具体的数量、规格和金额，不允许任何形式的估算。

10. 工作进度表

为了保证方案实施的进度、落实具体分工和职责，可以制定工作进度表，以横轴表示具体的工作任务，以纵轴表示时间（反之亦可），并可标明每项工作的负责人，一目了然，便于检查和调控工作的进度。

制订实施方案的最终目的，是保证活动各个环节、各项工作的具体落实和规范操作，因此，在拟定过程可根据实际情况灵活变化和调整，而不必过于拘泥。

本章小结

所谓公共关系专题活动，是指组织为了实现某一目标、围绕某一主题而开展的公共关系活动。公共关系专题活动与一般社会活动相比，具有目的性、传播性、协调性和效益性的特点。按活动的规模分类，公共关系专题活动可以分为大型系列活动、大型活动和小型活动；按活动的场地分类，公共关系专题活动可以分为室内活动、户外活动和野外活动；按活动的形式分类，公共关系专题活动可以分为会议型活动、庆典型活动、展示型活动、竞赛型活动和综合型活动；按活动的性质分类，公共关系专题活动可以分为新闻发布活动、促销性活动、交流性活动、庆典/纪念性活动、沟通性活动和公益性活动。

公共关系专题活动策划的程序是：立项、调研、制订方案、方案论证、项目决策。在对公共关系专题活动实施进行管理的过程中，需要注意做好场地管理、人员管理、物资管理和过程控制方面的工作。

公共关系专题活动策划书是活动整个策划工作的成果体现，由以下要素构成：标题、活动背景、活动主题、活动目的、活动目标公众、活动时间和地点、活动内容、效果预测、传播策略、实现措施、场地布置、工作程序和分工、经费预算、评估标准、其他有关事项。公共关系专题活动实施方案，是专题活动各项具体工作执行和落实的指导性文本。公共关系专题活动实施方案包含以下要素：活动主题、活动目标、活动时间和地点、活动出席人员、活动内容和程序安排、活动现场布置、活动所需物资、分工和职责、经费预算、工作进度表。

[思考题]

1. 公共关系专题活动的特点有哪些？
2. 公共关系专题活动的类型有哪些？
3. 公共关系专题活动策划的程序是什么？
4. 公共关系专题活动的可行性分析包括哪几个方面？
5. 制定完整的公共关系专题活动方案，具体的工作环节包括哪些？
6. 公共关系专题活动的实施管理要点有哪些？
7. 公共关系专题活动策划书的构成要素有哪些？
8. 公共关系专题活动实施方案包含的要素有哪些？

[自测题]

一、单项选择题

1. 电影会属于(　　)型的公共关系专题活动。

A. 会议　　B. 庆典　　C. 展示　　D. 竞赛

2. (　　)是专题活动策划和实施的基础，也是开展后续工作环节的前提。

A. 立项　　B. 调研　　C. 策划　　D. 论证

3. 公共关系专题活动场地布置程序的最后一步是(　　)。

A. 实地考察　　B. 安全检查　　C. 绘制布置图　　D. 按图施工

4. 出席公共关系专题活动的(　　)一般是活动的核心人物，他们的行为往往是活动程序的重要组成部分。

A. 领导　　B. 公众　　C. 公关人员　　D. 嘉宾

5. 公共关系专题活动(　　)，是专题活动各项具体工作执行和落实的指导性文本。

A. 实施方案　　B. 策划书　　C. 可行性报告　　D. 工作进度表

二、填空题

1.公共关系专题活动本身就是一种________。

2.决定一个构想能否被确立为公共关系专题活动项目的基本条件，是其具有________。

3.公共关系专题活动的主题是按照活动目标要求，通过活动的内容、形式等各种元素表现并传播的活动的________。

4.专题活动通常会吸引大量公众前来，因此在选择场地时要充分考虑________。

5.场地的布置要与活动的________相一致，与所在地的文化特征和风俗习惯相一致。

第十四章 危机管理

内容提要

本章主要介绍危机和危机管理的概念、危机的特点和类型、危机管理的原则、危机管理的过程、危机传播管理、危机管理计划的内容以及危机管理计划的制订和审定。

学习目标

1. 了解危机和危机管理的概念。
2. 了解危机的特点和类型。
3. 了解危机管理的原则。
4. 掌握危机管理的过程。
5. 掌握危机传播管理要点。
6. 掌握危机管理计划的内容。
7. 了解危机管理计划的制订和审定要点。

学习提示

本章需要重点掌握危机管理的过程和危机传播管理要点。

第一节 危机及危机管理概述

一、危机和危机管理的概念

“危机”是一个在人们生活的各个领域被广泛使用的词汇，一般用来指“严重困难的关头”。在公共关系研究和实践中，不同学者对危机的含义有着不同的认识：

危机指的是孕育重大变化的不稳定的时期或状态，这种变化可能带来不受欢迎的后果，也可能带来受欢迎、积极的结果。

危机指的是威胁到组织最根本的目标的事件。

危机是指具有严重威胁、不确定性和有危机感的情境。

危机是一个会引起负面影响的具有不确定性的大事件，这种事件及其后果可能对组织及其员工、产品、服务、资产和声誉造成巨大的损害。

危机是指对组织可能造成潜在负面影响的重大事件，此事件也可能波及该组织的公众、产品、服务或名声，因此冲击到组织的正常运作，甚至威胁到组织的生存。

从上面的不同定义可以看出，学者们对于危机的定位有2种认识：一是认为危机是一个或一系列事件；二是认为危机是一种情境。我们认为，将危机定义为“情境”更有利于认识危机的本质和认清危机管理的方向。虽然危机通常都是由特定事件引发的，但危机事件并不等于危机本身。危机的发生是组织与外部环境互动、交流中积累、渐进的过程；在危机中，组织面临的挑战也不仅仅是某个单纯的事件，而是一个复杂的环境。因此，可以把危机理解为影响组织目标的实现和组织正常运作的威胁性情境。

把危机看做是一种情境，则危机管理就不仅是单纯的危机事件处理，而是将不利的外部环境转化为常态的综合过程。由此看来，危机管理包含对危机事前、事中、事后所有方面的管理，是对可能发生或已经发生的危机进行预测、监控、协调处理和善后的全过程，旨在使组织从面临潜在威胁和现实损害的情境下恢复正常的运营和发展状态。

二、危机的特点和类型

1. 危机的特点

(1)突发性　危机的暴发往往是突然的。很多情况下，危机的发生完全出乎当事者的意料，使他们措手不及；有时候，虽然组织能够预测到某些危机发生几率很高,但也无法预知其发生的具体时间,一旦暴发仍然会有突然的感觉。正是危机的突发性特点给危机管理带来了巨大的挑战。

当然,危机突然暴发的背后是一个渐进积累的过程,是各种危机因子由量变到质变的转换过程。危机的发展过程一般可以描述为潜伏期、暴发期、处理期和解决期。

(2)破坏性 危机一般具有较大的破坏性,对组织的生存和发展产生立即而显著的威胁。危机的破坏性表现为有形和无形 2 个方面:有形的破坏是指危机造成的生命财产损失、正常秩序的破坏、既定目标的破坏等;无形的破坏是指危机带来的信誉受损以及组织与重要公众关系的恶化等。

当然,危机不仅仅带来危害,也可能带来机遇,是危险和机遇的统一体。危机的积极意义表现在 2 个方面:一是危机具有"警戒"的作用,使组织认识到自身的缺陷和弊端,从而对症下药,在今后的发展中扬长避短、更好地适应外部环境;二是如果危机处理得当,能够使组织更好地赢得目标公众的同情、理解、信任和支持,提升组织的知名度和美誉度。

(3)紧迫性 危机对组织构成的威胁若不立刻排除,会给组织带来巨大的损失;而且危机一旦发生,会以很快的速度扩散和蔓延。危机对当事者最大的考验,就在于必须在极短的时间内做出决策和反应。

(4)资源的匮乏性 危机的暴发可能会破坏原有的信息沟通渠道。另外,人们会由于过度紧张而无法客观、真实地反映情况,使得信息错综复杂并且真伪并存,因此危机期间难以获得完备而可靠的信息,导致信息的不足。除了信息以外,对危机的处置和应对还需要大量的人力、物力和财力,而危机的突发性使得组织难以在全部资源方面做好充分的准备。在资源不足的情况下进行资源的有效配置和整合,是危机管理的另一大挑战。

2.危机的类型

(1)按暴发的突然性程度分类 按暴发的突然性程度,可将危机分为"突发性危机"和"渐进性危机"。前者是没有预警的意外情境,如突发的订单取消、货币贬值、公司被勒索等;而后者则是组织内部的危机因子缓慢积累、由量变到质变的过程,通常是一个组织常年积累的问题或与组织制度、组织文化方面的问题有关。

突发性危机发生快、可预测程度低、容易识别,通常由某个事件所引发,与环境的关联相对来说比较少;由于是突发状况,所以在发生几率上通常是均等而非累进的。与此相反,渐进性危机的发生是缓慢的、可预测程度高、不容易识别,通常不是由某个事件引发,而是积累到一定程度才暴发,与环境的关联比突发性危机要多,在发生几率上是向上累进的。

(2)按生命周期分类　和人的生命历程或产品生命周期一样,危机也同样经历发生、成长、成熟和衰退4个阶段。按照危机生命周期的变化,可将危机分为:

①风潮型危机,即稍纵即逝的危机,来得快、去得也快。这类危机威胁性相对较低,如果组织处理得当,能在短时间内加以化解、迅速结束。

②攀高型危机。由于处理不当,危机像滚雪球般越来越大;或由于本身十分复杂,自身的危机强度不断积累,甚至最终发展成另一种危机,这样的危机被称为"攀高型危机"。

③循环型危机,一种是通常与时间、季节有关,如淡/旺季造成的经营危机,或是发生于固定时间的危机,如台风季节对农业、渔业的影响。另一种循环型的危机,是指"一波未平,一波又起"的波浪式危机,即当一个危机即将衰退终止时,突然又形成一个新的危机。

(3)按发生原因分类　根据危机发生的原因是人为还是非人为、来自组织内部还是外部,可将危机分为:

①外部人为原因引发的危机,如不利于组织发展的法规的出台、恶意收购、造谣中伤、勒索、对产品投毒、竞争欺诈等引起的危机。

②内部人为原因引发的危机,如企业经营理念的偏差(生产高污染产品、与环保价值观背道而驰等)、运营管理过程中的失误或道德问题(广告不实、仿冒他人产品、窃取商业机密等)等引起的危机。

③外部非人为原因引发的危机,是指自然灾害带来的危机。

④内部非人为原因引发的危机,如生产设备失控、电脑系统失灵等导致的危机。

三、危机管理的原则

1. 预防为上

预防为上,这是由危机的突发性和破坏性决定的。危机一旦暴发,往往带来巨大的破坏和惨重的损失;危机暴发后对其的应对和处理,只能减少一些损失而无法完全避免损失。要想避免危机带来的损失,最根本的办法就是避免危机的产生。因此危机管理的最高境界就是预防危机,对可能发生的危机做出较为准确的预测并采取各种措施避免其暴发,做到防患于未然。

2. 勇于担责

危机发生后,公众会处在非常情绪化的状态,加上对企业先天的不信任,往往对危机涉及企业先做"有罪推定",无论谁对谁错,都认为企业应该承担责任。在这种情况下,如果企业非要分出个谁是谁非并根据过错大小承担相应责任,从法律上讲没有任何问题，但会加深公众的反感，使他们更加情绪化甚至非理性化，不利于问题的解决。要想有效处理危机，必须迎合和满足公众对于企业处理危机的预期，即勇于承担责任，将公众利益放在首位并采取措施切实加以维护。

3. 真诚沟通

危机中的组织要高度重视信息的传递发布，与相关公众坦诚沟通：一是做好组织内部的沟通，安定内部员工的情绪，获得他们的理解和支持，使得组织上下一心、同舟共济、共渡难关；二是做好与利益攸关者的沟通，与他们坦诚相对。危机发生后，危机涉及组织往往成为媒体和公众关注的焦点，组织的一举一动都处在“聚光灯”下，因此不要有蒙混过关的企图，而是应该主动和新闻媒介联系、尽快与公众沟通，向他们说明事实真相。在与媒体和公众的沟通中，要以诚恳的态度诚实地说明事实，是自己的错误就勇敢地承认，不掩饰、不推诿，并兑现对公众的所有承诺，充分展示对公众的诚意。只有这样，才能帮助公众重新建立对组织的信任。

4. 主动迅速

面对危机，组织应该持有积极主动的态度，承认危机存在的必然性，在客观、科学分析组织内部和外部环境的基础上，准确预测可能发生的危机并制定相关措施加以防范；一旦危机暴发，做到迅速反应、果断行动，尽最大可能控制事态的恶化和蔓延，在最短时间内重塑或挽回组织的良好形象和声誉。

5. 全面系统

危机涉及或影响组织的诸多方面，因此在危机管理的过程中，应遵循全面考虑的原则：既要考虑内部公众，又要考虑外部公众；既要注意对公众现在的影响，又要注意对公众未来或潜在的影响；既要考虑局部利益，又要考虑全局利益，等等。

开展危机管理时还必须做到系统运行，避免顾此失彼，在逃避一种危险的时候导致新的危险。系统性首先体现在日常危机管理制度的建设，制定一套从危机预警到危机应对再到危机善后的危机管理制度；同时，还要设立专门的危机管理组织机构，负责组织有关危机管理的全面工作；最后在各项资源的配置和调动上，做到系统整合，使资源的使用呈现最大的效率化。

6. 客观公正

在危机管理的各个环节——收集信息、预测危机、制定相关措施、应对危机、评估决策等，都应该秉持客观的态度和原则，这样才能保持决策的科学性和措施的有效性。

危机的发生必然会影响到组织与某些公众的关系。在处理组织与受到危机影响或危害的公众之间的关系时，一定要公正，要排除主观、情感的因素，一视同仁，公平、坦诚地对待所有受到损害的公众。

第二节　危机管理的过程

危机管理是对危机事前、事中、事后各项工作的全面管理，具体可以分为预防、准备、应对和恢复4个阶段。

一、危机的预防

危机管理工作的一个重要原则就是"预防为上"，因为预防是控制潜在危机最简便、花费最少的方法。要做好危机的预防，首先要做好风险管理。

1. 风险管理

风险管理最早起源于保险业，后来被运用到金融领域，含有很强的计量因素，用于在面临各种风险时估算成本和收益；后来又逐渐被运用到医疗保健、环境保护等被认为是高风险的行业和领域。

国外学者对"风险"的定义中，较为有代表性的可以归纳为：风险(risk)是某种特定的危险发生的可能性和后果/影响的综合体。而风险管理(risk management)则是指对风险进行识别、分析与评估、处理并对其进行监控的过程。风险的识别和评估是开展有效的危机管理的第一步，国外一些学者现在把风险管理看做是危机管理的起点。

风险管理的步骤可以归纳为：风险识别、风险分析与评估、风险处理以及监控。

(1)风险识别　风险识别是指找出组织面临的各种风险，主要回答"会发生什么糟糕的事"以及"如何发生"的问题。开展风险识别的工作，要求对组织有全面而深刻的了解，根据组织自身的情况和特点，分析是否有什么会影响组织目标的实现或影响组织的收益、财务、声誉和日程等，预测组织可能面临的各种风险。开展风险识别工作，通常需要召集组织各部门的相关人员，如果需要的话还可以外请一些专家，采用头脑风暴及讨论等方法，尽可能罗列组织可能面临的所有风险，然后整理出来，在更大范围内反复讨论，从而最终确定一份目录。

(2)风险分析与评估　风险分析是从风险发生的可能性和后果/影响这两个方面对风险进行分析。其中，可能性又可以从几率和频率两方面来衡量。几率通常是以百分比(或千分比等)的形式来表示事情发生的可能性的大小；而频率则是指事件可能在多长时间内发生一次(例如，3个月1次、10年1次等)。

根据风险分析的2个标准——可能性和后果/影响，我们用图14-1表示对风险进行分类：

其中，D区表示高可能性、严重的后果，处在这一区的风险需要立即想办法处

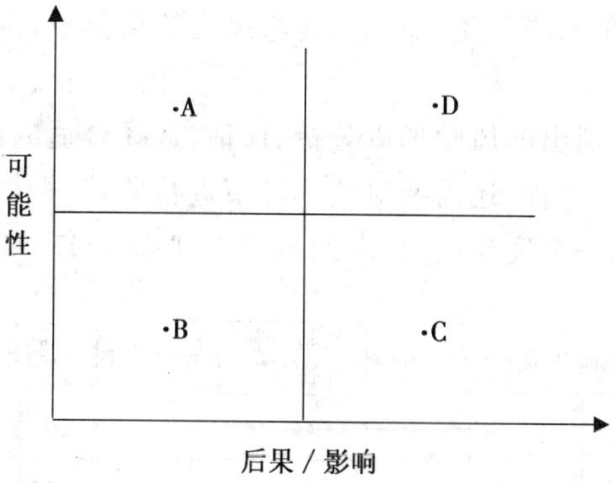

图 14-1　风险分析的 2 个标准

理;C 区表示低可能性、严重的后果,处在这一区的风险需要尽可能想办法避免;A 区表示高可能性、轻微的后果,处在这一区的风险需要较好的控制;B 区表示低可能性、轻微的后果,如果有足够的资源,可以对其加以处理,如果没有足够的资源,可以暂时不去理会处在这一区的风险。

通过风险分析,我们会发现,有些风险需要马上想办法应对,而有些风险可以暂时先忽略不计。那么,哪些风险必须马上处理而哪些风险又可以暂且搁置一边呢？这就要进行风险评估。风险评估是指根据风险分析的结果以及组织自身的状况,把组织可能面临的所有风险按照紧急程度和需要重视的程度排序,以便更加合理、有效地分配组织有限的资源。

(3)风险处理　风险处理是指选择应对风险的合适策略和手段并加以执行。在传统上,有 4 种策略可供选择:避免、缩减、转移、保持/接受。

风险避免是指不去做那些可能导致风险的行为,比如说为了避免飞机失事就不坐飞机。从理论上说,对于一切风险都可以采用这种策略;但这是不现实的,因为这就意味着什么都不能做。然而,在某些情况下,“避免”的策略的确是既合理又可行的,如通过移走有火灾隐患的物品来避免火灾。

风险缩减是指采用恰当的做法来减少风险的发生、减弱风险的后果。比如,在不得不存放易燃物品的情况下,可以在易燃物品的周围多放置些消防设施,这样一旦真的发生火情,可以减少损失。

风险转移是指把风险的负担转嫁给另一方,通常是通过合同来实现的。比如,可以不在本单位存放易燃物品,而交由专门的仓储公司去保管,从而把发生火灾的风险转嫁给仓储公司。另外,购买保险也是常用的转移风险的方法。

风险接受是指在无法避免、缩减和转移风险的情况下，接受风险发生的可能性和后果。

(4)监控　对识别出的风险加以分析、评估，选择合适的策略和手段来应对，这并不是风险管理的全过程，还需要对这些环节进行监控，根据实际情况不断进行修正和调整，这才构成一个完整的、动态的风险管理流程(图 14-2)。

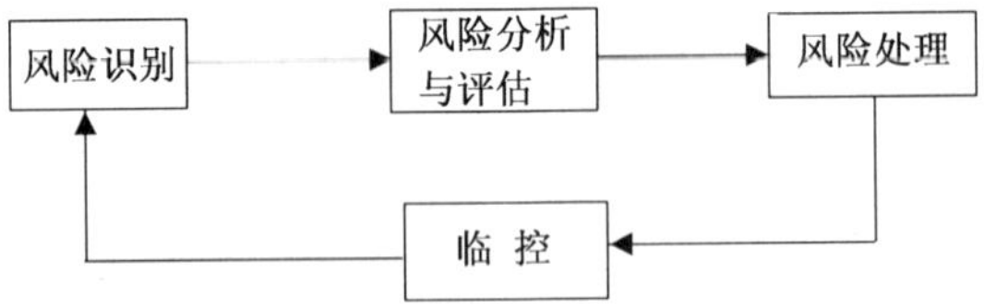

图 14-2　风险管理流程模型

2. 危机预警

危机预警系统一般由三部分构成：危机监测子系统、危机评估子系统和危机预报子系统。

危机监测子系统的主要职能：一是分析风险信息，将危机预警与风险管理在策略和行动 2 个层面都连接起来；二是监测危机动态，了解和把握危机的演变和进程。危机监测的直接对象包括：①危机现象，即危机暴发后的各种现象；②危机前兆，即危机暴发前出现的、与危机暴发有一定联系的征兆；③危机起因，即可能引起危机的各种要素。

危机评估的主要内容有 3 个方面：①通过分析危机产生的诱因、演进过程和扩散方式，对危机的现实状况做出判断，对危机未来的变化趋向做出预测；②客观评估危机的危害程度，如实反映已经遭受的损害、预估可能发生的潜在损害，指出损害的对象和损害方式；③分析化解危机的可行性，指出应对危机所需的主客观条件和各种资源，对化解危机的可行性策略提出建议。

危机预报就是根据危机评估的结果，对危机的来临、发展及其危害向组织内外的利益攸关者发出警报，其过程为：①确定临界点，即组织由正常状态进入紧急状态的分界点；②把危机的预测值与临界点进行比较；③根据比较结果以及其他相关因素，决定是否发出危机警报；④发出警报。危机警报的形式多种多样——大众媒体发布、文件、会议、海报、告示、烟火、警笛、警钟等，关键在于警报的有效到达，使利益攸关者及时警觉并采取相关措施。

二、危机的准备

再好的预防工作也不可能杜绝危机的发生，因此组织应在平时状态下做好应对危机的准备，以免危机发生措手不及、束手无策。

1. 筹建危机管理的组织机构

危机管理工作必须有一个精干有力的专门组织作为领导核心，这是进行有效危机管理的组织保证。这一组织机构一般称作危机管理小组，是危机管理的智囊团和作战指挥中心，其主要职能包括：对潜在危机做出预警；制定危机管理的战略战术；执行危机管理计划；应对计划外危机；以及对组织所有成员进行相关的培训和演练。危机管理小组的成员通常包括组织的最高领导者、新闻发言人、公共关系专业人员、法律顾问、危机涉及部门的主管、组织的财务主管以及行政后勤支持人员；如果有必要，也可以外聘一些专家和顾问协助组织机构成员做出决策、拟订方案。

2. 制定危机管理计划

危机管理计划是组织为了预防危机的发生或在危机发生时尽可能减少损失而制定的关于危机的预防、处理和控制的书面计划。该计划明确包括了危机管理的责任、具体的运作方式和注意事项等，并以书面的形式体现出来。

制定危机管理计划的作用体现在有助于预防危机、减少危机带来的损失、使危机发生后的应对和处置忙而有序并能够帮助组织抓住危机中的机遇（有关危机管理计划的具体内容见本章第四节）。

3. 开展培训和演练

危机管理不仅是危机管理小组的工作，也是组织全体成员的工作。为了保证危机管理的有效进行，需要对组织所有成员开展相关的培训并组织有关演练。

(1)员工应对危机的培训　培训的通用方法是场景训练法，一般通过计算机模拟或现场实际演练来完成。计算机模拟可以建立在三维空间中，如实反映现实中可能发生的事情，并将决策和反馈输入进去，仿真度很高。现场模拟应尽力反映危机情境的不同方面，通常需要加入相关的背景，如水、火等，使参加者有身临其境的感觉。

训练的组织者以危机中心情节为基础做出训练计划，设计一系列的训练科目。有的训练科目在同一时间发生，有的按照时间间隔依次发生，以锻炼受训者的危机反应和操作能力。训练前，组织者告知受训者将要发生的问题、设定的场景以及受训者应做的工作；在训练过程中，组织者还应收集反应过程产生的信息和数据，以便日后的改进；训练结束后，应对其进行严格、客观的评价，重点放在如何改进危机管理的绩效上，以及增加不同部门、人员之间的协调。

在培训过程中应注意：训练应尽量反映现实；尽可能完整地记录，以便训练结束后对相关问题的讨论；不中断组织的正常活动；参加者和旁观者应该清楚这不是真正发生的状况；避免人员和设备发生真正的损失；训练结束后及时清理现场。

(2)对危机管理方案的演练　演练的目的是强化危机管理意识、检验危机的准备工作、检查组织真正面临危机时的协调程度，以及完善和修正危机管理方案。

演练之前的准备工作主要包括：①思想准备，即将准备演习的决定告诉员工，让他们深入了解组织实施危机管理的重要意义，了解危机反应的具体步骤、应遵守的原则等；②建立演习的指挥机构，负责演习的组织、指挥和协调；③设计演习的步骤，制定检查的标准和方法；④制定检查表格；⑤建立演习评定小组，监督、检查各部门是否达到要求；⑥落实演习所需的相关物资。

通常，准备工作就绪后就可以进行演习，但并不一定要等各部门完全准备好了再演习，也不是准备好了一定就马上演习。演习的具体时间应由演习的指挥机构来决定。演习的具体执行时间应该是机密，因为真正的危机来临是不会提前通知的。执行演练的过程就是把蓝图变成现实的过程。在执行过程中，指挥机构可以设计一些危机管理方案中没有的“意外”，以检查相关人员随机应变的能力。

演习结束后，要尽快进行总结，因为这时大家还清楚地记得所发生的事情和采取的行动。需要总结的人员和部门主要有：直接参与演习的人员、作为观察员的专家、演习评定小组、演习指挥机构、组织的高层领导等。

危机管理者通过对演习全面的总结，修正危机管理方案中不足的、不符合实际的以及程序不优化的地方。修正之后的方案，需要更新内容、重新印刷、下发执行。

三、危机的应对

危机的应对指的是危机发生后组织对其的反应和处置。如果发生的危机在组织预测之中，则危机的应对就是相关危机管理方案的执行过程；如果发生的危机在预测之外，危机的应对给危机管理者提出了更高的挑战。

1. 危机应对的技巧

(1)控制事态　危机发生后，首先要迅速控制事态，避免其进一步扩大。能否在最短时间内控制住事态，使其不扩大、不升级、不蔓延，是处理危机的关键。为了达到这一目的，危机管理者可以采取以下方法：

①心理控制法。危机事件的发生往往会对公众心理产生较大的冲击和压力。对相关公众进行心理控制、减轻他们的心理压力，有利于控制事态。危机管理者在危机发生的现场应表现得沉着冷静、对问题的解决胸有成竹，为处在慌乱中的公众

树立良好的榜样，缓解他们的心理压力。

②釜底抽薪法。卷入危机的公众大都情绪激动，有时甚至处在一触即发的状态。处理时稍有不慎，就容易使事态恶化。因此，现场的危机处理人员绝对不能火上浇油、激化矛盾，而是要找出公众情绪激动的原因所在，想办法解决问题，安抚他们的情绪、平息他们的怒火，使事态趋向和缓。

③组织控制法。对于灾害性的危机，组织控制是指：立刻组织抢险救援，既要防止灾害扩大、波及更大范围，又要防止灾情加深，使整个抢险救灾工作处在严密的组织指挥之下，对灾害妥善处理。对于示威、抗议这一类的危机，组织控制是指：一方面对组织内部员工和广大公众迅速进行正面引导，以免更多的人卷入事件；另一方面迅速查清事件的组织者、发动者，做他们的工作，使事态得到控制。

(2)找到症结　控制住事态并不意味着危机就能得到解决，而只是危机处理的开端。重要的是利用事态控制住之后的有利时机，想方设法了解有关情况，准确找到问题症结所在，以便有的放矢、迅速解决问题。危机的原因和本质往往并不明显，需要危机管理者有效运用各种调查方法，透过现象找到问题的实质。

(3)分清主次　在危机处理过程中，需要解决的问题往往很多，一视同仁、多管齐下不仅不现实，而且也不会取得好的效果；应该分清主次，抓住主要矛盾，按照轻重缓急逐一解决，这样可以集中力量、有的放矢。主要矛盾解决了，其他问题自然会迎刃而解。

(4)迅速处理　处理危机，首先要准确确定其性质，这是妥善处理危机的基础和依据。危机管理者要全面掌握、认识危机的种种现象，并认真分析各种现象间的以及现象背后的联系，由表及里，透过现象把握危机的本质、确认其性质。在此基础上，拿出措施果断解决问题。在这个阶段，危机管理者应周密组织、层层落实，明确每个岗位的职责，不允许渎职和失误现象的发生。

2.危机应对的一些方法

(1)获得更多时间的方法　时间是危机管理中最重要的因素之一，因为危机管理者要在有限的时间内有效地分析、解决问题。为了获得更充裕的时间，危机管理者可以采取以下方法：

①周密部署。部署工作是指制定一个科学、高效的危机管理流程，包括应变的优先顺序、任务的分类及职责划分、资源的整合和调配以及向危机处理单位提供所需的支持。危机情境处在不断变化之中，好的部署更能适应危机情境的变化，避免因部署不当而重新部署带来的时间损失。

②迅速反应。危机处理人员更加快速地到达现场，并且在到达现场后反应更加熟练、配置资源所用时间更少，也能为危机管理人员赢得宝贵的时间。

③延迟事件。即通过阻碍或拖延事件恶劣结果的发生，为危机管理者赢得更多的时间。直接阻碍危机事件发展的策略也叫“墙式”策略，如修建防洪堤阻碍洪水的泛滥。绕开危机影响的策略也叫迂回策略，如让洪水改道以确保人口密集地区的安全。

(2)获取更多信息的方法　获取详尽的信息是有效进行危机处理的前提之一。信息不足，危机管理者将无从选择恰当的行动方案。危机管理者可以采用以下策略获得更多的信息：

①吸管式策略。吸管式策略是指像吸管从容器中吸水那样获取信息。它的特点是简单易行、利用尽可能多的信息资源、延续性强、将直接的数据输入到信息中心。吸管式策略从电视节目、电台节目、报纸新闻及互联网等广泛的信息来源获得直接目击资料和第一手感受资料，有助于危机管理者了解事情的发展趋势。吸管式策略还可以采取问卷调查和访谈调查的方法。

②实情调查。实情调查是从受害人、目击者以及与危机有牵连的人那里直接获取信息，其重点是通过交谈获得更具体的信息或通过其他方法难以得到的信息。要求调查者受过严格的相关训练，能够在非常沮丧、悲哀或愤怒的气氛中获取信息，同时还具备剔除信息中感情色彩的技巧。

(3)有效管理物资的方法　物资在危机处理过程中起到重要作用。危机管理者应该合理配置并节约物资，尽量使物资少受危机的影响，保护用于支援危机处理或消除危机影响的物资。

①物资转移。危机管理者可以采取“转移策略”将受到危机威胁的物资转移到相对安全的地方。在执行这一策略的过程中，要制定详尽的疏散计划、开辟储存物资的新场所并在危险地区的周围建立一个缓冲区。

②动态储备。危机发生后，危机管理者需要调配物资支援危机处理。危机处理过程中的物资使用容易出现两种情况：一是在危机结束之前就已经耗费殆尽；二是危机事件后还有很多剩余。前者的危害自不必说；而如果出现第二种情况，组织会被认为在危机处理过程中有所保留而同样受到公众的攻击。传统的储备管理是一个静态的过程，容易导致上面两种情况的发生，因此越来越多的危机管理者开始采用动态储备策略。

动态储备策略认识到危机是一个动态的变化过程，并在储备管理方面及时做出相应的调整，具体包括：首先判断危机可能产生的影响及应对危机所需的资源；研究如何有效地使用来自各方的援助；计算运输所需的时间；动态管理资源储备；为了将临时资源安排到所需的地方，可设置现场管理者决定资源的配置顺序和人事安排。

(4)区分轻重缓急的方法

①优先权排序。优先权排序是将特定和环境和风险评估结合在一起的一种快速评估程序,排列出危机发生后需要得到支援的地点和部门的先后顺序。它就像一张含有不同地点(部门)及不同任务的地图,帮助危机管理者在危机发生后根据轻重缓急合理调配有关人员和物资,有效处理危机。为了保证灵活性和适应性,在危机处理过程中应对排序结果随时进行检查,一旦发现排名在前的项目不再受到危机事件的影响,立刻将其从名单中剔除,而排名在后的项目则依次前进、得到更多的关注和资源配置。排列各项目的优先权顺序时,可以考虑3个因素:物资需求水平(所需物资的数量)、涉险人员的数量以及如果不采取行动,现场的风险程度。危机管理者通过对这3个因素的综合评估,排出相应的优先权顺序。

②及时升级。危机情境是不断变化的,为了使对危机的反应更加及时、更加切合实际,危机管理者需要随着危机局势的升级而调整应对的手段。如果危机局势升级了而应对工作却没有相应地升级,将会产生严重的后果。

3.危机行动指导手册

为了更好地指导应对危机的行动,需要制定危机行动指导手册,以便危机处理人员在相关情境下有据可依、照章行事。具体而言,危机行动指导手册应包括以下内容:

①危机处理的主要任务;

②相关人员的联系方式;

③对威胁的描述;

④应对威胁的流程;

⑤危机出现时,如何发出警报以及发出何种警报;

⑥应急的备选方案;

⑦应急储备和可用物资;

⑧环境监测;

⑨初始援助。

为了提升危机反应的绩效,危机管理者应该把危机行动指导手册发到每个员工以及可能的受害者手中,并努力使他们掌握其中的实用技能。

四、恢复

危机情境得到控制并不意味着危机管理工作的结束,这时危机管理者需要致力于组织的恢复工作,努力将组织的人员、财产、设备和工作流程等恢复到止常状态。这一过程被称为“危机恢复管理”。

危机恢复管理的工作内容主要有：

(1)人员的恢复　危机的发生往往对人员造成伤亡或其他影响。危机情境得到控制后，应迅速致力于人员的恢复，这是开展危机恢复管理工作的基础。人员的恢复包括身体和心理两个层面。身体的恢复相对较为简单，将伤员送往专业医疗机构救治即可。心理的恢复相比较而言则是一个漫长而复杂的过程。危机对于经历者和旁观者都是痛苦的经历。危机情境结束后，许多人会产生"事后震惊"、自责、内疚、场景重现、压力失调等不健康的心理状态，需要专业人士对他们进行一定时期的心理干预，帮助他们恢复正常的心理状态。人员恢复还包括为危机导致的岗位空缺填补新的人员。

(2)物资的恢复　主要包括补充因危机而损失的各项物资、修复或重建损毁的设施和设备。

(3)秩序的恢复　即在危机事态平息后恢复组织正常的管理和运营秩序。秩序的恢复是减少损害、终止损失的重要手段，也有利于内外部公众恢复对组织的信心。

(4)沟通渠道的恢复　具体包括：恢复组织的自有沟通渠道，使之重新正常发挥功能；修复与大众媒体、意见领袖的关系；对危机中临时开发和应用的渠道进行评估，对已经失去存在意义的渠道予以撤销，对在一定时期内还能发挥作用的渠道进行整合，对能长期承担特定功能的渠道加以保留。

(5)对受害者的赔偿、补偿和救助　赔偿是指组织在危机中存在过错、应当承担责任而对受害者所做的赔偿；补偿是指组织不存在过错和责任，但出于人道主义关怀而对受害者做出的弥补；救助是指对受害人的救济和帮助，包括物质救助和心理援助。

(6)组织形象的恢复　危机事态平息后，组织应通过各种传播渠道，向公众通报危机的原因和性质、危机的处理过程、对受害者的赔偿和救助等善后措施、为避免类似问题的发生而采取的措施，表明组织承担责任、改正错误的决心和勇气以及从危机中汲取的经验和教训，更加积极地履行自身的社会责任，重新树立公众对组织的信心、恢复公众对组织的理解和支持。

第三节　危机传播管理

一、危机传播管理概述

危机传播管理是指危机管理中的信息搜集、分析、处理和沟通。危机传播管理的核心是危机前、中、后的信息管理,其范畴包括危机前的预警信息管理、危机中的信息沟通管理、危机后的心理救治和形象恢复管理。

1.危机传播的目标

危机传播的目标应当与组织的长期传播目标一致。但是面临危机时,如果缺乏事先的计划,再加上巨大的压力和有限的时间等因素,组织经常忘记这些目标,因此危机期间应该特别强调:

①对外介绍并保持积极而准确的组织形象。

②提供及时、准确、最新的信息。

③与媒介和其他公众保持畅通的交流。

④搜集并监控媒介传播的关于危机的信息,及早获得并更正不正确的报道。

⑤维系投资者、员工、客户、政府及社区等重要公众的支持。

2.危机传播的原则

美国著名公共关系学者詹姆斯·格鲁尼格提出了危机传播的四条原则:

(1)关系原则　这一原则适用于危机发生前。组织如果与那些为其决策和行为承担风险的公众建立了良好的长期关系,就能更好地处理危机。

(2)责任原则　一旦危机发生,组织应当承担起责任,不管是法律上的还是人道主义的,哪怕组织并没有犯错。

(3)透明原则　危机发生后,组织必须披露它所知道的有关危机的所有信息;如果组织并不知道发生了什么,也必须保证获得进一步消息时要毫无保留地披露。

(4)平衡沟通原则　危机发生后,组织必须将公众利益放在与自身利益至少同等重要的位置上,与公众真诚对话并采取对社会负责任的行为。

3.危机传播要点

一些公共关系的学者和从业人员在其理论研究和实践活动中,总结出了从事危机传播的要点:

①将公众利益置于首位。

②掌握主动权,以组织为第一消息发布源。

③正确选择传播媒介。

④有效识别传播受众。

⑤熟悉媒体的工作时间和做事风格。

⑥善于利用大众传媒与相关公众进行传播沟通。

⑦考虑危机环境对传播的影响。

⑧准备一份应急新闻稿,留出空白,以便危机发生时可直接充实并发出。

⑨准备好组织的背景材料,并不断根据最新情况予以充实。

⑩危机发生后，尽快对外发布有关背景情况，以显示组织已有所准备。

⑪接受媒体的介入。一旦危机事件发生，媒体的介入将是不可避免的，因此不必徒劳地拒绝和阻挠媒体的采访要求。

⑫建立新闻办公室，作为新闻发布会和媒体索取最新材料的场所。

⑬建立危机新闻中心，24 h 开通，接受来自媒体的电话询问。

⑭尽早宣布召开新闻发布会的时间，减轻公众电话询问的压力；做好召开新闻发布会的各项准备工作。

⑮建立广泛的信息来源，与记者和媒体保持良好的关系。

⑯进行媒介监测，如果新闻报道与事实不符，及时予以指出并要求更正。

⑰危机期间为记者准备好通讯设备。

⑱培训危机期间组织的电话总机接线员，确保他们知道谁可能打来电话、应转接到什么部门；确保有足够训练有素的人员应付媒体和其他外部公众打来的电话。

⑲当人们问及发生什么危机时，只有确切了解真实原因才能对外发布消息。

⑳不做推测，不发布不准确的消息。

㉑有足够的事实后再发出新闻稿；新闻稿的内容一定要准确。

㉒态度真诚，表示同情。这种同情应当具有权威性，职位越高的主管出面表示对受害者以及其他受到影响的公众的同情，就越能体现组织的诚意。

㉓避免使用行话，使用清晰的语言，避免含糊和容易产生歧义的信息。

二、危机期间的传播管理

危机期间的传播管理是整个危机传播管理的重中之重，对危机处理的结果会产生重大的影响。

1. 危机期间传播的原则

传播策略是影响结果成败最直接的因素。在危机处理过程中，危机期间的传播策略对危机处理的结果有着相当重要的影响。通过对大量实践经验的总结，许多中外公关学者和从业人员认为，开展危机期间的传播应遵循以下原则：

(1)尽快公布真相　“尽快公布真相，并在媒体找上门之前先找他们”。这是许多危机管理专家的共同建议。这样做的原因主要有：可以抢先对事件进行解释；可以防止谣言滋生，从而减少危机的杀伤力。危机期间应随时发布最新消息，使外界的臆测空间降到最低，并给公众留下“组织随时掌握最新状况”的印象。组织在对外发布信息时，应向相关公众提供三方面的信息：一是行动上的指引(如何对抗危机)；二是心理上如何对抗危机；三是组织解决问题的诚意及善意。

(2)勇于承担责任　在危机处理过程中要勇于承担责任，不要企图回避问题、推卸责任或者闪烁其词。即便有时从法律角度来看，组织并不需要承担责任或不需要承担全部责任，但在危机处理过程中，决不能仅仅让法律策略支配危机处理决策的制定，因为有时即使在法律上赢得了胜利，组织却会失去良好的形象和人心。

(3)表示同情与关心　不要轻视那些受到危机影响的公众，要对受害人表示真诚的关心和同情。

(4)尽快澄清负面报道　为防止危机扩大，组织应尽快澄清谣言及负面报道，以防止二次伤害。在危机期间，对于已经被媒体以及负面舆论挑起情绪的公众而言，沉默只会被当作默认，因此适当的澄清是非常重要的，同时应提出组织对危机事件的立场。

(5)与媒体保持良好的沟通，成为可信赖的消息来源　组织应成为媒体信赖的消息来源，从媒体与民意的角度处理危机，而非仅仅从专业技术等理性层面来处理；应与媒介保持良好的关系，及时通过他们对外发布最新消息，并善于利用媒介与其他公众进行传播沟通，以控制危机。

2. 危机期间答复各类询问的要点

危机发生后，组织会被广泛地关注，媒介以及一些相关公众会纷纷向组织发出问询。公关人员必须掌握回答问询的基本技巧。

(1)回答来自员工亲属的询问

①注意礼貌和策略，避免引起猜测。

②切勿出于好意随便与询问者探讨有关情况。

③回答过程中一定要表示对受害人及其亲属的同情、安慰和关心。

④如果一时无法提供确切的信息，可告诉对方稍后再答复。注意要让他们感到没有被"欺骗"。当信息缺乏的时候，员工亲属会焦虑不安，进而可能会向政府有关部门反映或与媒介接触，在公众心目中造成组织对员工不负责任的印象。

(2)回答来自媒介的询问　危机刚刚发生，组织还来不及召开新闻发布会，记者们出于职业的敏感，往往会迫不及待地打电话来询问，有的甚至会迅速直接到现场进行采访。在回答记者们的询问时，要注意：

①以诚恳的态度和语言请他们支持、配合组织的工作，恳请他们务必从危机处理中心新闻发布办公室获取有关信息。

②感谢他们对危机事件的关注和关心。

③提供真实的信息；如果不能提供完整的，要告诉他们在什么时间、什么地点、如何取得最新信息，或告诉他们什么时候再来。

④不要提不合理的要求。

⑤切忌"无可奉告"之类的话，以免刺激人们的猜测，并给人留下企图隐瞒什么

的印象。

(3)回答其他公众的询问 除了员工亲属和记者的询问外，还会有很多来自其他公众的询问，对此应答人员应该：

①迅速区分询问是事务性的还是非事务性的，并转到合适的部门进行处理。

②对于无明显利害关系的询问(如表示一下同情)，应非常礼貌地表示谢意，同时做好相应记录。

③对于政府、公安、环境保护机构、能源部门等的询问，应请组织高层领导回答。高层领导要用简短的语言来介绍危机处理的进展和控制情况。

一旦发生危机，相关组织不可避免地会成为关注的焦点。除了专门的应答人员外，组织的每一个员工都可能遇到来自方方面面的询问。因此，除了培训专门的应答人员，组织还应该培训每一个员工，使他们在被询问时能够告诉对方“自己无权代表组织回答”，并有礼貌地把对方带到危机处理中心的新闻发布办公室。

3. 危机期间的媒介管理

(1)危机期间与媒体互动的原则 危机期间，组织与媒体之间的互动会直接影响媒体对危机事件的报道。较好地把握与媒体之间的互动原则，危机管理者就能更好地规划与媒体交往的策略。

①控制媒体的活动范围。组织需要尽可能地确定禁止媒体涉足的范围。如果没有控制媒体的准备，就会引发混乱。危机管理者可以通过确定媒体能够参与和不能参与的领域来控制现场记者。

②事先拟定好应对记者采访的答复。被采访人应该知道自己的谈话内容，努力把采访引向自己圈定的话题，或者化被动为主动。

③在接受口头采访时，要在 10～30 s 的时间内阐明重要立场。被采访人应努力做到把立场的阐明和对问题的回答融为一体，使得媒体难以剔除阐明立场的信息。

④接受采访时要表现得坦率、诚实，要谈论具体“事实”而非想当然的看法。被采访人应集中谈论看起来正确、真实、确凿的方面。

⑤对问题保持冷静，以个人而不要以代言人的身份发言。在遇到尖刻的提问时，被采访人要避免情绪化，冷静处理，如可以对危机带来的影响表达痛心和关切的心情；另外，在不违背组织目标和危机管理目标的前提下，被采访人可以使发言或评论个性化。

⑥采访中，应乐于助人、实事求是、不予谴责，避免与新闻人员冲突。具体来说，应该做到：

不说“无可奉告”。因为这种回答给人的印象是组织企图有所隐瞒。

不做失实报道。报告目前所知的事实，不要夸大或缩小危机情形。

不做臆测。对问题的回答含糊其辞，会给被采访人带来恶劣的影响。当被问及对可能情况的看法和下一步做法的打算时，应该拒绝主观臆断；可以概括一下其他假设的情况，然后告诉采访人主观臆断是毫无用处的；或者承认这些推想很有趣，值得投入时间、资源等进行研究，但是目前没有这些时间、资源可供利用。

不要责备他人。任何把错误归结于他人、其他群体或组织的做法都会招致他们的敌意，会破坏团结、引起诉讼，还可能阻碍在危机管理中做出的努力。

不要同媒体发生冲突。任何对媒体的指控都会促使所有媒体团结一致、捍卫整体利益。这种集体防卫的结果总是指控方落败。

(2)危机期间与媒体的联系　危机期间，组织与媒体发生联系的方式主要有：

①现场访谈。如前所述，危机会吸引大量的媒体。不采取一定的手段，很难管理这么多的媒体。控制现场采访和报道的通常方法有：实行采访责任制；提供确定的采访场地及必要的设备(如电源、电话、补给等)；精心挑选准备充分的目击者、受害人和被告人。

②随机的或秘密的采访。鉴于电子采访设备的可移动性，新闻记者可以迅速地出现在危机现场或其外围。这意味着组织员工可能一出现场就碰上记者或被秘密采访。遭遇随机或秘密采访的人可能口吐真言，他们的叙述没有排练色彩，因而比在诸如新闻发布会这样正式场合里的叙述更受重视。因此，所有员工都应接受针对性训练。这种针对性训练包含 2 个方面：如何摆脱采访和如何接受采访。

遇到这种场合，采访目标可以运用 3 个步骤摆脱采访。第一步要表明自己乐意效劳，同时找一个有说服力的理由，说明自己事实上不能这样做。比如，“我十分乐意与你谈今天的事，但是关于这件事，我们还需要进一步确认其真实性，我们还要遵守法律和主管机关提出的要求”。正确行事的话，就能避免出现被采访人和组织拒绝采访的报道。

第二步要在记者对技术问题连续发问之后再进行，并且要表现出对危机受害者的关心：“另外，我想就发生的事谈一下。然而，我更关心的是受这次危机影响的人们以及如何采取措施帮助他们”。通过展示对受害者的关心，被采访人可以使接下来有关技术问题的提问变得没有意义甚至走向反面。

在遭受连续的提问后，被采访人就可以进行第三步——寻找一种方法把采访人支走。比如，“这的确是一个应该给予更多关注的问题”，而且我们可以用一句“这个问题太重要了，不能马上回答”截住问题。被采访人还可以把这些问题推到别的时间、别的地点，“你可以在某地某时举行的新闻会议上再提出这个问题”。

③当面采访。当面采访一般是由专题节目主持人进行的。媒体(和主持人)想

尽量获取最真实的第一手资料，而不是被采访人预先准备好的回答。但是如果应付得当的话，被采访人还是能在当面采访中把自己想要传达的信息传达给受众，这是因为主持人很少进行现场编辑，尤其是在直播节目时。

接受当面采访时，被采访人要明白谈话的内容，并努力把采访引导到自己期望的话题上。要做到这一点，可以对提问重新措辞——“我想您希望问的是……”；或者可以从劣势应答转向优势应答——“如果要详细回答，我还需要更多的信息，不过我可以指出现在应做的工作是……”。

总之，当面采访中的被采访人事先应做好充分的准备，除了需要准备具体翔实的话题外，着装还得和预定的采访场景协调、符合所要讨论话题的气氛。

④新闻发布　有效的新闻发布包含 4 个因素：a. 要有一个关于新闻发布的动机和内容的简明清晰的大纲；b. 针对人们兴趣所在和事件给人带来的影响做出评论；c. 言简意赅地陈述已做的努力、当前在做的工作和将来的计划；d. 清楚地陈述如何、在何地能获知更详细的信息，何地、何时将举行新闻会议。

如果提供背景材料的话，新闻发布的价值会增大。危机管理中的背景材料包括：有关组织的详情（管理机构、安全记录日志和运行特点等）；有关处理当前危机的危机管理方案、相关的图表和照片等。

⑤新闻会议　新闻会议是满足新闻人员和危机管理者基本需要的最重要的途径。如果运作正确，新闻会议可以提供记者和组织管理者都认同的信息，成为对任何媒体都不偏不倚的消息来源。

新闻会议的效果取决于设施、议程安排、陈述和发言者的技巧。

4. 危机期间的新闻发布

(1)危机期间新闻发布的侧重点　危机期间召开新闻发布会可以帮助组织把握主动权并直接控制有关事故的信息。举行新闻发布会使组织能够面对面地与媒体沟通，对事故的发生表示关注及遗憾，同时能对事故进行评述，从而使媒介真正了解发生了什么事故以及组织正在采取何种弥补损失的措施。

危机出现之后召开的新闻发布会，无论其程序还是组织形式，与通常意义的新闻发布会没有多大的区别。与通常情况下的新闻发布会相比，危机处理过程中的新闻发布侧重于媒介关系的协调沟通以及信息的主动控制。

组织在危机处理过程中与媒介的关系主要表现为借助媒介和应对媒介。所谓借助媒介，是指组织通过媒介发布与危机有关的信息，以尽量减少损失，及早控制事态、避免其进一步恶化，稳定受害者及其亲属的情绪等。应对媒介是指组织接受媒介的采访、提问等，其目的是统一信息口径，防止不利于危机处理的报道。

(2)危机期间新闻发布会的准备工作　危机发生后，一旦确定新闻发布会的时间，就要尽早通知，以减少询问的压力；同时要迅速做好有关的准备工作，主要包括：

①确定会议开多长时间。危机期间召开的每次新闻发布会持续的时间一般在30～45 min之间。

②准备好消息准确的新闻稿。

③准备好与危机有关的背景资料。如果来不及准备危机的背景资料，也可以提供组织的总体介绍、历史发展等资料。

④准备好会议中需要展示并介绍的图片、模型、表格等。

⑤准备好回答记者可能提出的问题的答案。

⑥准备好记者发送信息所必需的传真机、电话、电脑终端、复印机、打印机、电源等设备。

⑦为连续报道的记者准备好基本的条件，如食宿等。

⑧熟悉媒介的工作时间，便于新闻发布会之后的信息传递。

(3)危机期间新闻发布会需要注意的事项

①介绍到会的主要来宾及其在危机处理中的作用。

②在会场中安排一些图片、模型以及其他工具。

③详细、准确地说明发生了什么事情，情形如何，已做了哪些工作，得到了哪些组织的配合。

④告诉媒体：如果组织有不正当的行为，经确认后将尽快公布，并会采取积极的纠正措施。

⑤对所发生的危机要表示遗憾和关心，对受害人及其亲属要表示同情和安慰。

⑥控制会场秩序，让记者一个一个地提问。

⑦回答问题应尽可能让记者满意。发言人可以请同事做补充发言，也可请组织的公关顾问帮助回答一些疑难问题。

⑧准备结束会议时，要说“请提最后一个问题”。

⑨会场应设置不止一个出口，应保证组织参加发布会的人员有单独的出口撤离会场。会议结束后，应从此出口迅速撤离，以避免记者的追逐和继续提问。

⑩如果还会召开新闻发布会，明确告诉媒体下次新闻发布会的具体时间。

⑪向记者介绍24 h开通的危机新闻中心以及获取最新信息的方式。

⑫牢记下列“不要”：

a.不要推测危机的结果，尤其是伤亡的人员及数量。因为一旦推测与事实不符(这是经常发生的)，公众会认为组织是在刻意欺骗。

b.不要使用行话。

c. 不要推卸责任。

d. 不要对记者说诸如“无可奉告”、“请不要报道此事”或“此事可能是……”之类的话。

e. 不要发布不准确的消息。

f. 不要要求记者一定报道什么或不报道什么。

g. 不要抱怨组织领导或同事。

h. 不要指责临阵退缩的同事。

i. 如果组织没有什么需要隐瞒的，不要轻易采取低姿态。

(4)危机期间的新闻发言人　危机期间，新闻发言人是组织确认的信息发布员，是组织的正式代表。因其对组织十分重要，所以对危机期间新闻发言人的要求也是很苛刻的。国外危机管理专家对此提出的一些标准很值得我们借鉴：

①必须受过专业训练。

②能迅速掌握情况，向媒体提供充分的信息。

③能制定与媒介相处的恰当策略。

④能充分运用事先准备的资料，灵活运用图片、表格等辅助资料说明事件的情形。

⑤能遵守所有对媒体的承诺。

⑥获得新的信息后能尽快告诉媒体。

⑦掌握各种传递信息的方式。

第四节　危机管理计划

危机管理计划是组织为了预防危机的发生以及在危机发生时尽可能减少损失而制定的较为全面具体的关于危机预防、处理和控制的书面计划。

危机管理计划必须书面化，因为不论人们事前对危机做了怎样的假设和预测，一旦危机真的降临，仍然容易陷入恐慌和不知所措之中；即使组织的高层领导能在危机发生时保持冷静和镇定，但在危机纷乱的局面下也容易遗忘或疏忽某些重要的工作。

一、危机管理计划的内容

不同组织制定的危机管理计划，在内容、格式和风格上会有所差异，但优秀的危机管理计划一般都包含下列内容：

1. 标题

危机管理计划的标题比较简单，写明“某某单位的危机管理计划”即可；标题下方应标明计划制定的时间和版本，因为通常一个组织的危机管理计划每隔两三年就会修订一次，因此标明时间和版本可以避免不同版本的混淆。

2. 前言

危机管理计划的前言部分用简明扼要的语言说明有关计划制定和执行的事项，具体包括：

①本组织制定危机管理计划的目的和出发点；

②危机管理计划的适用范围和执行的起始日期；

③危机管理计划的发放(阅读)范围和保密原则；

④员工对该计划提出修订意见的反馈渠道；

⑤其他需要特别提示的事项。

3. 危机管理政策

危机管理政策，这一部分对组织的危机管理理念和危机管理计划的重要性进行表述，表明组织(尤其是组织的高层领导)对危机管理的基本态度，以及危机处理时的价值取向，阐述组织的整体目标和危机管理目标。

4. 危机定义和分级标准

危机定义和分级标准，这一部分对什么是危机以及什么样的事件或问题会启动危机管理计划的实施，做出明确的定义，同时列出潜在的危机并加以分类、分级。大多数组织都从危害程度和发生频率 2 个尺度对危机进行分级。

5. 危机管理组织机构及其职责

危机管理组织机构及其职责，这一部分说明本组织危机管理组织机构的框架、层级、人员构成及其职责，同时应附有危机管理团队成员的名单和联系方式。

6. 危机预警工作

所谓危机预警，是根据动态的信息及时发现危机先兆，并立即向组织有关方面发出警报，使有关人员及时做好应对准备。这一部分说明所需监测的危机信息的范围，由谁负责监测、整理和分析这些信息，以及所监测到的危机信息如何处理。

7. 危机处理工作

危机处理工作，这一部分说明危机处理的程序和实施细则，表述应全面、细致、明确、可行。

8. 危机传播策略

危机传播策略，这一部分内容可以放在“危机处理工作”中，也可以为了表示重视而单独列出，主要规定危机期间的信息控制、信息发布和新闻发言人制度。

9.相关信息和背景材料

相关信息和背景材料，这一部分列出危机期间需要的有关组织和其他方面的信息和背景材料，如有关员工、主要顾客、供应商/经销商、(如果是上市公司)股票交易所、政府官员、舆论领袖的信息，与组织及危机相关的社区和行业组织的名单，主要的市场分析家和行业分析家的名单等。

二、危机管理计划的制订

制订危机管理计划，可以帮助组织预防危机发生、减少危机带来的损失、使抢救工作忙而有序，并且有利于组织在应对危机过程中抓住机遇、维护声誉。因此，制定危机管理计划是危机管理工作的重要一环。在制定危机管理计划时，应注意以下事项：

1.根据危机反应所需的资源来制订计划

如果计划制定者仅仅根据危机的情境制定计划，则容易忽视应对危机的资源是否充分；若等到危机发生后才发现资源不足，已经很难在有限的时间内进行有效的调配。因此，在制定危机管理计划时，应该从应对危机所需的资源出发来定义危机并将其分类。

2.为危机管理者提供指导

危机管理计划的重点不应放在琐碎的任务上，而是为危机管理者提供指导原则，因此不必事无巨细一一规定清楚，这样会使计划失去弹性。

3.要有较好的通用性

好的危机管理计划尽量不涉及危机的具体细节，使其具备较高的通用性。良好的通用性也是危机管理计划指导性的重要保证。

4.多种危机并发时应避轻就重

有时会祸不单行，多种危机同时暴发。在这种情况下，危机管理计划应该提供危机处理的先后顺序。

5.从工作岗位出发规定任务

危机管理计划确定组织的危机反应团队。许多计划制定者从危机反应团队的成员出发，为他们每个人规定其在危机管理过程中的任务。但实际情况是，危机发生后危机反应团队的某些成员由于培训、生病等各种原因而不在现场，这样为他们量身订制的任务要求会给后备人员带来一定的困难。因此，应该从工作岗位而非具体人员出发规定任务。

6.设计标准的信息报告流程

有效的危机处理要求危机管理者及时掌握全部相关信息。有效的信息报告流程有助于避免遗漏细节，使危机管理者能迅速全面地掌握有关信息，从而沉着冷静地根据轻重缓急处理相关情况。

7. 以清晰的流程来管理危机反应的升级

危机管理计划中一个容易遗漏的地方是，危机反应的升级是如何确定和执行的。很多专业反应机构（如消防局、防疫机构等）按照预警等级（绿色、橙色、红色等）来运作，但在决定是否升级的问题上往往依靠负责人的主观判断。为了保证其客观性和准确性，危机管理计划中应有明确的流程规定是否升级和如何升级危机反应。

8. 根据形势变化更新计划

危机管理计划需要定期更新，更新的部分要成为正式计划的一部分。

三、危机管理计划的审定

为了实现有效的危机管理，危机管理者需要事先制定危机管理计划。由于计划是事先制定出来的，我们无法得知该计划是否确实符合组织的实际情况、在危机来临时能否真正派上用场，以及预先设定的危机处理程序能否起到预想的效果等问题。因此有必要对危机管理计划进行审定和检验，根据审查的结果修正补缺，使危机管理计划更加切合实际。

1. 审定危机管理计划的原则

做好危机管理计划的审定工作，需要遵循以下原则：

（1）务实　务实原则是指审查危机管理计划是否符合组织的实际情况。有时，危机管理者是通过借鉴他人成功处理危机的经验来制定危机管理计划的；但别人的经验不一定完全适合自己，因为不同的组织在规模、实力、平时的公关基础等方面的实际情况都不尽相同，所以这样制定出来的计划看起来不错，但并不一定适合本组织。制定务实的危机管理计划的基础，在于对组织自身的深入了解。

（2）仔细　仔细原则是指审查危机管理计划是否遗漏任何重要的方面。危机管理计划涉及的方面非常多，稍不注意就可能遗漏重要的问题。还有一种情况是，计划制定者认为有些东西太熟悉而不需要书面反映出来；但是由于组织内部不同人员在不同岗位上接触的术语、知识存在差异，很有可能计划制定者认为很熟悉的东西在其他员工看来仍然是陌生的。因此，应该约定危机管理计划的详细程度，并据此来开展审定工作。

（3）可行　组织制定危机管理计划不是为了装点门面，而是为了危机来临时解决问题，因此危机管理计划要有可行性。有的危机管理计划缺乏培训和演习的规定和计划，有的经费预算超出了组织的承受能力，或者需要的设备在本地及附近根本找不到等。存在如此这般重大缺陷的危机管理计划，一旦危机真的发生，其可行性就非常有限。

(4)全面　全面原则是指审查危机管理计划的内容是否涵盖了危机管理的全过程和各个方面。危机管理计划在突出重点的同时，还应该全面，如应考虑到危机前、危机中和危机后各阶段的工作，应考虑各部门之间的相互协调等。审查危机管理计划要从全面和全局的角度来考虑。

2. 审定危机管理计划的要点

(1)选择合适人选做审定危机管理计划的主持人　主持危机管理计划审定工作的合适人选，可以是组织的公共关系高级主管、危机管理小组的负责人或危机管理专家。主持人要善于总结大家的发言，能够控制会议的秩序和进程。

(2)以会议形式审定危机管理计划　召开会议来审定危机管理计划。与会者要善于提出问题或反对意见，供计划制定者参考；计划制定者要充分尊重与会者的意见。有时需要多次召开危机管理计划审定会才能最终确定计划。选择的会场要安静，确保会议期间不受打扰。

(3)查阅组织的经营战略计划，确认高层领导是否真正具备危机管理意识　组织制定危机管理计划，表明组织的管理层有了一定的危机管理意识。但组织的高层领导如果真正具备危机管理意识，会在各个方面体现出来，而不仅仅表现于危机管理计划之中。有时，一些组织的领导为了一定的目的制定危机管理计划，一旦达到目的后，就将危机管理计划束之高阁、不再理会。

(4)从务实的角度来检验危机管理的流程　在审定危机管理计划时，如果掌握了检验危机管理流程的诀窍，其他问题就可以得到较好的处理。检验危机管理流程时，要本着实事求是的态度，从实际需要出发进行核查。

(5)进一步检查所有细节　审定危机管理计划的主持人应该能够提出关键细节，或委派3～5人组成小组，仔细分析并提出危机处理的关键细节，以此作为审定危机管理计划的依据。

本章小结

危机是影响组织目标的实现和组织正常运作的威胁性情境。危机的特点有突发性、破坏性、紧迫性和资源的匮乏性。按暴发的突然性程度，可将危机分为“突发性危机”和“渐进性危机”；按照危机生命周期的变化，可将危机分为风潮型危机、攀高型危机和循环型危机；根据危机发生的原因，可将危机分为外部人为原因引发的危机、内部人为原因引发的危机、外部非人为原因引发的危机和内部非人为原因引发的危机。危机管理的原则有:预防为上、勇于担责、真诚沟通、主动迅速、全面系统、客观公正。

危机管理是对危机事前、事中、事后各项工作的全面管理,具体可以分为预防、准备、应对和恢复 4 个阶段。要做好危机的预防,要做好风险管理和危机预警工作。危机的准备工作包括筹建危机管理的组织机构、制定危机管理计划、开展培训和演练。危机应对的技巧有控制事态、找到症结、分清主次、迅速处理;危机应对的方法有周密部署、迅速反应、延迟事件、吸管式策略、实情调查、物资转移、动态储备、优先权排序、及时升级等,以便在危机处理过程中获得更多时间、获取更多信息、有效管理物资和区分轻重缓急。危机恢复管理的工作内容主要有:人员的恢复,物资的恢复,秩序的恢复,沟通渠道的恢复,对受害者的赔偿、补偿和救助以及组织形象的恢复。

[思考题]

1. 危机和危机管理的概念是什么?
2. 危机的特点有哪些?
3. 危机的类型有哪些?
4. 危机管理的原则有哪些?
5. 危机管理的过程是什么?
6. 危机传播的原则有哪些?
7. 危机期间传播的原则有哪些?
8. 危机期间答复各类询问的要点有哪些?
9. 危机期间与媒体互动的原则有哪些?
10. 危机期间,组织与媒体发生联系的方式主要有哪些?
11. 危机期间的新闻发布要点有哪些?
12. 危机管理计划的内容有哪些?
13. 危机管理计划的制订和审定要点有哪些?

[自测题]

一、单项选择题

1. 风险管理最早起源于(　　),用于在面临各种风险时估算成本和收益。

A. 金融业　　B. 保险业　　C. 医疗保健　　D. 环境保护

2. 危机管理工作必须有一个精干有力的专门组织作为领导核心,这一组织机构一般称作(　　)。

A. 危机管理小组　B. 危机管理智囊团　C. 危机作战中心　D. 危机指挥中心

3. 危机期间，组织新闻发言人可以对记者说的话是(　　)。

A. “无可奉告”　B. “请不要报道此事”　C. “此事可能是……”

D. “请提最后一个问题”

4. 危机期间要请记者从组织的(　　)获取任何信息。

A. 最高领导　B. 危机管理小组　C. 危机新闻中心　D. 公关部

5. 危机发生后，所涉及的组织应将(　　)利益置于首位。

A. 员工　B. 公众　C. 政府　D. 自身

二、填空题

1. 危机是影响组织目标的实现和组织正常运作的________。

2. 危机的破坏性表现为________两个方面。

3. 风险是某种特定的危险发生的________的综合体。

4. 危机预警系统一般由________3 个子系统构成。

5. 与通常情况下的新闻发布会相比，危机处理过程中的新闻发布侧重于________。

第十五章　不同类型组织的公共关系

内容提要

本章主要介绍企业公共关系的特点、企业公共关系的主要内容、企业社会责任的内容及其演变；非营利组织的概念和类型、非营利组织公共关系的特点、非营利组织公共关系的主要内容；开展政府公共关系的必要性、政府公共关系的特点。

学习目标

1. 了解企业公共关系的特点。
2. 掌握企业公共关系的主要内容。
3. 了解企业社会责任的内容及其演变。
4. 了解非营利组织的概念、类型以及非营利组织公共关系的特点。
5. 掌握非营利组织公共关系的主要内容。
6. 了解开展政府公共关系的必要性以及政府公共关系的特点。
7. 掌握政府公共关系的主要内容。

学习提示

本章需要重点掌握企业公共关系的主要内容。

公共关系是现代管理理论的组成部分。在当前环境下，社会组织要想保持良好的运营状态，离不开公共关系的职能。不同类型的组织，运用公共关系职能的特点和情形并不完全一样。

第一节　企业公共关系

在现代市场经济的环境和大众传播事业高度发达的条件下，公共关系越来越成为企业重要的经营管理手段。随着市场经济的不断发展和完善，企业公共关系的应用领域也不断扩大，在企业管理中也发挥着越来越重要的作用。

一、企业公共关系的特点

1. 营利性

营利性是企业的基本特点。企业的公共关系目标从属于企业的整体目标，换句话说，公共关系必须为企业实现盈利的目标做出贡献。企业公共关系营利性的特点具体表现在：

(1)以经济效益为导向　公共关系作为企业重要的管理职能之一，必须与其他职能一起，共同为提高企业的经济效益而服务。公共关系融洽内部关系，促使企业各种内部公众充分发挥积极性、主动性和创造性，提供保质保量的产品或服务；公共关系协调企业与各种外部公众的关系，为企业提供良好的运营环境，使得企业的产品或服务能够在市场上顺利实现其价值；公共关系还可以通过各种专题活动，提高企业的知名度和美誉度，创造良好的企业形象，培养消费者对企业及其产品的信任和忠诚，增加消费者对本企业产品的购买，从而在实现社会效益的同时也为企业增加经济效益。

(2)与市场营销职能密切配合　市场营销职能是任何企业必不可少的重要职能。没有市场营销，企业的产品就无法在市场上实现交换、产生价值，企业就无从获得利润；企业经济效益的好坏，往往与市场营销工作的优劣有直接的关系。换言之，市场营销是企业盈利的重要保证。因此，服务于企业整体目标的公共关系，必然要与市场营销紧密配合，共同为开发和占有市场服务。在企业中，与市场营销脱节的公共关系，是不会有强大的生命力的。

(3)对公关成本的高度关注　企业为了获得更多的利润，对各职能部门和生产环节的成本总是高度关注，总是想方设法降低成本，对公共关系也不例外。企业对公共关系成本的关注表现在 2 个方面：一是关注公关部门的成本和效能；二是关注各项公共关系活动的投入产出比。因此，公共关系要想获得企业最高管理层更多的重视和投入，就必须提高公共关系部门的效能和各项公共关系工作和活动的效果。

2.产品是与公众沟通的直接工具

对于许多企业来说，公众一般难以直接和它们接触，通过大众传播媒介与公众进行的沟通也是非常态的。在很多情况下，公众都是通过对产品的接触和体验来形成对一个企业的印象和评价：消费者公众通过对产品的购买和使用以及售前、售后服务的体验，对企业形成一定的看法；政府和媒介公众通过产品的质量、数量以及消费者对其的反应，评价企业对社会的贡献；金融公众根据企业的产品及其效益，决定对企业的投资和借贷；等等。因此，公共关系重视产品质量，积极建议和倡导全面质量管理在企业各个环节的导入和推广。

3.努力发展新型的竞合关系

以前人们认为"商场如战场"，把竞争对手视为敌人，把和竞争者的关系看做是"你死我活"。随着市场经济的发展，人们对于竞争的看法也有了更深刻的认识，不再把竞争对手看成是你死我活的敌人，而是强调"双赢"和"合作"。

在竞争越来越激烈的今天，企业要想获得成功，就要善于与他人合作。聪明的企业总是在与别人的合作中寻求双赢，这也反映在与竞争者的关系上。这种既竞争又合作的现象越来越普遍，以致产生了一个新的词汇——竞合(co-competition)。在公共关系领域，与竞争对手的合作尤其重要，因为所有的竞争对手就构成了企业所在的行业，而企业公共关系目标的实现，很多时候有赖于整个行业的共同努力；同时，许多公共关系活动要想取得成功需要同行(也就是竞争者)的支持；尤其是在遭遇危机时，如果能得到行业的支持，则企业更容易渡过难关。

4.强调企业社会责任

企业作为一个完整的"社会公民"，除了要面对市场，更要面对整个社会。因此，现代企业管理理论越来越强调企业的社会责任，注重企业赢得社会尊重和赞誉的能力，重视企业与社会协调一致、与环境相容共生的能力。企业社会责任(详见下文)成为公共关系运用于企业管理的新领域；公共关系在企业中的角色也得到更清晰的界定——公共关系除了帮助企业"说正确的话"以外，还要帮助企业"做正确的事"。

二、企业公共关系的主要内容

1.进行内部沟通，融洽内部关系

企业公共关系部门的一个重要职责就是，疏通企业内部信息流通的各个环节，实现信息的充分共享，使员工了解企业的经营目标、策略、现行的方针政策、自身的福利待遇等方方面面的信息，增进员工对企业的了解，从而增强企业对员工的吸引力和凝聚力，并在充分沟通的基础上，协调、融洽企业内部员工之间、部门之间、上下级之间的关系，消除不和谐因素，化解矛盾。

2.进行对外传播，协调与各类外部公众的关系

企业公共关系部门还要通过对外传播和沟通，协调企业与各类外部公众的关系，尤其是影响企业目标实现的“利益攸关者”——股东、消费者、供应商、经销商、政府、媒介和社区公众。

股东是股份制企业的投资者和财政支持者，为股份制企业的发展提供坚实的经济基础。企业建立并维护与股东之间良好和稳固关系的基本目的是，建立并维护股东和潜在投资者对企业的信心，稳定已有的股东队伍并吸引潜在投资者。公共关系在这方面可以做的具体工作有：①测定股东、金融分析家、政府主管机构和法规制定者对本企业和本行业的意见；②提出在金融领域的传播策略；③准备金融方面的材料，如给新股东的信函、年度报告和中期报告以及为经纪公司研究报告提供的信息等；④安排有关活动并为其准备信息材料，如金融会议、企业开放活动以及向投资团体、金融分析家和金融媒介做演示等；⑤撰写金融新闻稿并处理来自金融媒介的询问等。

消费者公众是企业最重要的公共关系对象之一，因为在市场经济条件下，消费者就是市场，有了市场才有企业的经济效益，所以说消费者是企业的生命线。建立和维护企业与消费者之间的良好关系，要做到：①提供优质的产品和完善的服务。消费者与企业之间的关系是因其购买了企业的产品而发生的，因此没有货真价实的产品，就不可能有良好、稳固的顾客关系；而完善的服务能导致消费者连续的消费欲望和购买行为，是企业信誉的重要保证，因此也是协调顾客关系的一个基本准则。②及时、妥善地处理消费者的投诉及其与企业的纠纷。企业在经营和销售活动中，不可能让每个顾客都百分之百满意，难免会碰到对企业有所不满的顾客甚至与企业产生纠纷。遇到这种情况时，要坚持“顾客至上”的原则，认真、严肃、迅速、准确地答复顾客的任何质询和投诉，耐心、诚恳地解释和积极、慎重地解决问题，平息顾客的不满，稳定顾客的情绪，缩小纠纷引起的不良影响。③加强对消费者的教育。对消费者的教育有2个层面：一是利用各种媒介和诸如建立消费者俱乐部、举办消费者培训班等手段，向消费者提供有关产品的各种资料和相关的信息咨询服务；二是向消费者宣传和推广企业所倡导的某种观点和观念。通过这2个层面的消费者教育活动，能够引导消费者接受新的消费意识，形成科学的消费观和消费行为。

供应商不仅是指企业原材料的提供者，还包括企业正常运行必须使用的公共

资源的提供者，如水电供应者、消防部门、警察部门和公共卫生部门等。针对供应商的公共关系工作具体包括：①帮助供应商了解企业的生产程序、生产能力、需要的产品类型、质量标准和进货周期；②帮助供应商了解企业与采购有关的购买、验收、检查、会计等部门的工作方式和检查标准；③收集供应商对企业政策、采购制度、付款方式的意见和建议；④通过供应商了解社会环境和供货品种的市场变化趋势；⑤建立并维护双方长期友好的合作关系，谋求双方共同利益的发展。

经销商是企业产品的销售者。针对经销商的公共关系工作具体包括：①帮助经销商了解企业的政策方针、生产状况、生产能力、经营方式及产品性能，培养经销商对企业及其产品的信心；②向经销商提供产品服务、技术支持、售后服务、广告支持等；③了解经销商对企业产品的性能、价格、质量、代理方式等的意见和建议，并通过经销商向消费者了解有关企业产品及企业整体形象的信息；④通过多种方式加强与经销商的交流和沟通，建立良好、持久的合作关系。

政府公众是指各级政府机构和在政府部门工作的各级官员和工作人员。任何组织都必须面对和接受政府的管理和约束，不可避免要与政府的各种职能部门打交道。企业与政府公众建立并维护良好关系的目的是争取政府各职能部门对本企业的了解、信任和支持，从而为企业的生存和发展争取良好的政策环境、法律保障、行政支持和社会政治条件。针对政府公众的公共关系工作具体包括：①自觉接受政府的管理和指导，恪守有关政策法规；②及时、全面、准确地掌握和研究政府颁发的有关政策法规内容，按照其变化相应调整本企业的决策方向和实施计划；③主动向政府有关部门提供本企业、本行业的相关信息；④积极向政府部门就其政策和工作提出合理化建议，主动配合政府工作人员搞好工作，帮助政府提升其在社会公众心目中的形象和美誉度。

媒介公众是指新闻传播机构和新闻界人士。媒介具有渠道和公众二合一的性质，是任何组织公共关系工作的重要对象。企业与媒介公众建立并维护良好关系的目的是争取媒介对本企业的了解、理解和支持，形成对企业有利的舆论氛围；并通过媒介实现与广大公众的沟通，密切企业与其他公众之间的联系。针对媒介公众的公共关系工作具体包括：①及时向媒介公众提供有关企业的各种信息；②提供各种有新闻价值的材料和线索；③撰写各种新闻稿；④接待记者的采访，处理来自媒介的询问，满足他们对企业信息的需求；⑤通过多种方式加强与媒介公众的交流和沟通，建立持久的、相互信任的合作关系。

社区公众是指组织所在的一定区域范围内的居民、团体和组织。社区是企业的生存空间和根基；社区公众与企业有着共同的生存背景，密不可分。企业与社区公众建立并维护良好关系的目的是，争取社区公众对本企业的了解、理解和支持，为企业创造稳定的生存环境；同时体现企业对社区的责任和义务，扩大企业的区域影响。针对社区公众的公共关系工作具体包括：①努力避免或减少自身活动对社区公众正常工作和生活的影响；②了解社区公众的需求及其变化动向并尽可能予以满足，各项活动首先立足于本社区，以社区公众为最直接的受益者；③向社区公众开放本企业，增进他们对企业的了解和信任，使他们分享企业的文化、福利等非生产性设施；④积极承担社区内的公共事务和公益活动，如捐助或修建公共设施、维护社区治安、出资组织或赞助文艺演出或体育竞赛等。

3. 树立企业信誉，建立良好的企业形象

企业的信誉是指企业在市场上的威信和影响、在消费者心目中的地位和形象。在当今的市场环境下，良好的形象和声誉是企业宝贵的无形资产，可以帮助企业争取舆论的支持和公众的信任。企业公共关系部门在这方面可以做的具体工作有：企业形象识别系统(CIS)的设计、导入和推广以及开展特定的公共关系活动，提高企业的知名度和美誉度。

4. 推动市场营销，开发和占领市场

公共关系对于市场营销的推动具体表现在：在企业推出新产品前，帮助经销商和潜在顾客了解其性能、特色、优点等；在产品进入新市场时，帮助当地公众对企业及其产品有所了解；当企业转入新的领域，改变公众原有的认知和印象，使企业形象和新产品相适应；吸引媒介对企业的注意力；安排市场营销人员公开发表演说，帮助其访问客户、推销产品；与广告、人员推销、销售促进等手段相互配合，使已进入市场的产品家喻户晓；产品供不应求时，与需求未得到满足的用户进行沟通，防止不满情绪的产生和竞争者的介入；产品出问题时，在找出原因和承担责任后，帮助公众了解企业解决问题的诚意和努力，重新争取公众的信任和支持；巩固企业及其产品的市场地位，增加顾客的信心；企业发行股票之前，为股票上市做好舆论准备等。

5. 开展危机管理

企业在运营过程中难免遭遇突发的危机事件，既可能是天灾也可能是人祸，为了保证企业安然渡过危机，将危害和损失降到最低，需要有完善的危机管理机制，这也是公共关系的重要职能(有关“危机管理”详见本书第十四章)。

6. 与外聘的专业公关公司合作

一些规模较大、专业性很强的公共关系工作或活动，单凭企业公共关系部门一己之力难以独立完成，往往需要聘请专业的公共关系公司。这时企业公关部门要和聘请的公关公司通力合作、相互配合，保证工作的顺利完成。企业公关部要帮助聘请的公关公司充分了解企业的情况、开展活动的目标和意图，配合公关公司开展具体工作，并对公关公司开展工作的各个环节加以监督，以保证企业意图的实现。

三、企业社会责任

许多企业在追求利润的过程中，一味关注自身利益而忽视了公众利益，甚至公然违背公众利益，导致公众对企业的普遍不信任，新闻媒体针对企业的“揭丑”报道也层出不穷，各种公众利益团体纷纷奋起与企业对抗。面对这种情况，企业也试图反击，但是诉诸法律的手段不仅费时费力而且收效甚微，于是很多企业不得不开始关注内部事务，力图使自己的所作所为符合公众的期望和社会的要求，从而缓解与公众的对立和冲突，“企业社会责任”应运而生。

一般来说，企业社会责任就是企业在创造利润、对股东利益负责的同时，还要承担对员工、消费者、社区和环境的社会责任，包括遵守商业道德、重视生产安全、关注职业健康、保护劳动者的合法权益、保护环境、支持慈善事业、捐助社会公益、保护弱势群体等。企业社会责任最基本的是企业的法律责任，体现为遵守国家的各项法律、不违背商业道德；更高层次上是企业对社区、环境保护和社会公益事业的支持和捐助。

“企业社会责任”的提法最早出现在1899年美国钢铁集团公司创始人安德鲁·卡内基所著的《财富福音》一书中；20世纪20年代，美国管理学者韦伯林与程序学派的柯门斯提出“企业社会责任”的主张，开始引起学术界重视；1924年，欧利文·谢尔顿对“企业社会责任”的内涵做出阐述。此后，企业社会责任理论发展经历了3个阶段：第一阶段（20世纪30～40年代）主要探讨企业经营者的职能问题；第二阶段（20世纪50～60年代）主要探讨企业的慈善捐赠问题和深化经营者社会责任职能；第三阶段（20世纪70年代之后）主要探讨的问题焦点依次为公司是否应承担道德责任和社会义务、公司对利益相关者承担的社会责任以及跨国公司是否应该做一个合格的“企业公民”。

从企业自身来看，企业社会责任的重要性体现在它是增强企业竞争力的一个重要途径；从社会广泛的利益来看，企业社会责任可以帮助我们更好地协调经济、社会和环境的发展和竞争。

企业社会责任的明确有助于解决就业问题。企业通过科学安排劳动力，可以不减员而增效，尽量减少把人员推向社会而增大就业压力。企业社会责任要求企业保证员工工作环境的干净卫生、消除安全隐患、不得使用童工等，切实保障了工人的切身利益。

企业社会责任的明确有助于保护资源和环境，实现可持续发展。企业作为社会公民对资源和环境的可持续发展负有不可推卸的责任。企业积极履行社会责任，通过技术革新可以减少生产活动各环节对环境的污染，同时也可降低能耗、节约资源。企业还可以通过公益事业建设环保设施、净化环境，有助于缓解经济发展和环境污染的矛盾。

企业履行社会责任有助于缩小贫富差距，消除社会不安定的隐患。一方面，有实力的企业可以集中资本优势、管理优势和人才优势对贫困地区的资源进行开发，既扩展了自己的生产和经营，又弥补了贫困地区资金的不足、解决当地资源和劳动力闲置的问题，帮助贫困地区脱贫致富；另一方面，企业还可以通过慈善公益行为帮助落后地区发展教育、社会保障和医疗卫生等事业，既解决当地政府因资金困难而难以解决的问题，帮助落后地区逐步发展社会事业，又通过公益事业提升了企业自身的形象和消费者对企业的认可程度，有助于企业提高市场占有率。

当然，一个企业最重要的使命就是创造利润，不盈利的企业是没有资格谈社会责任的。但是，通过积极履行社会责任，企业可以树立良好的形象、获得美誉度以及公众的信任与支持，从而有利于企业实现长远的经营目标。换句话说，企业履行社会责任与其追求利润的目标是不矛盾的。

第二节　非营利组织公共关系

在社会组织体系中，除了企业外还存在大量形形色色的非营利组织，它们虽然不追求利润，但是为了争取资源以及公众的支持，也需要公共关系的职能。随着社会的发展，越来越多的非营利组织认识到公共关系的重要作用，并开始自觉将公共关系运用到自身的管理之中。

一、非营利组织

一般来说，非营利组织是指不是以营利为目的的组织，涉及的领域非常广，包括艺术、慈善、教育、政治、宗教、学术、环保等。

不以营利为目的并不意味着不产生利益。非营利组织必需产生收益，以提供其活动的资金，但非营利组织受到法律或道德约束，不能将盈余分配给拥有者或股东。非营利组织的大部分收入不是来自于以市场价格出售的商品和劳务，而是来自其成员缴纳的会费和支持者的捐赠。具体来说，非营利组织应符合以下条件：不以营利为目的；任何单位和个人不因为出资而拥有非营利组织的所有权，收支结余不得向出资者分配；非营利组织一旦进行清算，清算后的剩余财产应按规定继续用于社会公益事业。

在非营利组织十分发达的美国，从殖民时代开始非营利组织的发展大致经历了4个阶段：①民众互助阶段(清教徒时期至20世纪初)，此时的非营利组织主要是一种解决彼此问题的组织模式，如农忙时邻居的互相帮助；②慈善赞助阶段(20世纪初至30年代)：富有的家族企业主照顾员工及回馈社会，将盈余投入公益事业，如荒年时大户开仓放粮救济他人；③民众权利阶段(20世纪40～60年代)：这段时期人们因为权益意识觉醒，要求政府保障其权利，于是各种社会服务及民权组织应运而生；④市场竞争阶段(20世纪60年代至今)：这一时期非营利组织数量类型众多、百家争鸣，但政府补助减少了，同时一些营利组织也开始提供非营利的服务，非营利组织面对的是竞争性市场，必须自找财源、自力更生，开始重视组织和管理的健全性。

在我国，根据其社会功能的不同，可将非营利组织分为四类：

1. 动员资源型的非营利组织

即以动员资源为核心功能的非营利组织。非营利组织为了生存和发展，必须动员包括慈善捐赠和志愿服务在内的各种社会资源。随着这种社会功能日益发展和成熟，动员资源在少数非营利组织身上逐渐专业化，出现了一些以动员资源为核心功能的非营利组织，如专业筹款的基金会和社会团体、专门开展资助活动的基金会和社会团体以及专业招募、培训和派遣志愿者的社会团体和民办非企业单位。这种类型的非营利组织可能数量很少，但专业化程度很高，有相当高的社会公信度和影响力，对各种类型的非营利组织形成强有力的资源支持平台，因而在认定和评估以及社会监督和监管方面都应有很高的要求和相应的约束。

2. 公益服务型的非营利组织

公益服务型的非营利组织，即以公益服务为核心功能的非营利组织。非营利组织提供的公益服务遍及社会的各个方面，包括公益慈善、救灾救济、扶贫济困、环境保护、公共卫生、文化教育、科学研究、科技推广、农村和城市的社会发展及社区建设等。随着这种社会功能的不断发展和成熟，公益服务在一些非营利组织身上逐渐专业化，出现了一些以公益服务为核心功能的非营利组织，如主要开展公益项目的基金会、社会团体和民办非企业单位，以及开展各种社区服务的基层组织等。这种类型的非营利组织数量很多、分布广泛，但是单体规模可能不大。它们的共同特点是面对受益者的各种需求，致力于为公众提供各种形式的公益服务并谋求社会公益；它们与各级政府和相关各个领域的政府公共服务相辅相成，在很大程度上成为政府公共服务的有益补充。

3. 社会协调型的非营利组织

社会协调型的非营利组织，即以推动社会协调、参与社会治理为核心功能的非营利组织。在社会转型期，各种形式的非营利组织越来越成为公民表达意愿、维护权益、协调关系、化解矛盾、实现价值的最广泛和最直接的形式。随着这种社会功能的发展，推动社会协调、参与社会治理成为一部分非营利组织的主要功能。从机制上看，主要有以社区为基础的横向协调型和以社群为基础的纵向协调型2种不同类型。前者包括各种社区群众团体组织，后者则包括各种形式的商会、行业协会、工会、联谊会、同学会、消费者协会等。社会协调型的非营利组织一般采取会员制的社团形式，在会员共同利益的基础上形成一定的共同利益空间并为会员提供服务，同时强调对所在社区或社群的代表性，积极参与社会公共事务。它们数量庞大、种类繁杂，其共同特点是具有较强的稳定性。

4. 政策倡导型的非营利组织

政策倡导型的非营利组织，即以政策倡导为核心功能的非营利组织。非营利组织不仅积极参与相关立法和公共政策的制定过程、努力倡导和影响政策结果的公益性与普惠性，而且往往作为特定群体特别是弱势群体的代言人表达其利益诉求和政策主张。随着这种社会功能的发展，政策倡导成为一些非营利组织的主要功能，其中一部分成为专门从事相关政策研究并积极影响政策过程的思想库，另一部分成为积极参与社会博弈的弱势群体或利益集团的代言人，还有的发展成为对社会政治过程有影响的压力集团。政策倡导型的非营利组织数量虽然不多，但影响很大，其共同特点是有明确的政策主张、较多关注社会公正，并通过积极的倡导活动影响政策过程。

二、非营利组织公共关系的特点

1. 社会效益性

由自身性质所决定，非营利组织公共关系工作的最终成果必然体现在社会效益上。非营利组织不仅要建立良好的自身形象，还要致力于为所从事的事业提高知名度和美誉度，争取公众的接受、认同和支持。对于大多数非营利组织来说，后者往往比前者更重要。

2. 公关经费有限

大多数营利组织由于创造物质财富，开展公共关系工作拥有相对稳定和充裕的经费来源。而大多数非营利组织的经费来源依靠政府拨款、社会及个人捐赠，数额有限且主要用于开展公益事业，公共关系方面的经费非常紧张，不可能像营利组织那样运用能够迅速产生轰动效应的方法和媒介，只能根据“少花钱、多办事、办好事”的原则，选择比较经济、节省的方法和手段积少成多、积小成大，逐步积累形成某种声势。同时由于经费所限，非营利组织公共关系人员配备较少、多为兼职，专业水平也参差不齐，因此非营利组织开展公共关系工作相对难度更大。

3. 公众针对性较弱

营利组织与其公众之间维持联系的利益较为明显，因此其公众比较容易识别，同时营利组织与其公众之间的关系也较为密切。反映到特定的公共关系工作中，就是营利组织的公众针对性较强。而非营利组织的情况与之大相径庭。由于缺乏与公众相对固定的利益关系，非营利组织与其公众之间联系较为松散，相关性不强。而且即使由相同的人口特征和心理特征构成的公众，对同一事物也难以形成一致的看法，这也使得非营利组织的公众针对性较弱。例如，大多数人都认同环境保护的重要性，但是一个持有特定的环保理念的非营利组织未必能很快争取到社会的广泛支持和热烈响应。因此，非营利组织的公共关系面对的情境更为复杂。

三、非营利组织公共关系的主要内容

除了协调与内外公众的关系、塑造组织形象、处理突发事件等这些与营利组织相同的工作外，非营利组织的公共关系工作还包括：

1. 出版刊物和视听材料

许多非营利组织为了让更多的人了解自己、认同组织的理念，都会定期出版刊物来说明组织目标、介绍工作内容、推广组织的基本政策并宣扬工作成果。这种类型的刊物多以免费赠阅的方式发行或者寄给捐款人。随着技术的发展，视听材料被越来越多地采用，越来越多的公关题材以影片、录音带[illegible]更为生动形象，而且还可以放到组织的网站上供免费下载[illegible]

2. 筹款

非营利组织的运作必须靠会员或支持者的捐款，因此筹款活动往往是非营利组织公共关系工作的重头戏，是维持非营利组织生存和发展的首要问题，甚至有人说非营利组织的任何活动都是和筹款箱联系在一起的。筹款工作的种类很多，根据筹款的对象，可分为争取企业赞助、向基金会申请资助、向内部成员和外部公众个人募捐以及向其他组织筹款；根据所筹款项的用途，可分为资产性筹款和非资产性的活动筹款；根据筹款的具体方式，有直接寄函、电话联系、登门游说、发行彩票和奖券、义卖、义演以及组织公众竞赛活动等。

3. 招募和培训志愿者

非营利组织不同于营利组织，由于资源限制，在组织中只有少数的支薪人员，组织的运作很大部分是靠志愿者，志愿者是非营利组织宝贵的资源。因此，非营利组织公共关系工作相当一部分精力需要用在志愿者的招募和培训上。

4. 游说

为了追求社会公益和共益，为了替某些特定群体表达其利益诉求和政策主张，许多非营利组织积极开展游说活动，力图推动和影响有关公共政策的制定。许多非营利组织在这方面的操作非常娴熟，丝毫不亚于一般的营利组织。

总的来说，非营利组织和营利组织的公共关系工具是相似的，并没有多大差别，但是从其工作项目来看，比起营利组织，非营利组织似乎有更多的机会通过运用公共关系来帮助民众、改善社会环境。

第三节　政府公共关系

政府公共关系是以政府为主体的一种特殊的公共关系类型。政府是国家政权机构中的行政机关，是国家机器的最主要组成部分。政府的职能是代表统治阶级实行政治统治和管理社会公共事务。政府的职权包括对内和对外2个方面：对内，指挥国家机器、维持统治秩序和社会秩序、调整各种社会关系、管理公共服务事业、发展社会福利等；对外，则发展与其他国家的政治、经济、文化交流，保卫本国领土完整和主权不受侵犯，维护国家的独立等。由此可见，政府时时刻刻都处在各种公众关系之中，处理好与各种公众的关系是政府的重要工作之一。因此，政府要充分发挥自己的职能，需要公共关系的助力。

[illegible]展政府公共关系的必要[illegible]

[illegible]、CD、DVD 的形态呈现，[illegible]于协调社会各方面的[illegible]。[illegible]及各[illegible]府各项政策及改革措施的理解与支持、创造良好的社会关系环境[illegible]管理效能。

1. 开展政府公共关系有利于政治民主化

政治民主化的表现就是人民群众通过广泛参与政治过程行使当家做主的权利，其主要内容可以概括为2个方面：一方面是最大限度地吸引广大人民群众参与国家管理；另一方面是使政府在管理和决策中的一切行为符合广大人民群众的意愿和要求。政府公共关系的职能为这两方面内容的实现创造了条件和可能。政府公共关系可以通过各种传播手段与公众进行双向交流，更为真实、广泛地了解和汇集人民的意愿、反映公众的呼声，获得公众更为广泛的理解和支持，从而调动人民群众的积极性和创造性以及参政议政的自觉性。

2. 开展政府公共关系有利于保持社会稳定

稳定是社会发展和改革的前提。我国当前正处于体制转型时期，社会各方面利益波动较大，各种矛盾也比较突出，保持社会稳定具有重大的现实意义。保持稳定的任务在于：消除群众的各种疑虑和误解，缓和或化解各种矛盾与冲突，以减少或消除可能发生的动荡，形成一种稳定、和谐的社会政治局面。要做到这一点，除了要依靠政府正确的决策、得力的措施外，还需要政府公共关系的工作，在与公众双向交流的基础上了解公众的各种变化趋向，妥善处理各种关系，引导舆论走向，宣传、解释、说明政府决策意图和配套措施，以争取群众的理解与支持，避免引起群众的误解和不良反映，从而维护社会安定的大局。

3. 开展政府公共关系有利于对外开放

对外开放是我国一项长期的基本国策。对外开放不仅是经济开放，也包括政治、文化、信息方面的开放；不仅是国与国的开放，也意味着地区与地区之间、部门与部门之间的开放。在这种全方位、多层次、宽领域的对外开放格局中，国家、地区、部门要建立和发展同外部世界的联系和合作，首先需要了解对方，同时让对方了解自己，达到相互了解以至信任的目的，这就需要发挥政府公关的职能作用。因此，从这个意义上讲，政府公共关系既是对外开放的要求，也是它的条件。

4. 开展政府公共关系有利于转换政府职能

随着我国社会主义市场经济体制的初步建立，行政环境发生了重大变化，政府职能也必须相应转变。政府要从社会经济活动的直接参与者转变为社会经济活动的组织者、引导者和协调者。为促进政府职能由“管理”向“服务”的转变，有必要开展政府公共关系。市场经济体制得以确立的关键是实行政企分开。政企分开后，企业已由政府的内部公众变为外部公众，与政府的关系具有平等性。政府公共关系发挥了政企分开后的“桥梁”作用，弥补了政府权力撤退后留下的真空，以平等的姿态去引导、协调关系，化解政企之间可能产生的矛盾和误解，从而实现政府职能的转变。

5. 开展政府公共关系有利于科学决策

现代社会组织规模庞大、结构复杂，社会活动功能交错、因素众多、变化多端、影响巨大，社会信息量猛增，这些都增加了政府决策的难度。政府凭经验就可以决策的时代早已过去，必须引进科学决策的机制。科学决策除了要运用现代科学理论外，重要的一条就是掌握足够的信息。开展政府公共关系，政府可以及时掌握内外各方面公众对政府工作的意见和建议，了解他们的需求和好恶，从而为决策提供可靠依据。

二、政府公共关系的特点

政府公共关系是一种特殊类型的公共关系，与其他主体开展的公共关系相比，具有以下特点：

1. 主体的权威性

政府公共关系的主体是各级政府。政府是从社会中独立分化出来的，又居于社会之上的特殊社会管理组织，在其管辖的区域内享有宪法和法律赋予的充分的行政权力，其职能是对社会生活各方面的事务进行指导、管理、协调、监督、保卫和服务，其区别于其他社会组织的突出特征就在于它拥有巨大的权力，而且在行使权力的过程中对当事人带有权威性、强制性和不可更移性。

2. 客体的复杂性

政府作为具有普遍社会管理职能的社会管理机关，所面对的客体不仅数量庞大，而且还呈现出极为复杂的结构。政府公共关系面对的是以一定利益关系为基础而结合在一起的社会公众，又可划分为不同的利益群体和观念群体，他们既有共同的社会利益又有各自的特殊利益，对政府有不同的要求，对政府的决策、行为等也有不同的反应。

3. 目标的特殊性

政府公共关系的首要目标是塑造良好的政府形象、提高政府的美誉度。政府作为特殊的社会组织机构，在社会生活中处在特殊、突出的地位，是全社会关注的焦点；政府官员的一言一行都容易产生较大的社会影响。作为高知名度的组织机构，如果没有良好的形象与之匹配，政府将陷于十分不利的处境。良好的形象是政府重要的资源和无形的财富，是政府有效运行不可缺少的前提条件。良好的形象能够增强政府的权威性和民众的认同感，能降低政府成本、提高工作效率，进而促进经济发展和社会进步，因此现代政府都把形象建设作为政府公共关系的核心目标。

4. 传播的优越性

无论什么类型的公共关系，其主要手段都是传播；而公共关系传播活动的相当一部分需要借助大众传播媒介。一般的公共关系主体对大众传播媒介的控制和影响非常有限，对于它们而言，大众传播媒介就是不可控媒介。但是政府对大众传播媒介却有着相当的控制力，尤其在我国，新闻媒介是党和人民的“喉舌”，掌握在政府手中，政府开展传播活动具有得天独厚的优越性。

三、政府公共关系的主要内容

正确处理好与政府公关对象的关系是政府公共关系的主要内容。政府公共关系的对象极为广泛，可以说每一个人和每一个组织都从不同的角度成为政府公共关系的对象。总的来说，政府公共关系的对象可以分为内部和外部 2 个方面。

1.政府内部的公共关系

政府内部的公共关系是指以政府内部公众为对象的公共关系。政府内部公众是指政府机关内依法行使国家行政权力、执行国家公务的全体人员。政府内部的公共关系工作一般包括：

(1)加强与政府工作人员的沟通，增加他们对政府的认同感和归属感　政府工作人员作为政府机关的成员，不仅与政府的利益、目标息息相关，是政府运行发展的基础力量，而且还是政府机构与外部公众联系的触角，因而他们是政府内部公共关系的首要对象。

政府存在的价值和整体形象在得到社会认可之前，首先要得到自己成员的认可；政府工作的目标和任务在赢得社会支持之前，首先要得到自己成员的配合和支持。每一位政府工作人员都是政府组织的细胞，他们对政府的价值认同和依附，是政府这个组织是否具有生机活力的基础。因此，政府的内部公共关系工作首先要增强凝聚力，使内部工作人员能够形成一个团结有力的战斗集体，与政府组织凝聚在一起。

此外，政府对外树立形象的工作，也有赖于全体工作人员的努力和配合。政府工作需要时刻都要与外部公众接触，而政府形象则要通过一线工作人员的实际行动体现出来。政府工作人员在对外交往中是非常重要的公共关系主体，他们的积极性、能动性能否充分调动和发挥，取决于他们对政府有多大程度的认同感和归属感，取决于政府有多强的向心力和凝聚力。

(2)协调好政府机构内上下级关系　现代管理学认为，上下级之间的关系既是领导与被领导的关系，又是合作、互助、平等的关系。认识处理好上下级关系的重要性，遵循科学的原则与方法来建立健康、密切的上下级关系，是政府公共关系部门要协助领导层认真做好的一项重要工作。

(3)协调好政府同级部门之间的关系　同级职能部门之间是一种没有行政隶属关系的平行关系。这种平行关系既相互协作、相互制约，又在管理业务上各自独立地发挥其职能作用。它们在具体的管理活动中可能经常发生某种矛盾或不协调现象，从而影响政府内部的公共关系。处理好各平行职能部门之间的关系，是政府内部公关的一项重要任务。做好这项工作的关键是，要有强烈的集体观念，要加强彼此间的沟通，要处理好小家与大家、部分与整体的关系。

2.针对外部公众的政府公共关系

政府公共关系的外部公众是指作为政府管理对象的本区域内的全体公民、法人、其他社会组织和其他国家或地方政府，具体包括：公民、企业单位、事业单位、群众团体、党派团体，除行政机关以外的其他国家机关如军队、法院等，其他国家和地方政府。针对外部公众的政府公共关系工作可以概括为：

(1)了解民意　政府可以通过健全的信访制度、基层访问、实地调查、民意测验和调查、征集建议等各种手段和方法，了解民情和社会热点问题，了解民众对各政策法规及其执行情况的意见和反应，了解民众对政府形象的评价。

(2)政务公开　建立新闻发布制度，定期召开新闻发布会通报、解释各项政策和政府行为，直接回答新闻媒介提出的公众关心的问题；定期出版、印发政府简报或新闻通讯；配合重大的政务活动策划、举行大型新闻发布会。

做到政务公开，需要推行公开的办事制度，凡是与公众直接接触的政府职能部门，都应利用各种方式将本部门名称及有关官员的姓名、职务、职责及办事流程、各项业务工作的情况予以标示和公布，自觉接受公众的监督，减少群众对政府的神秘感和不满情绪，缩短二者距离、增进彼此了解。

(3)协商对话　协商对话是政府与公众群体或团体进行平等、直接、公开的对话，听取公众意见、回答公众问题，对于提高政府管理的民主化和工作效率有重要意义。对话形式除了对话会、通气会、座谈会、讨论会、交流会、听证会等特邀的会议外，还可采用更为自由的公众咨询对话，以吸引更多公众参政议政，同时及时解决问题、缓解公众的不满情绪、消除矛盾。

(4)塑造形象　政府形象塑造包括行政组织形象的塑造和领导者形象的塑造。

政府运行方式是行政组织形象的具体体现。政府要塑造良好的自身形象，首先要遵循市场开放、公平竞争、公开透明、一视同仁等现代政府行为的基本规范，加快改革力度，早日实现政府管理理念现代化、政府管理法制化、政府决策科学化、管理手段信息化，为自身树立人民公仆的形象、改革开放的形象、高效精干的形象、清正廉洁的形象。

随着时代的发展、社会的进步、人际交往活动的日益增多，政府领导者的形象问题和政府形象一样的突出和重要。领导者个人形象直接关系到政府的形象，具有十分强大的社会影响力，因此政府的各级领导者都应注意在群众中树立良好的形象，树立政治立场坚定、廉洁奉公、团结民主、勤奋务实、坚韧不拔、奋发向上、知识型、学习型的领导者形象。

政府开展各种公共关系活动，都难免要用到新闻媒介，要特别注意与新闻媒介的关系。在我国，虽然新闻媒介掌握在政府手中，但其作为民意工具，还起着对政府行为的舆论监督作用。在与新闻媒介的关系中，政府应该自觉维护新闻自由、接受新闻媒介的监督，决不能滥用手中的权力干涉新闻媒介及记者采访、报道的自由，应在维护、尊重新闻媒介权利的基础上，积极发展与它们的良好合作关系。

本章小结

不同类型的组织，运用公共关系职能的特点和情形并不完全一样。

企业公共关系的特点有：营利性，产品是与公众沟通的直接工具，努力发展新型的竞合关系，强调企业社会责任。企业公共关系的主要内容有：进行内部沟通，融洽内部关系；进行对外传播，协调与各类外部公众的关系；树立企业信誉，建立良好的企业形象；推动市场营销，开发和占领市场；开展危机管理；与外聘的专业公关公司合作。企业社会责任就是企业在创造利润、对股东利益负责的同时，还要承担对员工、消费者、社区和环境的社会责任。

非营利组织是指不是以营利为目的的组织，涉及的领域非常广，包括艺术、慈善、教育、政治、宗教、学术、环保等。在我国，根据其社会功能的不同，可将非营利组织分为4类：动员资源型的非营利组织、公益服务型的非营利组织、社会协调型的非营利组织和政策倡导型的非营利组织。非营利组织公共关系的特点有：社会效益性、公关经费有限、公众针对性较弱。除了协调与内外公众的关系、塑造组织形象、处理突发事件等这些与营利组织相同的工作外，非营利组织的公共关系工作还包括：出版刊物和视听材料、筹款、招募和培训志愿者、游说。

开展政府公共关系的必要性：利于政治民主化、保持社会稳定、对外开放、转换政府职能和科学决策。政府公共关系的特点有：主体的权威性、客体的复杂性、目标的特殊性、传播的优越性。政府内部的公共关系工作一般包括：加强与政府工作人员的沟通，增加他们对政府的认同感和归属感；协调好政府机构内上下级关系；协调好政府同级部门之间的关系。针对外部公众的政府公共关系工作可以概括为：了解民意、政务公开、协商对话、塑造形象。

[思考题]

1. 企业公共关系的特点有哪些？
2. 企业公共关系的主要内容有哪些？
3. 我国非营利组织的类型有哪些？
4. 非营利组织公共关系的特点有哪些？
5. 非营利组织公共关系的主要内容有哪些？
6. 开展政府公共关系的必要性有哪些？
7. 政府公共关系的特点有哪些？
8. 政府公共关系的主要内容有哪些？

[自测题]

一、单项选择题

1.(　　)是企业的基本特点,是企业赖以生存的基础。

A. 组织性　B. 公众性　C. 传播性　D. 营利性

2.在很多情况下,公众都是通过对企业(　　)的接触和体验来形成对一个企业的印象和评价。

A. 领导人　B. 公关人员　C. 员工　D. 产品

3.(　　)是企业的生命线。

A. 消费者　B. 政府　C. 媒介　D. 社区

4.由自身性质所决定,非营利组织公共关系工作的最终成果必然体现在(　　)上。

A. 经济效益　B. 社会效益　C. 利润　D. 销量

5.(　　)往往是非营利组织公共关系工作的重头戏,是维持非营利组织生存和发展的首要问题。

A. 出版宣传物　B. 招募志愿者　C. 筹款　D. 游说

二、填空题

1.企业公共关系营利性的特点具体表现在:以________为导向,与________密切配合,以及对________的高度关注。

2.开展政府公共关系有利于________。

3.政府公共关系的特点有:主体的________、客体的________、目标的________、传播的________。

4.政府内部的公共关系工作内容之一是,加强与政府工作人员的沟通,增加他们对政府的________。

5.政府公共关系的外部公众是指作为政府管理对象的本区域内的________。

部分自测题参考答案

第一章

一、单项选择题答案:1.C　2.B　3.C　4.B　5.B

二、填空题答案:1.协调或调整　2.相互适应　3.战略行动　4.CRA 三角形　5.理解、支持与合作

第二章

一、单项选择题答案:1.B　2.C　3.A　4.B　5.C

二、填空题答案:1.格鲁尼格等　2.美国独立战争　3.雇主与员工　4.爱德华·伯内斯　5.《公众舆论的结晶》

第三章

一、单项选择题答案:1.A　2.B

二、填空题答案:1.理解　2.双向沟通

第四章

一、单项选择题答案:1.A　2.B　3.C.　4.A　5.B

二、填空题答案:1.“调整与适应”　2.组成部分　3.整体　4.系统的整体性　5.不断地变化

第五章

一、单项选择题答案:1.A　2.B　3.C　4.B　5.C

二、填空题答案:1.为实现特定目标　2.竞争性的营利组织、竞争性的非营利组织、独占性的非营利组织和独占性的营利组织　3.与特定的公共关系主体　4.广泛性、共同性、相关性、变化性和层次性　5.媒介手段

第六章

一、单项选择题答案:1.D　2.A　3.C　4.D　5.C

二、填空题答案:1.保障作用、凝聚作用、教育员工的作用　2.优化社会互动环境、优化社会心理环境、优化社会经济环境、优化社会政治环境　3.通过公关活动普及有关知识、开展或赞助公益教育项目　4.既要考虑自身利益又要考虑公众利益,同时兼顾社会利益　5.公众利益

第七章

一、单项选择题答案:1.B　2.C　3.A　4.D　5.A

二、填空题答案:1.公共关系状态　2.公众构成情况、公众需求情况和公众对组织的评价情况　3.组织在公众心目中的知名度、美誉度以及组织与公众关系的和谐度　4.感觉器官或科学仪器　5.访谈、询问方式

第八章

一、单项选择题答案:1.A　2.B　3.C　4.C　5.B

二、填空题答案:1.公共关系状态和存在的问题　2.知识结果的目标、意向结果的目标、行为结果的目标　3.信息的内容、传播媒介和传播时机　4.行政开支、项目开支、不可预算费用　5.组织领导、专家及具体工作人员

第九章

一、单项选择题答案:1.C　2.B　3.B　4.D　5.A

二、填空题答案:1.组织总体目标和公共关系目标　2.实现的程度和范围　3.公共关系项目的目标公众和社会文化、习俗　4.实施准备　5.由公共关系部门或在公共关系人员建议下由组织其他部门实施的对社会负责的行为

第十章

一、单项选择题答案:1.D　2.B　3.C　4.A　5.B

二、填空题答案:1.公共关系计划、实施情况及效果　2.效果　3.公众关系状态评估　4.日常公共关系活动和专项公共关系活动　5.定性预测

第十一章

一、单项选择题答案:1.A　2.D　3.A　4.D　5.D

二、填空题答案:1.反馈　2.个体与个体之间　3.专业化的媒介组织,社会上一般大众　4.制度化　5.告知、指示或劝服

第十二章

一、单项选择题答案:1.B　2.C　3.D　4.C　5.A

二、填空题答案:1.自身传播、一对一传播、小群体传播、公共传播和借助大众传媒的传播　2.告知性的、劝服性的和娱乐性的　3.说话、倾听和非言语传播　4.传单　5.黑板报和其他颜色的板报

第十三章

一、单项选择题答案:1.C　2.A　3.B　4.D　5.A

二、填空题答案:1.具有广泛传播性的媒介 2.可行性 3.中心思想 4.交通因素 5.主题

第十四章

一、单项选择题答案:1.B 2.A 3.D 4.C 5.B

二、填空题答案:1.威胁性情境 2.有形和无形 3.可能性和后果/影响 4.危机监测、危机评估和危机预报 5.媒介关系的协调沟通以及信息的主动控制

第十五章

一、单项选择题答案:1.D 2.D 3.A 4.B 5.C

二、填空题答案:1.经济效益、市场营销职能、公关成本 2.政治民主化、保持社会稳定、对外开放、转换政府职能和科学决策 3.权威性、复杂性、特殊性、优越性 4.认同感和归属感 5.全体公民、法人、其他社会组织和其他国家或地方政府

参 考 文 献

1. Argos Press. Risk Management and Decision Making Glossary[DB/OL]. http://risk-management. argospress. com, 2005-01-27.
2. BambooWeb Dictionary. Risk Management [DB/OL]. www. bambooweb. com/articles, 2005-01-10.
3. Burgoon, J. & Saine, T., The Unspoken Dialogue: An Introduction to Nonverbal Communication (Boston: Houghton Mifflin Company, 1978)
4. Ed Schirick. Risk Management and Crisis Response: Are You Prepared[J/OL]? www. acacamps. org/campmag, 2005-01-11.
5. Hall, E. T., The Silent Language (Garden City, N. Y.: Anchor Press, 1959)
6. Healthcare Associated Infection(HAI). The Risk Management of HAI: A Proposed Methodology for NHSScotland Consultation Document[DB/OL]. www. scotland. gov. uk, 2005-01-15.
7. Heslin, R., "Steps toward a Taxonomy of Touching," paper presented to the Midwestern Psychological Association, Chicago, May 1974.
8. HM TREASURY. Risk Improvement Management: Definitions[DB/OL]. www. hm-treasury. gov. uk, 2005-01-17.
9. Knapp, M. L., Nonverbal Communication in Human Interaction (Orlando, Florida: Holt, Rinehart & Winston, Inc., 1978)
10. MacKay, D. M., "Formal Analysis of Communicative Processes," Nonverbal Communication, ed. R. A. Hinde (Cambridge, England: University Press, 1972)
11. Malandro, L. A., Barker, L. L., & Barker D. A., Nonverbal Communication, 2nd ed. (New York: Newbery Award Records, Inc., 1989)
12. McKay, M., Davis, M., & Fanning, P., Messages: The Communication Book (Oakland, CA: New Harbinger Publications, 1983)
13. Max's Project Management Wisdom. Wideman Comparative Glossary of Project Management Terms V2. 1[DB/OL]. www. pmforum. org/library/glossary, 2005-01-27.

14. News on Risk Management. What is Risk Management[DB/OL]? www. rm-news. com，2005-01-10.

15. Patterson，M. L.，Nonverbal Behavior：A Functional Perspective（New York，N. Y.：Springer-Verlag New York Inc.，1983）

16. Reinert，J.，"What Your Sense of Time Tells You，" Science Digest，1971，69.

17. Research and Special Programs Administration. Risk Management Definitions [DB/OL]. http://hazmat. dot. gov，2005-01-15.

18. Robert Tusler. An Overview of Project Risk Management[DB/OL]. www. netcomuk. co. uk，2005-01-17.

19. Robert Tusler. The Elements of Project Risk Management[DB/OL]. www. netcomuk. co. uk，2005-01-17.

20. Scott M. Cutlip，Allen H. Center，Glen M. Broom，Effective Public Relation（7th Edition），北京：华夏出版社，1998.

21. Seitel，Fraser P.，The Practice of Public Relations（8th Edition），北京：清华大学出版社，2001.

22. Sharp，S. A.，"Biological rhythms and the Timing of Death，" Omega，1981-1982，12(1)

23. Shirley Harrison，Public Relations：An Introduction（2nd Edition），北京：经济科学出版社，2004.

24. Trager，G. L.，"Paralanguage：A First Approximation，" Studies in Linguistics，13（1958）

25. 安妮·格里高利. 张婧，幸培瑜，王嘉译. 公共关系实践. 2 版. 北京：北京大学出版社，2008.

26. 陈先红. 公共关系学原理. 武汉：武汉大学出版社，2007.

27. 崔新健. 企业社会责任概念的辨析. 社会科学，2007(12)

28. 方圆. 大型公众活动策划. 2 版. 广州：中山大学出版社，2001.

29. 菲利普·莱斯礼. 石芳瑜，蔡承志，温蒂雅，陈晓开译. 公关圣经——公关理论与实务全书. 汕头：汕头大学出版社，2004.

30. 弗兰克·杰夫金斯. 王凤端编译. 公共关系·广告·市场营销. 上海：上海科学技术文献出版社，1989

31. 弗兰克·杰夫金斯. 最新公共关系技巧. 北京：北京大学出版社，1992.

32. 格伦·布鲁姆，艾伦·森特，斯科特·卡特里普. 明安香译. 有效的公共关系.

8 版. 北京:华夏出版社,2002.
33. 管智鹏. 浅谈政府公共关系. 管智鹏的博客.
34. 郭惠民,廖为建,格鲁尼格. 关于公共关系学若干基本问题的国际对话. 国际关系学院学报,2000(1)
35. 郭惠民. 危机管理的公关之道. 上海:复旦大学出版社,2006.
36. 郭惠民,居易. 公关员职业培训与鉴定教材. 上海:复旦大学出版社,1999.
37. 郭庆光. 传播学教程. 北京:人民大学出版社,1999.
38. 哈佛商学院出版公司. 蒲红梅译. 危机管理——掌握抵御灾难的技巧. 北京:商务印书馆,2007.
39. 贺红扬. 我在美国做公关:美国公关职场实战策略解析. 北京:清华大学出版社,2004.
40. 胡百精. 危机传播管理. 北京:中国传媒大学出版社,2005.
41. 胡百精. 公共关系学. 北京:中国人民大学出版社,2008.
42. 胡正荣. 传播学总论. 北京:中国传媒大学出版社,2006.
43. 纪华强. 公共关系的基本原理和实务. 北京:高等教育出版社,2006.
44. 吉姆·邓恩. 熊金才译. 完全公关技能. 汕头:汕头大学出版社,2004.
45. 居延安主. 公共关系学. 3 版. 上海:复旦大学出版社,2007.
46. 拉铁摩尔,等. 朱启文,冯启华译. 公共关系:职业与实践. 北京:北京大学出版社,2006.
47. 李道平,等. 公共关系学. 3 版. 北京:经济科学出版社,2008.
48. 李平俊,夏水春. 略论企业公共关系的功能与构建. 中国论文联盟网,2008.
49. 廖为建,李莉. 美国现代危机传播研究及其借鉴意义. 广州大学学报,2004(8)
50. 廖为建. 公共关系学. 北京:高等教育出版社,2000.
51. 罗伯特·希斯著。王成,宋炳辉,金瑛译. 危机管理. 北京:中信出版社,2004.
52. MBA 核心课程编译组. 全球著名商学院 MBA 最新核心课程:危机管理. 北京:九州出版社,2002.
53. 迈克·比尔德. 谢新洲,刘畅译. 公关部门运作. 2 版. 北京:北京大学出版社,2005.
54. 迈克尔·雷吉斯特,朱蒂·拉尔金. 谢新洲,王宇,鲁秋莲译. 风险问题与危机管理. 2 版. 北京:北京大学出版社,2005.
55. 迈克尔·里杰斯特. 陈向阳,陈宁译. 危机公关. 上海:复旦大学出版社,1995.
56. 倪剑. 危机公关诊所. 上海:文汇出版社,2007.
57. 诺曼·R·奥古斯丁,等. 危机管理. 北京:中国人民大学出版社, 2002.

58. 桑德拉·奥利弗. 李志宏译. 战略公关. 北京:科学普及出版社,2004.
59. 苏伟伦. 危机管理——从细节中来,到细节中去. 北京:中国纺织出版社,2008.
60. 孙玉红,王永,周卫民. 直面危机——世界经典案例剖析. 北京:中信出版社,2004.
61. 王春泉. 最新应用文写作大全. 兰州:敦煌文艺出版社,1997.
62. 王名. 非营利组织的社会功能及其分类. 学术月刊,2006(9)
63. 王兴富. 公共关系实务. 北京:中国经济出版社,2002.
64. 王妍,唐文. 公共关系实务. 北京:北京航空航天大学出版社,2008.
65. 王雨田. 控制论、信息论、系统科学与哲学. 2 版. 北京:中国人民大学出版社,1988.
66. 吴宜蓁. 危机传播——公共关系与语言观点的理论与实证. 苏州:苏州大学出版社,2002.
67. 熊源伟. 公共关系学. 3 版. 合肥:安徽人民出版社,2007.
68. 徐键忠. 实用公共关系学. 北京:中国海洋大学出版社,2008.
69. 叶茂康. 公共关系写作教程. 上海:复旦大学出版社,2003.
70. 游昌乔. 危机公关:中国危机公关典型案例回放及点评. 北京:北京大学出版社,2006.
71. 于里编译. 国际公众关系原理与实务. 北京:工商出版社,1996.
72. 余永跃. 公共关系学通识教程. 武汉:武汉大学出版社,2007.
73. 曾繁正,等编译. 哈佛大学行政管理学院行政教程系列——必修核心课程之一·行政组织管理学. 北京:红旗出版社,1998.
74. 张迺英. 公共关系学. 2 版. 上海:同济大学出版社,2007.
75. 赵晓兰,赵咏梅,缪春萍. 最新公共关系学. 4 版. 北京:中国社会科学出版社,2008.
76. 郑逸芳,纪新青. 公共关系学. 北京:中国农业出版社,2007.
77. 中国就业培训技术指导中心组织编写. 公关员:基础知识(初级). 北京:中国劳动社会保障出版社,2006.
78. 中国就业培训技术指导中心组织编写. 公关员:中级(高级). 北京:中国劳动社会保障出版社,2006.
79. 周安华,苗晋平. 公共关系——理论、实务与技巧. 2 版. 北京:中国人民大学出版社,2007.

图书在版编目(CIP)数据

公共关系学/王朝文,王晓晖主编.—北京:中国农业大学出版社,2009.4(2016.11重印)

ISBN 978-7-81117-682-7

Ⅰ.公… Ⅱ.①王… ②王… Ⅲ.公共关系学 Ⅳ.C912.3

中国版本图书馆CIP数据核字(2009)第018912号

书　　名　公共关系学

作　　者　王朝文　王晓晖　主编

策划编辑　张苏明　　**责任编辑**　董　维　陈巧莲

封面设计　郑　川　　**责任校对**　陈　莹　王晓凤

出版发行　中国农业大学出版社

社　　址　北京市海淀区圆明园西路2号　　**邮政编码**　100193

电　　话　发行部010-62818525,8625　　读者服务部010-62732336

编辑部010-62732617,2618　　出　版　部010-62733440

网　　址　http://www.cau.edu.cn/caup　　**e-mail**　cbsszs@cau.edu.cn

经　　销　新华书店

印　　刷　北京时代华都印刷有限公司

版　　次　2009年4月第1版　2016年11月第8次印刷

规　　格　787×980　16开本　16.75印张　302千字

定　　价　26.00元